中信改革发展研究基金会 · 中国道路丛书 · 金融

新时代中国资本市场

创新发展、治理与开放

聂庆平　李广川　董辰珂 / 著

中信出版集团 | 北京

图书在版编目（CIP）数据

新时代中国资本市场：创新发展、治理与开放 / 聂庆平，李广川，董辰珂著. --北京：中信出版社，2021.6

（中国道路丛书）

ISBN 978-7-5217-3100-2

Ⅰ.①新… Ⅱ.①聂… ②李… ③董… Ⅲ.①资本市场—研究—中国 Ⅳ.①F832.5

中国版本图书馆CIP数据核字(2021)第079352号

新时代中国资本市场：创新发展、治理与开放

著　　者：聂庆平　李广川　董辰珂
出版发行：中信出版集团股份有限公司
（北京市朝阳区惠新东街甲4号富盛大厦2座　邮编　100029）
承 印 者：天津市仁浩印刷有限公司
开　　本：787mm×1092mm　1/16　　印　　张：25　　字　　数：340千字
版　　次：2021年6月第1版　　印　　次：2021年6月第1次印刷
书　　号：ISBN 978-7-5217-3100-2
定　　价：82.00元

“中国道路”丛书学术委员会

编 委 会

“中国道路”丛书总序言

中华人民共和国成立60多年以来，中国一直在探索自己的发展道路，特别是在改革开放30多年的实践中，努力寻求既发挥市场活力，又充分发挥社会主义优势的发展道路。

改革开放推动了中国的崛起。怎样将中国的发展经验进行系统梳理，构建中国特色的社会主义发展理论体系，让世界理解中国的发展模式？怎样正确总结改革与转型中的经验和教训？怎样正确判断和应对当代世界的诸多问题和未来的挑战，实现中华民族的伟大复兴？这都是对中国理论界的重大挑战。

为此，我们关注并支持有关中国发展道路的学术中一些有价值的前瞻性研究，并邀集各领域的专家学者，深入研究中国发展与改革中的重大问题。我们将组织编辑和出版反映与中国道路研究有关的成果，用中国理论阐释中国实践的系列丛书。

“中国道路”丛书的定位是：致力于推动中国特色社会主义道路、制度、模式的研究和理论创新，以此凝聚社会共识，弘扬社会主义核心价值观，促进立足中国实践、通达历史与现实、具有全球视野的中国学派的形成；鼓励和支持跨学科的研究和交流，加大对中国学者原创性理论的推动和传播。

“中国道路”丛书的宗旨是：坚持实事求是，践行中国道路，发展中国学派。

始终如一地坚持实事求是的认识论和方法论。总结中国经验、探讨中国模式，应注重从中国现实而不是从教条出发。正确认识中国的国情，正确认识中国的发展方向，都离不开实事求是的认识论和方法论。一切从实际出发，以实践作为检验真理的标准，通过实践推动认识的发展，这是中国共产党的世纪奋斗历程中反复证明了的正确认识路线。违背它就会受挫失败，遵循它就能攻坚克难。

毛泽东、邓小平是中国道路的探索者和中国学派的开创者，他们的理论创新始终立足于中国的实际，同时因应世界的变化。理论是行动的指南，他们从来不生搬硬套经典理论，而是在中国建设和改革的实践中丰富和发展社会主义理论。我们要继承和发扬这种精神，摒弃无所作为的思想，拒绝照抄照搬的教条主义，只有实践才是真知的源头。“中国道路”丛书将更加注重理论的实践性品格，体现理论与实际紧密结合的鲜明特点。

坚定不移地践行中国道路，也就是在中国共产党领导下的中国特色社会主义道路。我们在经济高速增长的同时，也遇到了来自各方面的理论挑战，例如将改革开放前后两个历史时期彼此割裂和截然对立的评价；例如极力推行西方所谓“普世价值”和新自由主义经济理论等错误思潮。道路问题是大是大非问题，我们的改革目标和道路是高度一致的，因而，要始终坚持正确的改革方向。历史和现实都告诉我们，只有社会主义才能救中国，只有社会主义才能发展中国。在百年兴衰、大国博弈的历史背景下，中国从积贫积弱的状态中奋然崛起，成为世界上举足轻重的大国，成就斐然，道路独特。既不走封闭僵化的老路，也不走改旗易帜的邪路，一定要走中国特色的社会主义正路，这是我们唯一正确的选择。

推动社会科学各领域中国学派的建立，应该成为致力于中国道路探讨的有识之士的宏大追求。正确认识历史，正确认识现实，积极促进中国学者原创性理论的研究，那些对西方理论和价值观原教旨式的顶礼膜拜的学风，应当受到鄙夷。古今中外的所有优秀文明成果，我们都应该兼收并蓄，但绝不可泥古不化、泥洋不化，而要在中国道路的实践中融会贯通。以实践创新推动理论创新，以理论创新引导实践创新，从内容到形式，从理论架构到话语体系，一以贯之地奉行这种学术新风。我们相信，通过艰苦探索、努力创新得来的丰硕成果，将会在世界话语体系的竞争中造就立足本土的中国学派。

“中国道路”丛书具有跨学科及综合性强的特点，内容覆盖面较宽，开放性、系统性、包容性较强。其分为学术、智库、纪实专访、实务、译丛等类型，每种类型又涵盖不同类别，例如在学术类中就涵盖文学、历史学、哲学、经济学、政治学、社会学、法学、战略学、传播学等领域。

这是一项需要进行长期努力的理论基础建设工作，这又是一项极其艰巨的系统工程。基础理论建设严重滞后，学术界理论创新观念不足等现状是制约因素之一。然而，当下中国的舆论场，存在思想乱象、理论乱象、舆论乱象，流行着种种不利于社会主义现代化事业和安定团结的错误思潮，迫切需要正面发声。

经过 60 多年的社会主义道路奠基和 30 多年的改革开放，我们积累了丰富的实践经验，迫切需要形成中国本土的理论创新和中国话语体系创新，这是树立道路自信、理论自信、制度自信、文化自信，在国际上争取话语权所必须面对的挑战。我们将与了解中国国情，认同中国改革开放发展道路，有担当精神的中国学派，共同推动这项富有战略意义的出版工程。

中信集团在中国改革开放和现代化建设中曾经发挥了独特的作用，它不仅勇于承担大型国有企业经济责任和社会责任，同时也勇于承担政治责任。它不仅是改革开放的先行者，同时也是中国道路的践行者。中信将以历史担当的使命感，来持续推动中国道路出版工程。

2014 年 8 月，中信集团成立了中信改革发展研究基金会，构建平台，凝聚力量，致力于推动中国改革发展问题的研究，并携手中信出版社共同进行“中国道路”丛书的顶层设计。

“中国道路”丛书的学术委员会和编辑委员会，由多学科多领域的专家组成。我们将进行长期的、系统性的工作，努力使“中国道路”丛书成为中国理论创新的孵化器，中国学派的探讨与交流平台，研究问题、建言献策的智库，传播思想、凝聚人心的讲坛。

孔丹

2015年10月25日

目　录

前 言

2016年以来，我受中信改革发展研究基金会委托，负责承担了一系列有关资本市场建设与风险防范的课题研究。中信改革发展研究基金会作为国家高端智库成员，多年来在孔丹理事长的领导下，紧紧围绕党和国家工作大局，秉承“研究真问题，真研究问题，拿出真见解，真解决问题”的一贯追求，扎实开展社会科学领域重大实践与理论问题研究，坚持正面发声、咨政建言，形成了具有中国角度、中国视野、中国气派、中国话语的研究特色，为服务党和国家决策发挥了重要作用。孔丹理事长是我的老领导，我们是在如何防范金融风险、如何开放金融市场、如何完善金融体系治理结构等诸多问题上基于金融实践经验摸索后的共鸣，建立了学术研讨和理论研究的忘年交。我能够在中信改革发展研究基金会做一些研究工作，贡献一点力量，倍感荣幸。此书汇集的这些课题成果，有的送达国务院有关部门和领导作为决策参考，受到重视和肯定；有的曾对外发表，就资本市场热点焦点问题提出了一些见解，为业内人士和读者提供了研究参考。

中国资本市场在短短30年时间内就已成长为全球最大的新兴市场。截至2020年9月底，A股上市公司数量突破4 000家，市值近80万亿元，占全球股票市场总市值的比重超过15%，成为仅次于美国的全球第二大资本市场；30年来，中国资本市场累计实现股票融资超过15万亿元，近年来沪深证券交易所年融资额均居世界前列；金融产品种类日益齐全，金融机构不断发展壮大，多层次资本市场建设迈出坚实步伐，对外开放取得重大突破性进展。

与境外资本市场发展路径有所不同的是，中国资本市场发展同步于社会主义市场经济体制建设，经过30年的发展，逐步摸索出了一条独具中国特色的发展路径。一方面，坚持市场化改革方向，发挥市场在资源配置中的决定性作用，使资本市场逐渐成为市场经济体系的重要组成部分；另一方面，注重制度建设和政府监管，不断健全监管体制和协调机制，发挥政府的有为作用。

实践证明，中国作为全球最大的新兴市场，在向成熟市场转轨的过程中取得了成功。中国既形成了资本市场机制，实现了市场建设的逐步转轨；也发挥了政府监管的制度作用，及时有效化解了系统性风险，没有产生新兴市场转轨普遍存在的金融危机。中国资本市场发展的双重转轨特征与经验值得研究总结。

与此同时，中国资本市场建设也出现过或经历过各种问题，需要不断反思和总结。比如：新股发行制度改革过程中反复出现的高价发行、询价乱象、新股炒作等问题；证券公司违规挪用客户保证金等引发的行业性风险问题；机构不规范经营带来的流动性风险；治理不规范、“关键少数”乱作为、信息披露监管不健全等导致的上市公司风险；盲目或过早推动所谓“金融创新”带来的产品或业务风险；股市异常波动造成的市场风险；分业监管与缺乏统一协调导致的监管竞争、监管套利、监管重叠、监管真空，以及因经验不足导致的监管次生风险等等。总的来说，全面客观审视中国资本市场30年的发展，既坚定制度自信，又勇于正视问题，总结好资本市场发展的“中国模式”“中国经验”，是摆在我国资本市场工作者和研究者面前的重大课题。

我从20世纪80年代末就参与了中国资本市场改革发展与监管工作，基于多年来的实践经历和研究活动，对于如何做好资本市场研究工作，日渐形成了几点体会。

首先，对资本市场的研究既是学术问题，也是改革实践问题，最主要是要务实。要始终坚持问题导向，提出的问题必须是真问题，是推动中国资本市场改革发展稳定真正需要解决的问题，观点和建议要有依据、立得住、能管用，在此基础上再做理论提升。

其次，要在借鉴境外经验教训的基础上坚持立足国情搞研究。资本市场是舶来品，不可避免地需要借鉴境外成熟市场的做法，对于新兴市场的经验教训也要注意观察吸收。但对境外资本市场既要研究其制度做法，又要研究这些做法出台的背景、适用范围、实际效果，并结合我国资本市场运行阶段、投资者结构和风险承受能力、监管水平等因素做综合比较、全面分析，充分预研预判各方面接受度、匹配度、适应度。社会经济发展都是“不可逆”的过程，全球新兴市场历次经济金融危机的实践已充分表明，盲目机械套用境外市场制度规则的代价十分巨大，我们发展建设资本市场绝不能简单搞“拿来主义”“工具主义”，过于理想化，为创新而创新。

再次，要在做好政策顶层设计的同时，更加重视底层设计。顶层设计是管方向、管全局、管根本的，当然很重要。但资本市场改革的历史和进程告诉我们一个重要经验，就是顶层设计和底层设计密不可分，没有扎实的、符合实际的底层设计，就没有科学的、有历史存在价值的顶层设计。改革建议一定要有真招、有实招，有实际的措施和落实措施的保障，必须在政策上行得通，具有现实可操作的路径，能够落地执行。

整理本书内容时，我们从务实的角度，聚焦于中国资本市场治理这一核心内容，就当前资本市场的若干重大问题进行了研究，在尽可能保留研究课题原貌的基础上，结合最新情况对部分章节的内容进行了补充完善，以反映一些新情况、新想法。全书共分六章，主要内容如下：

第一章对 2015 年我国股市异常波动的情况、特点、性质、关键成因和对策进行了分析。总的来看，股市异常波动的原因是综合的、多方面的，其中，高杠杆场外配资扮演了关键角色，股指期货也有一定的放大作用，加之各类其他因素，综合暴露出我国资本市场从新兴市场向成熟市场转轨面临着诸多挑战。在分析过程中，我们梳理了市场各种助涨助跌因素在异常波动期间的关联反应；归纳了我国“影子银行”资产形成机制，分析各类金融机构金融创新快速发展，融资类业务盲目扩大，形成金融风险的过程、教训和相应改革措施；比较分析了历次国际金融危机的情况特点及相应应对政策；等等。结合上述分析与此轮股市异常波动的内在特征，综合判断，这次股市异常波动不是一场金融危机，而是一场带有杠杆性、投机性、情绪性、散户化、结构化特征的流动性危机，救市资金直接入市是现实选择，同时各部委出台多方位举措，形成了救市合力，取得了预期效果。最后，围绕统一规范创新性证券发行交易，循序渐进发展股指期货市场，规范互联网金融技术系统接入证券市场，强化外资入市监管，加强股市基础性制度改革等方面，提出了针对性的政策建议。

第二章围绕如何打造规范、透明、开放、有活力、有韧性的资本市场展开分析。2018 年中央经济工作会议指出，“要通过深化改革，打造一个规范、透明、开放、有活力、有韧性的资本市场”，为新时代资本市场改革发展提出了目标任务。我们深入分析了规范、透明、开放、有活力、有韧性“十二字”方针五项要求的内涵和内在联系，研究探讨了满足这五项要求的市场逻辑和市场特征。同时，重点从一级市场发行制度、二级市场交易制度、资管行业发展要求、对外开放监管政策四个方面，认真梳理面临的核心问题，充分借鉴境外成熟资本市场有益经验，提出了一系列改革政策建议。我们得出的结论是，只有一级市场发行定价充分市场化，二级市场运行与上市公司价值紧密同步，中长期机构资金占据市场主导地位，资本市场对外资开放与风险防范有机平衡，证券中介机构成为直接融资体系的中坚力量等，资本市场才能不断显现出规范、透明、开放、有活力、有韧性的前景。

第三章对美国、我国香港地区股票市场注册制以及我国内地科创板股票发行注册制度进行了比较研究。股票发行注册制改革是资本市场全面深化改革的“牛鼻子”工程，科创板试点注册制已经平稳运行一年多，改革成效基本得到市场认可。充分借鉴境外成熟资本市场好的经验做法为我所用，对于夯实注册制改革成果，进一步完善相关制度建设，总结推广试点经验等都具有现实性和必要性。此章重点围绕注册制度、审核流程、信息披露要求等方面，比较分析了美国、我国香港地区股票市场注册制与我国内地科创板注册制的不同特点。综合来看，我国科创板试点注册制实行审核和注册分离的方式，在规则和制度架构方面与国际主流的证券注册制比较类似，审核效率和透明度较主板有质的提高。针对可能存在的不足，此章在完善审核与注册环节衔接、提升专业问题问询力度、细化信息披露要求等方面，提出了一些针对性的建议。

第四章研究了金融体系结构优化调整的国际经验和中国路径。金融体系是一个经济体中资金流动的基本框架，它是资金流动工具、市场参与者和交易方式等各金融要素构成的综合体，其结构优化调整关系到整个社会资源分配调整的福利和效率。此章系统回顾了金融体系优化调整的理论研究，梳理了国际上金融体系优化调整的历史经验教训，对典型国家的金融体系优化调整案例进行了深入研究，对比分析了分业经营和混业经营的异同，比较研究了功能监管和机构监管的优劣，整理了我国金融体系结构优化调整的历史沿革，并结合中国当下内外部金融环境和金融风险特点，找出适合我国金融现状的优化调整路线，提出了针对中国金融体系优化调整的思考与判断。

第五章研究了系统性金融风险预警与防范。系统性金融风险通常是指当风险事件出现时，在金融系统内部具有传染性，并且会对金融系统的稳定性造成负面影响的风险。当前我国金融业正处在对外扩大开放和对内加快改革的关键时期，开放和改革将长期利好金融市场发展，但短期需要防范潜在的系统性风险。此章研究了历史上各国金融开放和改革过程中的系统性风险事件，分析了债券市场危机对金融体系的风险传导，梳理了股票市场和上市公司系统性风险的识别和防范，比较研究了20世纪初起历次金融风险的国际传导，并根据我国当下的金融现状提出了金融风险的预警体系和防范措施思考。

第六章研究了我国资本市场对外资开放的问题和监管对策。资本市场是落实党中央关于扩大金融高水平双向开放决策部署的前沿阵地。在积极吸引外资进入的同时，如何有效加强风险穿透监测和防范预警等监管机制建设，切实做到“放得开、看得清、管得住”，对于促进资本市场健康稳定运行，维护对外开放大局和国家金融安全至关重要。此章梳理了资本市场对外资开放的现状和问题，分析了形势与挑战。总的来看，近几年我国资本市场对外资开放步伐明显加快，取得很大成绩，但依然存在外资入市渠道分散、外资交易和流动管理不完善、缺乏集中风险监控等问题。同时，目前中国资本市场基础还比较薄弱，内资机构竞争力不强，监管能力和经验不足，外部形势错综复杂、变数增多，资本市场对外资开放面临不小的挑战。在总结新兴市场对外资开放经验教训的基础上，此章针对性提出“以我为主、循序渐进、可测可控”的开放原则，明确了我国资本市场对外资开放的预期目标。最后，从外资统一账户管理，外资交易和资本输出管理，实施集中统一监测监控，逐步放开外资投资比例限制等角度提出了若干监管措施建议。

本书能够成稿，需要感谢许多付出了辛勤工作的同志。李广川和董辰珂是本书的两位共同作者，他们是我承担中信基金会课题的主要合作人员，与我讨论课题最多也最为深入，分别牵头负责了几项课题的初稿撰写和统稿工作，此外还有很多同志分别参与了各章的撰写工作。具体来说：李广川、蒋笑婷、董辰珂、熊振华等参与了第一章的撰写；李广川、罗莎、王澍等参与了第二章的撰写；王宝清、赵纾捷、张东旭、欧昀等参与了第三章的撰写；

董辰珂、孟清扬、邹昊轩等参与了第四章的撰写；董辰珂、陈威伊、刘超、张晓娇等参与了第五章的撰写；李广川、罗莎、李天姝、王鑫、郑潇潇等参与了第六章的撰写。罗莎、原晓艳还参与了对全书内容的整理、编排和校对。他们在繁忙的工作之余，充分利用业余时间搞研究，付出了大量精力，也迸射出很多思想火花，可以说本书的完成是我们共同努力的结果。非常感谢中信出版社的季红老师，没有她的支持和建议，本书可能难以成册。谭惠芳和葛小莉两位编辑为本书出版付出了辛勤的劳动，对此我们也表示由衷的感谢。

需要说明的是，本书内容仅代表作者的个人学术观点，不代表所在单位立场。由于时间和水平有限，难免会有一些错误和疏漏，欢迎读者批评指正。

聂庆平

2020 年 10 月于北京

第一章　2015年A股市场异常波动研究[①]

① 本章内容创作于2016年10月。

2015 年 7 月，我国股市出现异常波动，原因是多方面的，这反映出我国资本市场在体制机制上存在漏洞，也暴露出我国资本市场不成熟，在从新兴市场向成熟市场转轨过程中面临诸多挑战。前英国首相丘吉尔曾说，不要浪费一场“好”危机。美国 1929—1933 年大危机后，美国国会对股市大崩溃的原因与问题进行了听证调查，佩科拉以报告形式记录和总结了大危机，《1933 年证券法》可以说是美国总结经济大萧条的直接产物，奠定了美国资本市场百年发展的基础。2008 年全球金融危机爆发后，美国国会发布了《美国金融危机调查报告》，对美国金融体系和金融监管政策的改变产生了重要作用。

本章将从理论与实践相结合的角度出发，认真研究总结 2015 年我国股市异常波动的风险情况、特点、性质及其关键成因；分析 A 股市场异常波动发生的宏观背景因素，剖析高杠杆场外配资的形式、特点、规模及其对异常波动的影响，以及股指期货投机性交易和高频交易对异常波动施加的作用；比较分析历次国际金融危机的情况、特点及相应应对政策；立足我国国情和股市异常波动现实状况，梳理异常波动期间的各项应对措施，从顶层设计和底层设计两个层面提出针对性的政策建议。

第一节 股市异常波动引发危机

2014年下半年开始，我国A股市场各大股指开始走高，股票市场交投持续活跃，年终最后两个月上证综指分别上涨10.85%和20.57%，合计占全年涨幅的六成以上，其中，2014年12月的涨幅创下92个月以来的最大单月涨幅。在经历了2015年初两个月的短暂调整后，3月起上证综指恢复上涨动能，涨幅迅速扩大，6月12日盘中触及5 178点，收盘于5 166点，达到此轮牛市的最高点，3个半月时间累计涨幅56.1%，股票市场出现了前所未有的交投热潮。然而，就在一片欢腾声中，6月15日，上证综指突然暴跌103点，拉开了此轮股市异常波动的序幕。纵观整个股市异常波动期间的情况，其风险特征突出表现为指数大幅下挫，股票大面积跌停，市场流动性枯竭，场外配资大量平仓，证券、信托、基金、银行理财等金融产品出现流动性风险，外溢风险有所显现，风险影响范围逐步扩大，风险程度逐步加深。具体来看，主要表现在以下8个方面：

一是股票期现市场大幅下跌。2015年6—7月，A股各主要指数都出现连续暴跌。上证综指6月12日到7月8日暴跌32.11%，同期深证成指暴跌39%，两市蒸发市值24.33万亿元。跌幅超过50%的股票有1 390只，约占全市场股票数量的50%；跌幅超过30%的股票达到2 138只，占全市场股票数量的76%。其中，创业板先于大盘下跌，早在6月5日盘中触及4 038点高位后就开始下跌，7月7日收盘于2 352点，下跌41%。股指期货市场同步出现暴跌。2015年6月8日，沪深300股指期货主力合约结算价达到5 346点的历史高位。到7月8日，其结算价下跌至3 464点，跌幅达35.21%。其间的18个交易日中，有9个交易日单日跌幅超过3%，甚至在6月26日和7月8日两日，出现了沪深300股指期货合约跌停的情况，成交量大幅萎缩。

二是千股停牌、千股跌停，造成现货市场交易停顿。市场大跌过程中，

“千股跌停”的现象频繁出现。2015 年 6 月 26 日和 29 日，7 月 2 日、3 日、7 日、15 日和 27 日，8 月 18 日、24 日和 25 日 10 个交易日接连出现千余只股票跌停的情景，几乎每 4 个交易日就有一次千股跌停出现。其中，6 月 26 日收盘跌停股票数量达到 2 021 只，占到当时市场可交易股票数量的 87.1%。同时，由于许多上市公司股东前期做了股票质押融资，为了避免股价跌破平仓线，大量上市公司开始寻找各种理由申请停牌，市场出现千股停牌现象。7 月 7 日开始，停牌股票数量迅速上升，在 8 日、9 日、10 日和 13 日 4 天，A 股市场停牌股票数量分别达 1 312、1 438、1 382 和 1 028 只，比前期多出 2 倍以上，分别占当时 A 股市场股票数量的 47%、52%、50% 和 37%（见图 1.1）。

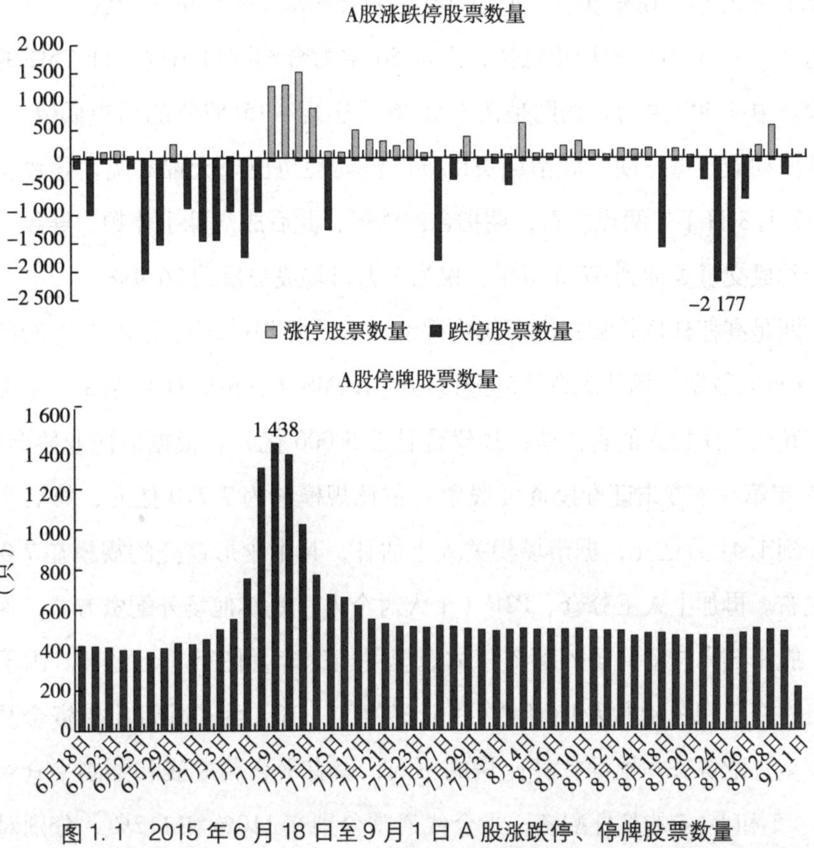

图 1.1　2015 年 6 月 18 日至 9 月 1 日 A 股涨跌停、停牌股票数量

三是股指期货合约大量卖空，出现市场流动性枯竭。2015年上半年，沪深300股指期货成交额达243万亿元，相当于中国当年GDP（国内生产总值）的3.4倍，成为全球第一大股指期货合约。2015年4月16日，上证50和中证500股指期货推出后，成交量也一路攀升。但随着股票市场连续暴跌，股指期货各合约的投机性上升，出现单边卖空盘，导致股指期货市场的流动性也出现枯竭。首先，市场情绪持续悲观后，大量股指期货卖空交易导致期货与现货持续出现大幅贴水。沪深300主力合约7月7日收盘基差（期货与现货价格差）达-6.01%。中证500主力合约7月1日收盘基差达-12.02%。相对稳定的上证50主力合约在7月8日收盘基差也达到了-4.35%。在8月25日开始的第二轮暴跌中，沪深300主力合约基差幅度进一步放大，在9月2日达到了-13.21%的历史低位，上证50主力合约同日出现-11.75%的历史低位。中证500主力合约则是在8月26日出现-15.52%的历史低位。其次，异常波动最严重时期，股指期货市场的流动性也出现大幅萎缩，导致交易停顿。7月8日下午两点左右，期指合约跌停，此后成交几乎停顿，导致当日所有合约成交量萎缩到67.5万手，仅为7月日均成交量的26.4%。

四是高杠杆场外配资出现集中强制平仓。根据中国证券业协会2015年6月30日的数据，场外配资活动通过恒生HOMS（订单管理）系统、上海铭创和同花顺系统接入的客户资产规模合计近5 000亿元。根据信托业协会数据，2015年第一季度末证券投资（股票）信托规模约为7 770亿元，第二季度末上升到1.41万亿元，据市场相关人士估计，其中伞形信托的规模在7 000亿元左右。再加上人工分仓、P2P（个人对个人）等其他场外配资方式，保守估计，股市异常波动前场外配资总体规模可能达2万亿至3万亿元。由于场外配资杠杆比例一般高达1∶4或1∶5，甚至1∶10。为了保证出借资金及利息的安全，配资公司根据杠杆比例的不同，设有平仓警戒线和强制平仓线。对于1∶5和1∶4的杠杆配资，平仓线通常分别在110%和112%，分别对应亏损 8. 33% 和 10. 4%。6 月中下旬开始的连续暴跌，引发了场外配资强行平仓的连锁反应，平仓从高杠杆向低杠杆逐步蔓延、持续放量。以信托配资为例，仅在 6 月 29 日，中融信托强制平仓的就有 250 个客户单元，占总数 3 300 个的 8% 左右，五矿信托有 150 亿元规模的伞形信托强制平仓，占五矿信托总规模 700 亿元的 20% 左右。

五是公募基金遭遇赎回潮，部分产品出现流动性风险。股市出现异常波动后，公募基金市场首先的反应是新增基金开户数锐减、增量资金迅速衰竭。6 月最后一周和 7 月前两周新增基金开户数分别为 62 万户、63 万户和 43 万户，环比分别下降 69%、65% 和 74%。其次是遭遇巨量赎回，公募基金（股票型 + 混合型）份额在 2015 年 6 月份达到 3. 28 万亿份的历史峰值后，7 月份迅速回落到 2. 58 万亿份，环比下降 21%；公募基金（股票型 + 混合型）净值同期从 4. 1 万亿元下降到 3. 0 万亿元，环比下降 26%。大面积赎回造成部分公募基金产品出现流动性风险。一般情况下，公募基金净值日波动幅度极少会超过 10%，但极端市场行情下，特别是千股跌停和千股停牌，导致持有较多停牌股或开盘跌停股的开放式基金产品出现大额赎回时，其净值波幅会迅速增大，流动性风险显著上升。据统计，2015 年 6 月 26 到 8 月 31 日之间，剔除分级基金后，共有 83 只开放式公募基金产品发生日跌幅超过 10% 的情况。其中，2015 年 6 月 26 日，7 月 3 日、13 日和 22 日，这 4 个交易日分别有 26 只、30 只、13 只和 22 只基金产品的净值跌幅超过 10%，资产规模合计达 690 亿元。

六是证券公司场内融资类业务规模大幅缩水，极端情形下客户信用违约风险和证券公司流动性风险上升。证券公司的资本中介业务，主要集中在融资融券和股票质押融资等业务上。第一，两融业务融资余额在 2015 年 6 月 18 日达到 2. 27 万亿元的历史峰值后，到 7 月 9 日回落到 1. 44 万亿元，14 个交易日共减少 0. 83 万亿元。7 月 6 日、7 日、8 日 3 天，每日融资余额下降幅度均超1 000亿元。融资融券业务有严格的制度规范和风控体系，杠杆比例只有1∶1，总体保证金比例始终保持在220%以上，平仓规模始终不大。第二，股票质押回购业务规模在异常波动期间保持在5 812亿—5 963亿元之间，融资方普遍通过提前偿还债务、追加证券质押的方式释放风险；最终进入违约处置的资金规模不大。此外，证券公司股票收益互换业务总体规模不大，最高规模为1 257亿元，10月16日降至826.91亿元。

尽管场内融资类业务风险总体上始终处于可控范围，但在市场极端行情下，也曾面临较大的客户信用违约风险，同时给市场指数运行造成一定压力。2015年7月8日是最严重的一天，上证综指下跌5.9%，当日融资余额下降1 764亿元，相当于A股交易额的15.8%。据Wind（万得）软件数据统计，当日收盘股票质押融资业务共有277笔，合计1 808亿元市值的质押合约履约保障率低于130%平仓线，约占质押合约总规模的三成。如果在这种情形下市场进一步下跌，则融资融券客户将面临较大范围平仓，证券公司也将面临流动性风险。7月9日股指触底回升后，上述风险得以有效释放。

七是银行理财产品市场面临流动性风险。股市异常波动前，银行与各大资产管理机构合作，通过两融受益权转让回购、参与打新股和委外业务等多种模式进入股票市场。据市场估计，银行理财资金流入场内的两融余额和场外配资总额达1.6万亿元左右，其中场内融资余额1万亿元（包括两融余额0.8万亿元和收益互换0.2万亿元），场外融资约0.6万亿元。另外，股票质押项目吸收的银行理财资金约0.5万亿元，不属于配资，但股价下跌时期同样存在较大风险。总体看，与股市融资相关的银行理财资金规模估计约为2.1万亿元，相当于银行理财资金总规模的10%左右。股市大幅下跌的极端时期，随着融资方股票担保市值的快速下降，这批资金也面临较大的流动性风险和损失。

八是境内外相关金融产品市场受到关联影响。股票市场连续下跌期间，部分公募基金为应对赎回，开始抛售流动性较好的国债和政策性金融债。2015 年 7 月 8 日下午，国债期货价格快速下跌，现券收益率快速上行，当日 1 年期国债收益率上升 35 个基点，增幅 18.3%。同时，人民币汇率也出现了波动。7 月 8 日，在岸人民币兑美元汇率 6 个月远期报价升水 880 个基点，远期汇率比即期汇率低 1.4%。部分境外金融产品市场也受到间接影响，7 月 8 日，在新加坡交易的香港股指期货 A50 及所有与中国有关的大宗商品期货全部暴跌。全球各股票市场都受到影响，2015 年 7 月 6—8 日 3 天全球各重要股票指数全部下跌，其间，香港恒生指数跌 9.77%，台湾加权指数跌 4.08%，韩国综合指数跌 4.19%，日经 225 指数跌 3.91%，道琼斯工业指数跌 1.21%，标普 500 指数跌 1.45%，纳斯达克指数跌 1.99%，澳大利亚标普 200 指数跌 1.24%，法国 CAC40 指数跌 3.52%，英国富时 100 指数跌 1.44%，德国 DAX 指数跌 2.81%。

第二节　股市异常波动成因

高杠杆场外配资是主要原因

近年来，随着金融市场的开放与监管机构鼓励创新的政策引导，各类金融产品和工具不断丰富，融资渠道日渐多样，场内外配资渠道和规模更是不断增加。早在 2009 年，伞形信托、集合资金信托计划等结构化产品作为最早的配资渠道登场；2010 年 3 月，首批 6 家证券公司开展融资融券业务试点，场内融资业务初步亮相。2010 年后，随着证券公司、基金公司、保险公司、期货公司等机构资管业务放开，单账户结构化配资业务渠道迅速铺开。2012 年，证券公司收益互换业务启动试点，场内外配资规模逐渐进入加速扩张期。

2014年，随着类似恒生HOMS系统等实现分仓技术，配资业务门槛进一步降低，互联网配资和民间配资应运而生，民间资金逐渐进驻股市。从2014年下半年开始，随着股市逐渐向好，场内外配资规模加速扩张。据市场估算，A股市场异常波动前夕，A股杠杆规模最高点约达6万亿元，其中场内融资业务规模峰值达到2.27万亿元，收益互换业务规模达4 122亿元，股票质押回购规模约5 000亿元，伞形信托等结构化产品规模约1.8万亿元，各类民间配资规模接近1万亿元。

一、场外配资较场内融资业务而言缺乏有效监管约束

配资主要有两种方式：场内配（融）资与场外配资。场内融资指的是证券公司开展的融资融券业务，受到证监会的严格监管和风控约束；场外配资指的是融资融券以外市场自发形成的，涉及信托机构、银行、基金公司、证券公司等金融机构，属于财富管理方面的金融创新，受到证监会的约束和监督极少。

场内融资业务和场外配资业务有着显著的区别（见表1.1），具体如下：

一是场内融资业务有完善的法律法规体系支撑，而场外配资没有。《证券法》《证券公司监督管理条例》等法律法规对场内融资融券业务有明确的要求条款，证监会《证券公司融资融券业务管理办法》等部门规章对融资融券业务做出了框架性制度规范，沪深证券交易所《融资融券交易实施细则》及《中国证券登记结算有限责任公司融资融券业务登记结算业务实施细则》、《中国证券金融股份有限公司融资融券统计与监控规则》等业务规则对融资融券交易和监测监控有非常具体的安排。总体来看，场内融资融券业务建立了从法律、法规、部门规章到业务规则的一整套完整的法规体系，业务机制完善透明。而场外配资业务没有统一的规则制度和风险约束，特别是通过恒生HOMS系统实现的分仓交易，突破了股票投资一人一户、实名开户的限制，

不仅违反了《证券法》的基本要求，还给配资业务覆上了遮光罩，使得监管部门难以掌握场外配资的基本规模和风险状况。

二是风险控制体系差别较大，场内融资业务风控明显更为严格、规范。根据场内融资业务相关制度规则，股市异常波动前客户融资杠杆比例最高为1∶2，2015 年 11 月进一步缩小为 1∶1，杠杆比例始终保持在较低水平。融资业务个体和总体规模都受到限制，证券公司向单一客户融资规模不得超过其净资本的 5%；单一标的股票融资余额占该股票流通市值的比例达到 25% 时，证券交易所将暂停该股票融资买入；2015 年 7 月 1 日后，证券公司融资业务总规模不得超过其净资本的 4 倍。强制平仓预警线和平仓线分别为 150% 和 130%，风控指标水平相对较高。证券交易所严格实行融资融券信息披露制度，每日公布融资融券交易及余额情况；实时监控融资融券交易风险，能够通过调整标的证券范围、可充抵保证金证券范围及折算率等逆周期调节措施防范业务风险。证券金融公司集中统计监测场内融资融券业务风险情况，同时集中开展转融通业务，能够视情况调整转融通标的证券范围、证券公司授信额度、保证金比例、转融通费率等市场化指标，防范融资融券业务风险。

相反，场外配资末端杠杆比例常见的为 1∶4 或 1∶5，高者可达到 1∶10，部分配资渠道相互交叉，累计杠杆可能成比例放大。场外配资主体为信托公司、基金子公司、证券公司、配资公司和互联网平台等，由于没有规模限制和信息披露制度约束，只要资金来源供应充足，场外配资规模就可以随市场需求无上限增加，公众和监管部门也无法及时得到场外配资规模和交易风险等重要市场信息。在平仓流程方面，配资公司设置的预警线和平仓线总体水平相对较低，根据杠杆比例的不同有所调整，杠杆越大，“红线”越紧，以保证其出借资金及利息的安全。以杠杆为 1∶4 或 1∶5 的配资账户为例，其预警线多设在 110% 至 113%，止损线设在 104% 至 108% 的水平。一旦跌至平仓线

（相当于全额融资的账户整体经历 1 个跌停板），互联网平台和分仓系统会自动强行平仓，留给配资客户追加担保品的时间通常只有 1 个交易日。

三是场内融资业务资金来源更加明确可靠。场内融资业务的资金来源主要为证券公司的自有资金和通过转融通向证金公司借入的资金，资金融入方是依法开立信用账户的合格个人投资者和机构投资者。而场外配资的资金来源较为复杂且不透明，主要有银行理财产品、信托产品、专户资金和通过私募基金产品募集的资金等，参与主体涉及银行、信托公司、配资公司、基金子公司、私募基金、证券公司和散户等。

四是场内融资业务有严格的客户适当性管理要求和标的证券范围要求，而场外配资没有。场内融资融券业务出于对投资者的保护和业务风险控制，设置了一定的投资者准入门槛。众多不满足条件的中小投资者，为了享受“杠杆牛”的高回报而忽视了杠杆对风险的放大效应，借助民间配资渠道以小博大。场内融资融券业务从流通股本、流通市值、股东人数、换手率、涨跌幅、波动幅度等多角度筛选出标的证券范围，并根据市场变化情况进行相应调整；场外配资没有设置明确的标的证券范围，但出于对自身风险的担忧，配资主体对融资方多设有投资限制，例如，部分伞形信托和 P2P 平台限制投资单一证券的仓位不得超过 30%、ST（特别处理）股票不得超过 5%、创业板股票不得超过 20% 等，部分配资公司禁止融资方做跌幅超过 8% 的股票、在 T-1 及 T-2 两个交易日均跌停的股票等。

五是场外配资成本更高。据不完全统计，以 P2P 互联网平台配资为例，投资人的收益约为年化 10%—15%，再加上平台以服务费、开户费、管理费等名目收取的约 3% 的费用，配资申请人获得资金的总成本普遍在 13%—18%；若其间再经过部分民间配资公司作为中介对接，配资的总成本可达到 15%—20%。而场内融资业务成本基本保持在 8.6% 左右。

表 1.1　我国杠杆资金配资渠道和方式

配资场所	场内	场外					
配资渠道	融资融券	股票收益互换	单账户结构化		伞形信托	民间配资	
产品运用	二级市场投资	二级市场投资	二级市场投资打新股	定向增发	二级市场投资	二级市场投资	
配资渠道	证券公司	证券公司	信托公司、证券公司、基金子公司		信托公司	利用分仓系统的配资公司	不利用分仓系统的配资公司
融资方	个人客户、机构客户	私募机构	私募机构、资产管理机构		私募机构、炒股大户	个人	个人
期限	最长 6 个月，可展期	1 年	1 年	12 +6 个月或 36 + 6 个月	1 年左右	多为 1 个月，不超过 3 个月	
融资成本	8.6% 左右	8%—9%	8%—9%	7%—8%	9%—10%	15%—18%，甚至超过 20%	
配资资金来源	券商自营资金；债务资金（银行同业贷款、证金公司转融资、发债）		银行理财资金；向高净值客户发行信托计划/资产管理计划募集资金		银行理财资金；高净值客户信托资金	银行理财资金；P2P 产品；发行私募基金募集资金	配资公司股东；发行私募基金募集资金
账户实名	是	是	是	是	否	否	否

二、场内融资业务对异常波动的影响

2015 年我国股市异常波动前后，场内融资业务规模经历了大涨大落，各项风险指标变化也比较大。总体来看，场内融资业务由于自身风控制度体系比较严格，风险始终处于可控范围，也没有对证券公司业务经营造成太大影响，证券公司流动性风险没有明显放大，但同时也要看到，场内融资交易规模的急剧变化对股指运行也产生了一定影响，对标的股价走势有一定推动作用。具体来看，场内融资业务对股市异常波动的影响主要表现在以下方面：

一是股市异常波动前场内融资业务规模增长较快，风险因素有所积聚。第一，异常波动前融资余额持续快速增加。2014 年上半年，融资余额稳定在 3 000 亿—4 000 亿元的水平。进入 2014 年下半年后，伴随大盘行情逐渐走强，融资融券余额快速增加，每月增加约 1 000 亿元，至 2015 年初融资融券余额首次突破万亿元大关。2015 年 3—5 月，融资融券交易活跃度大幅攀升，融资融券余额平均每周增加 1 000 亿元，增速最快时 5 天增加 1 000 亿元，不到 3 个月时间余额便突破 2 万亿元，涨幅超过上证综指 56. 1% 的涨幅（见图 1. 2）。第二，场内融资、融券规模不平衡持续放大融资业务的单边影响。截至 2015 年 6 月 12 日，融资余额达到 2. 22 万亿元，占融资融券余额的 99. 6%；融券余额仅占 0. 4%，远远低于成熟市场水平（以亚洲为例，日本该比例为 17%，中国台湾为 13. 1%）。这使得融资融券工具多空平衡机制不能充分发挥，在市场疯涨过程中缺少内部约束力量的制衡，新增资金助推市场价格偏离了价值。第三，融资客越来越青睐高风险标的股票。截至 2015 年 6 月 12 日，中小板和创业板标的股票融资余额为 3 538 亿元，占到全部标的证券融资余额的 16%；市盈率 300 倍以上或亏损标的股票的融资余额达到 3 282 亿元，较 2014 年 6 月底增加 3 000 多亿元，占全部融资余额的 14. 8%，增加 8. 3 个百分点。第四，大量融资融券客户高比例集中持有单只股票。市场异常波动前夕，有大量融资融券客户持有单一担保证券市值集中度超过 90%，当市场下跌、风险爆发时，这些“孤注一掷”的融资融券客户将首当其冲，面临个体流动性风险。

二是场内融资业务由于实行较为严格的盯市平仓制度，风险总体可控。第一，融资交易比重在股市异常波动前已有显著下降。融资买入额占 A 股普通交易额的比重，由 2014 年 6 月的 10% 左右持续增加至 2015 年 2 月的

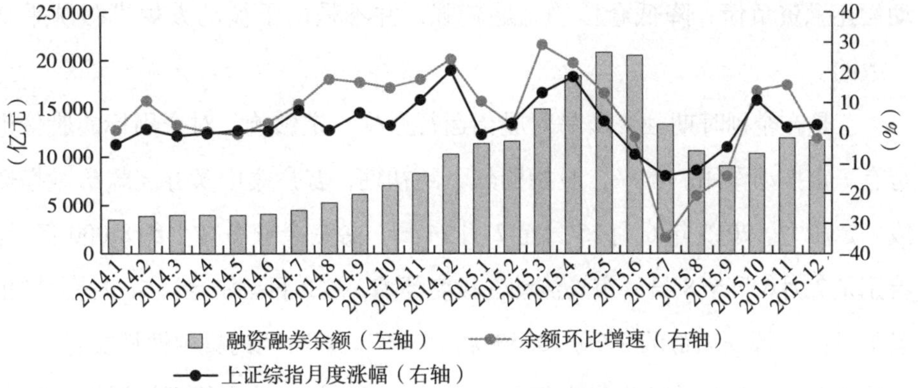

图 1.2　2014 年 1 月—2015 年 12 月融资融券余额及增速

17.1% 见顶，2015 年 3 月后开始下降，至异常波动前已降至 11% 左右；此后，随着场外资金增量的快速增加，融资买入额虽有同步增长，但对市场成交和指数上涨的推动已较前期显著下降。第二，股指下跌初期融资余额回落滞后于指数调整。上证综指于 6 月 15 日见顶，至 6 月 19 日累计下跌 13%。而融资余额在 6 月 15 日至 18 日的 4 个交易日内持续净流入，至 6 月 19 日才开始出现融资资金净流出，这显示融资余额的回落受到了股指下跌的影响，而不是反之推动其下跌。第三，股市异常波动期间强制平仓额总体不高。异常波动前后，客户场内融资杠杆比例始终没有超过 1∶2，总体担保比例始终高于 220%，低于 150% 预警线和 130% 平仓线的客户数量及负债规模始终不大，这使得在整个股市异常波动过程中客户平仓规模一直保持较低水平。第四，客户主动还款是融资余额下降的主因。场内融资余额由 6 月 19 日的 2.26 万亿元降至 9 月底的 9 040 亿元，累计下降 1.36 万亿元。其中，7 月 6 日至 8 日 3 个交易日分别下降 1 397 亿元、1 467 亿元和 1 764 亿元，8 月 24 日至 26 日 3 个交易日分别下降 778 亿元、852 亿元和 545 亿元，这 6 个交易日合计下降 6 803 亿元，占股市异常波动期间 71 个交易日累计降幅的 50%。融资余额回落比较集中，主要是因为这几个交易日内指数跌幅较大，客户主动偿还融资负债、降低仓位的意愿较强，并不是由于被动大规模强制平仓导致的。

三是在个别时期融资交易对股指运行产生一定影响，对个别标的股价走势有一定推动作用。第一，股指剧烈下跌初期，客户集中卖券还款给股指造成一定压力。2015 年 6 月 15 日至 7 月 24 日，融资余额净减少约 8 000 亿元。特别是 7 月 6 日至 8 日，市场流动性极度萎缩，这 3 日融资余额减少值分别相当于当日 A 股交易额的 9%、13.6% 和 15.8%。短时间内集中性地卖券还款，给股指以及卖券还款较为集中的非银金融、银行与房地产等板块股票价格造成一定压力。第二，高市盈率股票降杠杆较为剧烈，受融资余额变化影响也较大。2015 年 6 月中旬至 9 月底，标的股票融资余额平均减少 59%，其中，市盈率 50 倍以下的减少 43%，100 倍以上或亏损的则减少高达 74%。这类股票多为中小板、创业板股票，由于在异常波动前估值水平和股价较高，受融资余额减少的影响也相对较大。

三、银行理财资金为场外配资提供重要资金来源

银行理财资金是场外配资中“优先级”资金的主要来源之一，本部分将重点剖析银行理财资金的发展规模情况，通过何种场外配资渠道流入股市，相应有多大规模，等等。

（一）利率市场化改革进程推动银行理财市场快速发展

1993 年，《国务院关于金融体系改革的决定》发布，该决定提出，以建立市场利率管理体系为中国利率改革的长远目标，我国利率市场化改革的大幕拉开。经过 20 多年利率市场化改革的推进，利率市场化形式上已基本完成，存贷比已取消，存款保险制度已逐步建立。银行理财产品逐渐进入蓬勃

发展的阶段，发行数量和募集资金规模呈现快速增长。截至 2015 年底，银行理财产品存续数量约 6 万只，资金规模约 23.67 万亿元，较 2010 年增长近 2.5 倍（见图 1.3）。

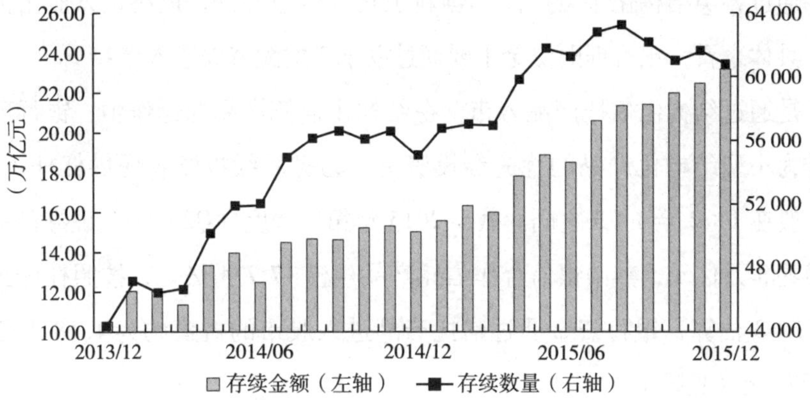

图 1.3　银行理财产品存续数量及金额

（二）理财产品和表外业务相结合，催生“影子银行”体系

根据银监会的监管规定，银行自营资金和信贷资金不能直接流入股市，理财资金也不得投资与境内二级市场公开交易的股票或预期相关的证券公司投资基金，参与新股申购应符合国家法律法规和监管规定，具有相关投资经验、风险承受能力较强的高资产净值客户则不受限。近年来，随着银行理财资金的不断充裕和金融创新工具的日渐丰富，银行通过发展表外业务，规避信贷监管的金融创新形式应运而生，逐渐催生并滋养了我国影子银行体系。银行理财产品为影子银行体系提供了资金支持，反过来银行通过与信托公司和融资企业的合作实现了理财产品的信用扩张。当 2014 年牛市迹象出现时，影子银行就从之前向实体经济放贷转而向股市放贷，各类伞形信托和配资平台在供需推动下迅速成长。

（三）银行理财资金主要通过3类场外配资渠道流入股市

在场外配资业务中，银行理财资金成为各类配资渠道稳定的资金供给来源，并通过各类结构化金融产品和创新工具等渠道分流，最终汇入股市大资金池。具体来看，银行理财资金主要通过以下3类配资渠道入市：

一是通过结构化信托产品入市。在结构化信托产品的运作中，银行理财资金作为小型结构化产品的优先级投资者，为劣后级投资者提供杠杆资金，杠杆一般在1∶2至1∶3之间。截至2015年第二季度（Q2）末，证券投资信托规模约3万亿元，其中银信合作信托产品规模17 774亿元，按照杠杆比例1∶2至1∶3估算，银行资金通过信托产品进入股市的规模约为1.18万亿—1.33万亿元（见图1.4）。

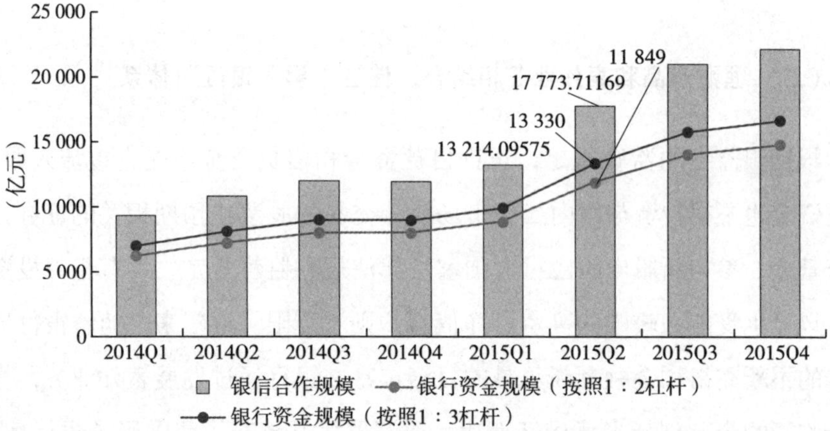

图1.4　银信合作规模及银行资金入市估算规模

二是通过各类资管产品入市。银行资金通过基金子公司或证券公司资管产品进入股市，根据资管产品的类型，杠杆由作为优先级委托人的银行确定，以二级市场股票组合为标的的产品杠杆一般在1∶2至1∶3之间。根据证券基金业协会网站数据，截至2015年第二季度末，全行业基金子公司存续产品

13 698只，资产规模6.12万亿元，证券公司资产管理产品规模10.25万亿元。由于对资管产品的具体投向没有明确的统计数据及占比情况统计，粗略估算投资二级市场的结构化产品约占5%，按照平均杠杆1∶2至1∶3估算，银行资金通过基金子公司和证券公司资管产品进入股市的规模约为5 500亿—6 000亿元。

三是通过证券公司的其他创新类业务入市。银行资金还可以经证券公司、资产管理公司等，通过两融收益权转让、股票质押回购、收益凭证等业务，向客户提供资金，再间接入市。根据深圳证券交易所的粗略估计，截至2015年第二季度末，银行理财资金对上述各类业务的贡献合计约有1.3万亿元。

综上，仅是粗略估算，2015年A股市场异常波动前夕，银行理财资金借道金融产品进入股市的体量就在3万亿元以上，占同期A股50万亿元流通市值的比重超过6%。

四、以信托为主的场外配资成为加杠杆的重要渠道

提及场外配资的主要渠道，人们普遍认为是受到监管部门严厉打击的伞形信托和恒生HOMS系统等分仓配资平台。实际上，场外配资的构成非常复杂，参与方涉及银行、信托公司、证券公司、基金公司、配资公司，以及由于互联网金融平台的建立而牵扯进来的实体企业和个人投资者等。如果将证券公司、基金公司等开发的带有杠杆性质的金融创新产品（不包括融资融券）也算在内，则施加在股市中的场外杠杆形式就更加多样化了。本部分将深入剖析股市异常波动前后，除场内融资业务外，股市中存在的其他6种杠杆资金形式，以及这些杠杆资金是如何托起“杠杆上的牛市”的。

第一道杠杆：结构化信托及配资运作模式

结构化信托产品分为伞形信托和单一结构化信托。伞形信托的基本运作

模式为：由信托公司成立证券投资信托计划，通过分组交易系统（如恒生HOMS系统）在其下设立若干个独立子单元，每个子单元相当于一个小型结构化产品，分为优先级和劣后级。银行理财资金及券商资金作为优先级份额，私募基金等机构投资者、私人银行资金、高净值客户资金等作为劣后级份额（见图1.5）。单一结构化信托融资的运作模式与伞形信托子单元基本一致。在证监会禁止证券公司代销伞形信托并禁止证券公司为伞形信托提供信息系统接入服务后，单一结构化信托成为主要的结构化信托类型。

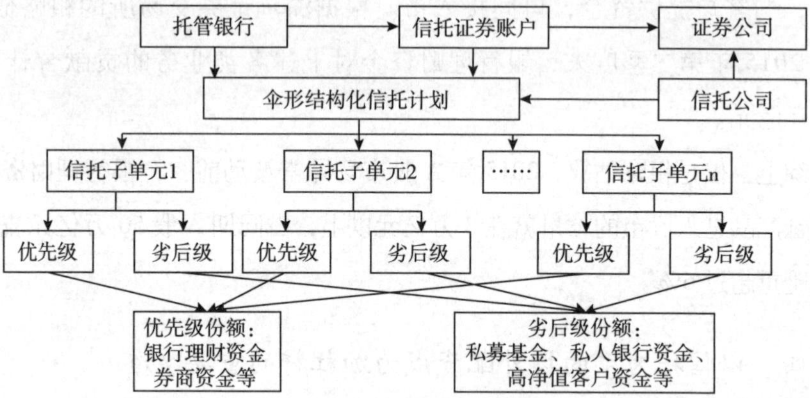

图1.5　伞形信托业务框架

结构化信托的“结构”特征主要体现在收益的杠杆效应和对应风险的承担上。结构化信托中，优先级资金按一定杠杆比例向劣后级资金配资，享受固定利息收益；劣后级资金则主要靠投资盈利获益，同时先行承担投资亏损风险。也就是说，当信托计划出现较大的风险并由此造成亏损时，劣后级资金先行牺牲，保障优先级资金安全；与此相对应，当投资获得丰厚回报时，劣后级资金收益也要多得多。

结构化信托于2010年末被创设出来，2013年下半年开始迅速发展，主要面向证券公司有融资需求的机构客户和高净值个人投资者，投资期限较长，通常大于6个月，杠杆一般控制在1∶2至1∶3，融资成本为8%—10%，投资的标的证券几乎没有范围限制。产品主要特点包括：一是设立过程十分便捷，伞形信托下设的各子信托无须单独开户，绕过了股票账户实名制的约束；二是伞形信托投资标的范围较广，可以参与股票、封闭式基金、债券等投资品种的交易；三是追加保证金期限较短，结构化信托配资通常要求客户在净值触及预警线后的 T+1 日中午收市前追加资金至预警线以上，加大了投资者履约难度。

根据证券业协会披露的信息，截至 2015 年 6 月底，场外配资活动通过恒生 HOMS 系统、上海铭创和同花顺系统接入的客户资产规模合计近 5 000 亿元，3 个系统的配资业务主要通过信托产品证券账户展开。结合前文对银行理财资金通过信托渠道入市规模的测算，估计利用结构化信托产品进行场外配资的规模不少于 1 万亿元。

第二道杠杆：民间配资公司及互联网金融配资产品

民间配资公司兴起于 2007 年前后，由于不受监管，一直随着一波波股市行情野蛮生长。后来，随着场外配资规模不断扩大、配资渠道不断丰富，民间配资中介也将视野由线下扩展至线上。据统计，2014 年各类线上线下配资公司已经近万家，多分布在经济发达的浙江、上海、广东等沿海一带。

互联网配资主要分为两种模式。一是最广为人知的 P2P（点对点网络借款）模式，由 P2P 互联网平台接受股民配资申请，然后通过网络渠道筹集相应比例的资金，比如杠杆为 10 倍的配资，则股民存入 1 万元保证金，平台筹集配资 10 万元，最终将全部款项打入股民指定的股票账户进行操作。这种模式下，P2P 平台相当于既是一个资金中介，也是一家配资公司。二是中介模式，互联网平台只负责撮合交易，其一端对接线上申请配资的股民，另一端对接线下的配资公司，自身主要起中介的作用。

互联网配资的问题和风险主要体现在：一是费用较高。平台给 P2P 投资人的收益约为年化 10%—15%，期限以 1—2 个月居多，最长一般不超过 6 个月，平台再以服务费、开户费、管理费等名目收取3%的费用，配资申请人获得资金的总成本普遍在13%—18%。二是高杠杆，配资杠杆比例高达5倍到10倍。三是绕开账户实名制监管。P2P配资平台类似于将证券借贷平台和众筹相结合，借鉴了互联网金融“低门槛、高杠杆、来钱快、申请不受时限”等优势，通过高杠杆吸引高息理财客户及配资炒股客户，利用互联网网站、手机应用程序等网上平台避开账户实名制监管，采用线上自动化撮合、分仓，没有客户信用审核环节，在确保资金供应方和配资公司的资金安全性前提下，实际上把风险全部推给配资炒股客户。四是投资者具有独特的道德风险和操作风险。极端情况下，如利用虚假数据募资、平台圈钱跑路、挪用账户资金等，都会造成投资者遭受巨大损失。此外，P2P平台依赖网络流畅和程序设置，在市场急剧下跌的异常情况下，很容易出现由于平台瘫痪造成无法平仓等情况。

通过网贷平台进行配资的通常为千元、万元级的小额配资，虽然总规模不大但数量众多。《2015年中国网络借贷行业年报》数据显示，2015年1—6月P2P网贷累计成交量达到8 422.85亿元，6月末网贷余额6 212.61亿元，P2P网贷平台中从事股票配资的多达45家。按照网贷股票配资成交量约占2%、杠杆约为1∶5来估算，借助网络P2P的场外配资规模约为150亿元。

第三道杠杆：基金子公司结构化资管产品

基金子公司作为大资管时代的新生力量，受政策宽松之惠，较公募基金和信托公司而言，其开展的资管业务具有行业准入门槛低、投资范围宽、灵活性强等优势，股市异常波动前发展十分迅速。基金子公司常见的证券业务结构化产品是由基金子公司发行管理的，以二级市场股票、债券组合为投资标的，采取份额结构化、杠杆化，有特定多数客户认购的资产管理计划。该类资管计划产品的运作模式与前文所述的单一结构化信托配资模式非常类似，采取一对多的分级结构，优先级份额多数来源于银行理财资金，劣后级份额由私募基金、私人银行及高净值客户等认购。该模式产品多为银行或私募机构主动发起，基金子公司承担产品通道角色，为其寻找合适的劣后级投资人等。

基金子公司自 2012 年底诞生以来迅速发展壮大。截至 2015 年 6 月底，基金子公司产品数量达 13 698 只，存续规模达 6.12 万亿元，其中，一对一产品存量规模达 3.96 万亿元，一对多产品存量规模达 2.16 万亿元（见图 1.6）。根据基金业协会发布的《证券公司、基金管理公司私募资产管理业务统计年报》有关数据估算，截至 2015 年第二季度末，基金子公司专户资金投向二级市场股票的规模占比已超过 10%，即超过 6 000 亿元。

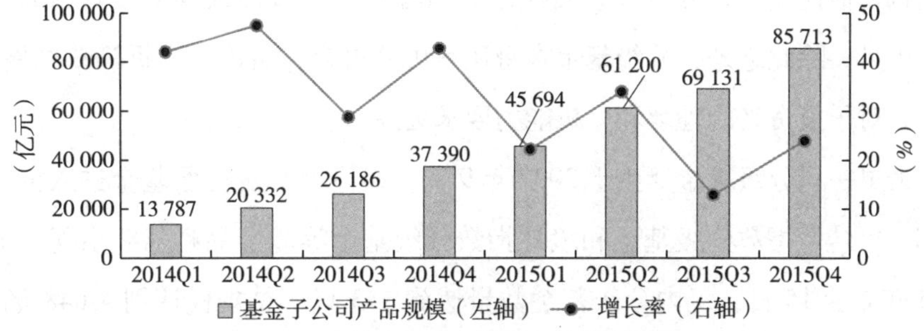

图 1.6　基金子公司规模及其增长情况

第四道杠杆：证券公司结构化资管产品

证券公司结构化资管产品的运行模式与基金子公司资管产品大同小异，通过证券公司或者证券公司资产管理子公司发行分级集合资管计划，银行以理财资金认购优先级份额，劣后级份额由私募基金、私人银行及高净值客户等认购。

证券公司资管业务主要分为集合计划、定向资管计划和专项资管计划三大类，根据基金业协会的数据，截至 2015 年 6 月，证券公司资管业务规模为 10.25 万亿元，其中集合计划规模为 1.22 万亿元，占 12%。按照证券公司资管产品集合计划投向二级市场股票的规模占比 18%，其中结构化产品占比为 60%—70% 进行测算，通过证券公司资管产品配资的规模约为 1 500亿元。

第五道杠杆：分级基金产品

分级基金又叫“结构型基金”，它的主要特点是将母基金产品分为两类或多类份额，并分别给予不同的风险收益分配。对于带有杠杆配资性质的融资型分级基金而言，一般将母基金分为 A 份额（约定收益份额）和 B 份额（杠杆份额），A 份额约定一定的收益率，母基金扣除 A 份额的本金及应计收益后的全部剩余资产归入 B 份额，亏损以 B 份额的资产净值为限由 B 份额持有人承担。当母基金的整体净值下跌时，B 份额的净值首先下跌，反之则相反。与结构化信托类似，分级基金因存在“风险分级”属性很容易被利用为杠杆配资工具；除此之外，分级基金本身还有可分可合、溢价和下折等复杂属性，因此，对于投资者的理解和分析能力要求更高。

最早一只分级基金诞生于 2007 年 9 月，2013 年后，分级基金进入密集发行期，可转债指数分级基金和境外指数分级基金等基金品种陆续出现。截至 2015 年 6 月 15 日，场内分级基金数量达到 153 只，总规模达到 4 048 亿元。分级基金发行情况见图 1.7。

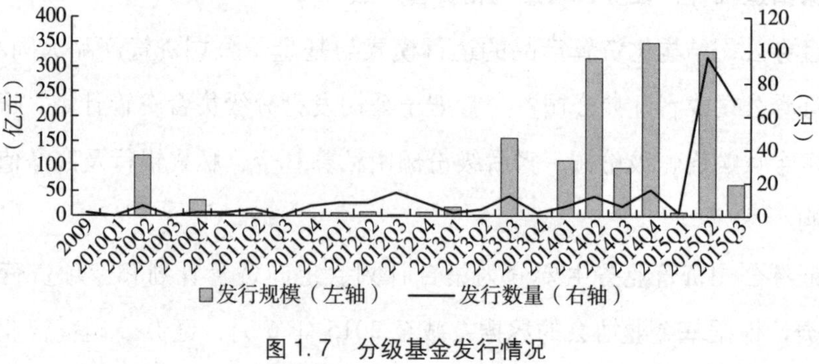

图 1.7　分级基金发行情况

由于对市场走势变化异常敏感，分级基金在股市异常波动前后形成了两个明显阶段。一是市场走强期的上折潮。2015 年初至市场异常波动前夕，分级基金上折数量达到 44 只，约占当时发行的场内分级基金数量的 28%，上折集中发生在当年 3—5 月。截至 2015 年 6 月 12 日，场内分级基金中，子基金 B 级规模达到 2 242 亿元，占比达到 55%。从分类角度来看，复制指数型分级基金数量占比 65%，规模却占据了近 97%（见表 1.2）。二是市场异常波动引发的下折潮。据统计，2015 年 6 月 15 日市场开始发生异常波动至 8 月 26 日期间，上证综指下跌了 43.3%，其间发生下折的分级基金共有 59 只，分级基金整体规模急剧缩水，无论是分级 A 还是分级 B 都未能幸免于难。鼎盛时期份额过百亿的富国国企改革分级 A，在触发下折日后的 3 个交易日内，规模缩减了 72%。还有部分投资者不了解分级基金的复杂机制，在下折基准日误入分级 B，导致刚一买入就遭遇大幅亏损。

表 1.2　分级基金各类别占比情况

类型	基金数量（只）	母基金规模（亿元）	子基金 A 级（亿元）	子基金 B 级（亿元）
纯债型	40	2.92	28.63	57.56
复制指数型	99	178.14	1 584.14	2 173.61
股票型	4	0.26	1.06	3.45
偏债型	7	0.13	0.40	2.13
增强指数型	3	0.79	9.61	5.25
合计	153	182.24	1 623.84	2 242.00

第六道杠杆：证券公司其他创新型融资类业务

证券公司除开展场内融资融券业务外，还创设了一些创新型的融资类业务，这些业务本身也带有一定的杠杆性质，主要包括以下两类：

一是股票质押回购业务。该业务指的是证券公司以自有资金或资产管理计划的资金，通过回购交易的方式，向客户提供融资，主要是上市公司大股东向证券公司融资，用于补充企业资金、偿还债务等。该业务需要通过沪深证券交易所场内方式进行，杠杆比例不高，券商一般按照抵押股份市值的五折提供贷款，部分蓝筹股票可以达到七折，较银行股票质押贷款的三到四折有竞争优势，同时银行一般不接受非流通股份的质押贷款申请，券商则并不拒绝。股票质押的融资款项一般没有用途限制，因此不排除部分资金通过这种形式回流股市。从统计来看，市场异常波动期间，股票质押回购业务规模保持在5 800亿—6 000 亿元之间，未随行情大幅波动。融资方普遍通过提前偿还债务、追加证券质押的方式释放风险；进入违约处置的累计资金仅 24 亿元，只占融资余额的 0. 4%。

二是融资类股票收益互换业务。收益互换是证券公司场外衍生品业务的一种基本形式，是指客户与券商根据协议约定，在未来某一期限内针对特定股票的收益表现与固定利率收益进行现金流交换。股市异常波动前，证券公司在实践中已开展的收益互换主要是股票收益互换，其逐步演变为向客户提供杠杆融资买卖股票的业务，即证券公司与客户签订互换协议，在客户缴纳履约保证金基础上为其提供资金购买标的股票，证券公司收取固定收益，客户享有浮动收益的交易。因此，该业务也成为进入股市的杠杆资金形式的一种，但总体规模不大（最高规模为 1 257 亿元），投资者集中度较高（中信证券等 5 家公司占比近 80%）且基本为机构投资者。同时，该业务规模随行情变化而变动，股市异常波动前未了结规模最高达到 1 256. 6 亿元，此后伴随市场大幅下跌，于 2015 年 10 月 16 日降至 826. 91 亿元，在对该业务清理之前，其规模保持在 700 亿元左右。

五、高杠杆场外配资推动股指结构性涨跌

通过上述六道杠杆，可以看出：2015 年 A 股市场异常波动前夕，场外配资体量较大，主要通过结构化信托和民间配资公司，贯穿线上和线下渠道实

现资金供应。而分级基金、证券公司创新性融资类业务等，虽然涉及产品本身具有杠杆属性，对放大市场风险具有一定的推波助澜作用，但主要是因为没有完善的法规体系进行规范和统计监测，发展到一定阶段后被场外配资渠道所利用。综合分析，场外配资对股市异常波动的影响主要在于其高风险的业务特性与中小客户、中小市值股票高杠杆比例错配，造成了股票市场的结构性波动，具体分析如下：

一是场外配资的核心问题突出表现在非实名、高杠杆、散户化、标的差。场外配资发展到最后一般都有四个核心特征：首先，变相突破股票投资一人一户、实名开户的限制，游离于监管视野之外，无法统计监控和监管。其次，出资方向融资方提供1∶5到1∶10的高杠杆，并设置非常严格的预警线和平仓线，买入的股票出现较小跌幅就会触发自动平仓。再次，融资方多为中小投资者，单笔配资金额大多在千元至数十万元之间。最后，买入的标的股票没有严格的范围限制和额度控制，大多数客户买入的都是中小市值、高市盈率的高风险股票，客户风险防范和承受能力很差。

二是高杠杆场外配资错配中小客户、中小市值股票推动了股指结构性涨跌。在股市快速上涨期间，大量场外高杠杆配资的中小客户集中买入高风险的中小市值、高市盈率股票，在推高股价的同时也带来显著的财富效应，从而吸引更多高杠杆场外资金涌入市场，形成正循环。但股市一旦下跌，中小市值、高市盈率股票泡沫更大，下跌更迅速，而往往只要超过8%的亏损，1∶5杠杆比例的配资就面临自动平仓，平仓卖盘进一步打压股价，超过10%的亏损出现，1∶4杠杆比例的配资自动平仓，依此类推，形成恶性循环。监管部门在无法准确掌握场外配资规模、渠道和实名账户的情况下，无法有效实施针对性强的监管措施，一定程度上延误了监管时机，同时中小投资者在高杠杆、严平仓面前根本无力补充担保品，最终表现出来的结果就是股价的迅速下跌、流动性枯竭以及大量投资者亏损。因此，

2015 年股市异常波动的一个核心特性是，高杠杆场外配资错配到中小客户、中小市值股票，推动股指结构性高估，也同时造成股指结构性杀跌（见图 1.8）。

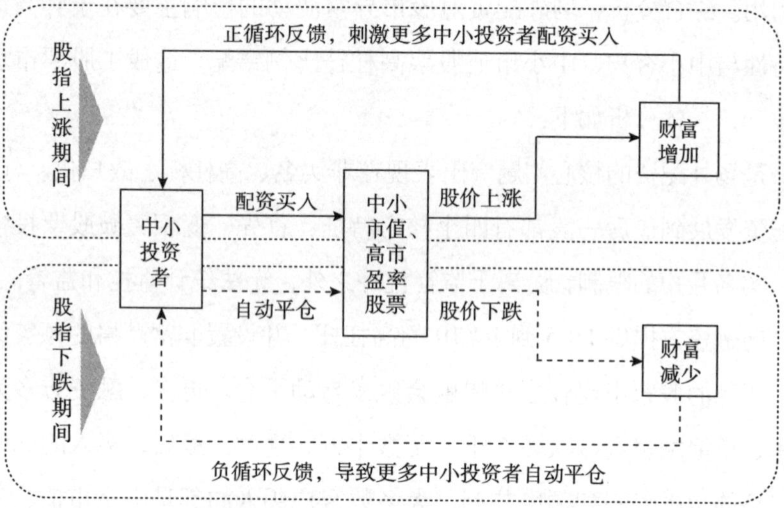

图 1.8　股市高杠杆场外配资与异常波动

股指期货的放大作用

从数据来看，伴随着 2015 年“杠杆牛”的崛起，股指期货交易也相应放量，股指期货在发挥正常风险管理功能的同时，也在一定程度上被投机者利用成为做空市场的工具，对现货市场投资者的信心起到了一定的打压作用，放大了市场的恐慌情绪，而期货市场 T+0 的设置以及机构在股指期货上的高频交易，在市场异常波动期间也起到了一定的影响股市下跌的作用。

一、2015 年股指期货交易急剧增长

2015 年股市异常波动前后，股指期货呈现出主力品种交易急剧增长、新品种交易迅速放量、期现市场成交背离等特征，具体表现如下：

一是 2015 年股指期货主力品种交易规模增长迅速。沪深 300 股指期货（IF）是我国最早交易的股指期货，也是三大股指期货中交易最为活跃的品种，于 2010 年 4 月 16 日由中金所推出。从 2014 年末至 2015 年初，IF 主力合约成交量出现了明显的跃升，日均交易量从 70 万至 80 万手的水平迅速突破 100 万手，并一直维持在 150 万手附近的高位。在市场异常波动初期，IF 主力合约日成交量进一步提升至 200 万手附近。一直到 2015 年的 8 月底、9 月初，中金所发布一系列关于股指期货交易的严格管控措施后，IF 主力合约成交量大幅下滑，日均成交量降至 5 万手以下，流动性几乎枯竭（见图 1.9）。

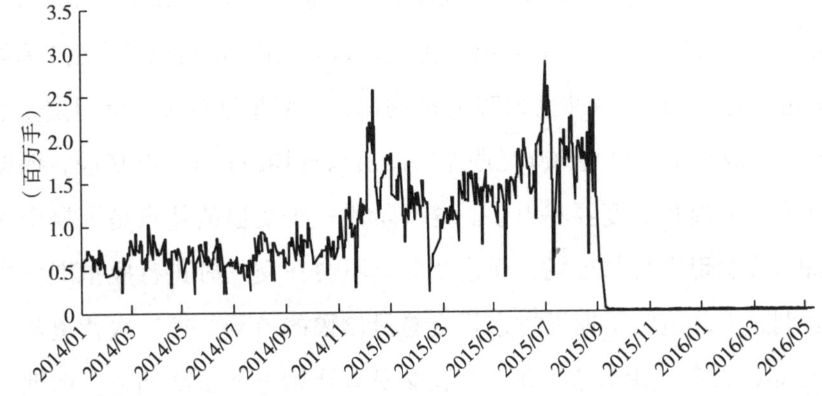

图 1.9　IF 主力合约成交量

二是新品种推出后交易量也迅速提升。除沪深 300 股指期货外，中金所还在 2015 年 4 月 16 日推出了上证 50 股指期货（IH）和中证 500 股指期货（IC），两个新品种的推出丰富了股指期货的交易标的，特别是覆盖中小盘股票的中证 500 股指期货，为 2015 年第一季度涨幅较大的创业板及中小板股票提供了套期保值和风险管理的工具。开始交易后，IH 和 IC 主力合约交易量也迅速提升（见图 1.10）。

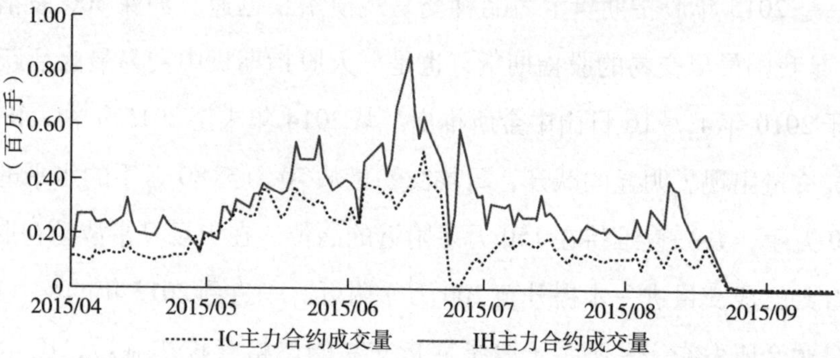

图 1.10　IC、IH 主力合约成交量

三是股市异常波动前后期现货市场成交量出现两次背离。2014 年至 2015 年初，期现货市场成交量基本保持同步的涨跌态势。但从 2015 年 3 月开始，两个市场成交量变化出现一定背离（见图 1.11）。第一次背离发生在 3 月初到 6 月中旬，上证综指一跃冲上 5178 点的高位，涨幅超过 60%，大量资金涌入股票市场，成交量从日均 500 亿股左右冲击到日均超过 1 000 亿股，而期货市场成交量的提升幅度要小得多。这一阶段一个明显的特点是大量个人投资者涌入股票现货交易市场，而这个群体不会在交易时进行股指期货的套保或套利，因此造成了期现货市场交易量增幅的差异。第二次背离从 6 月 15 日开始，大盘开始迅速下跌，A 股交易量开始进入下降通道，而期货交易量反而开始迅速攀升，日均交易量从 150 万手迅速突破 200 万手，并维持在相对高位，直到后来中金所对股指期货交易开始限制后才迅速下降。在这个阶段，期货交易量的“反常”跃升反映出股指期货的作用已经不再仅限于套期保值，简单的套利交易不可能是驱动股指期货交易量飙升的原因。一个合理的猜测是市场上有部分资金出于投机因素，通过密集的股指期货交易进行做空获利。

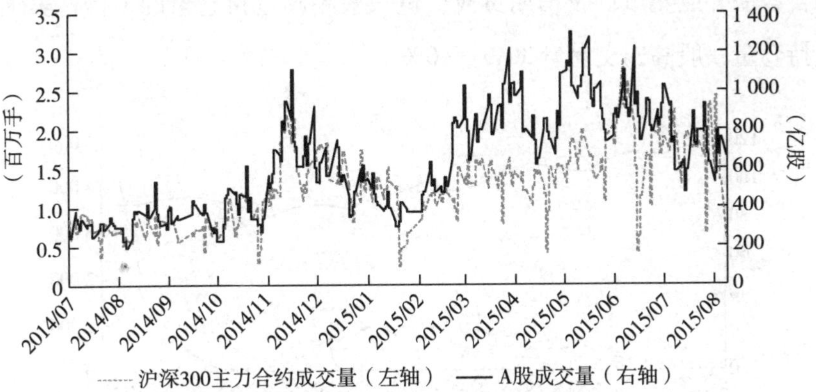

图 1.11　期现货市场成交量同步与背离情况

二、股指期货市场投机因素对股市波动产生重要影响

股市异常波动前后，股指期货市场在发挥风险管理作用的同时，出现了较为普遍的投机现象，部分资金利用体制机制漏洞和客户环境弱点，投机取巧、偏离常态，对股市波动带来较大影响，具体表现如下：

一是股指期货投机性仓位重。有统计显示，股市异常波动前后，以 IF1507 为代表的沪深 300 股指期货主力合约套期保值仓位仅为 40% 左右，其余 60% 以投机性仓位为主。

二是股指期货主力合约成交量远远高于持仓量。2015 年 6 月 12 日至 7 月 8 日，上证综指连续下跌 32%，在此期间，沪深 300 股指期货主力合约 IF1507 日均成交量平均达到持仓量的 14. 3 倍，最高为 28. 5 倍；中证 500 股指期货主力合约 IC1507 平均为 10. 3 倍，最高为 24. 3 倍；上证 50 股指期货主力合约 IH1507 平均为 7. 3 倍，最高为 13. 3 倍。7 月 9 日后，由于股指出现小幅回升，同时各品种主力合约接近 7 月 17 日交割日，持仓量不断下降，而成交量仍保有一定规模，共同造成该比值大幅增加，IF1507、IC1507、IH1507 合约成交持仓比平均分别达到 43. 5 倍、12. 5 倍和 27. 1 倍（见图 1. 12）。相对而言，海外成熟市场股指期货成交量一般不超过持仓量的1倍，美国股指期货持仓量一般高出交易量30%—40%。

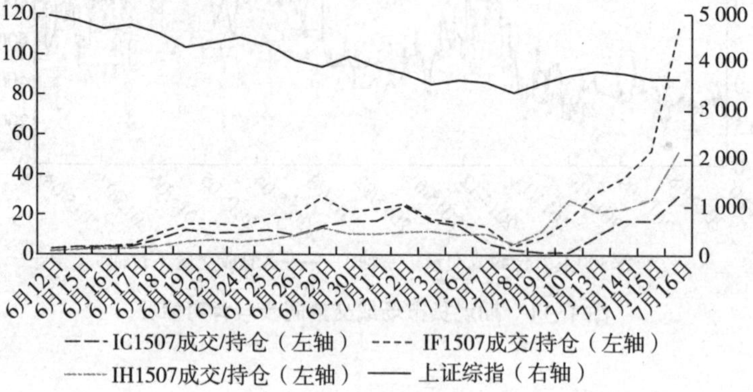

图1.12　股指期货各品种主力合约成交持仓比

三是证券市场机制条件和客户环境给了股指期货投机资本可乘之机。第一，期货与现货交易规则不一致。股指期货在交易时采取“T+0”的方式，且以现金方式进行结算。而股票现货市场则采取“T+1”的交易规则，当天买入股票在第二天才能卖出，交易远不如股指期货灵活。因此在股市异常波动期间，投机者利用股指期货做空可以在当天将做空获得的盈利兑现，并继续在现货市场上抛售成分股，从而引起市场的进一步下滑。第二，个人投资者“羊群效应”易被投机者利用。我国股市目前以散户为主，他们与机构投资者相比更容易受到市场情绪的影响，具有明显的“羊群效应”和“追涨杀跌”效应。在股市异常波动期间，常常出现股指期货先大幅下挫，进而现货市场价格接连“跳水”的情况，大量散户将股指期货价格作为市场走势的“风向标”，在发现股指期货大幅下跌后，大规模抛售手中持有的股票，进而引起股票现货价格的大跌。第三，融券业务受限使股指期货成为唯一做空工具。由于在异常波动期间融券业务受到了限制，投机者难以在现货市场进行做空，于是将股指期货作为做空工具。在大盘大幅下跌期间，投机者通过做空 IC1507 等市场交易量相对较小的股指期货，诱发市场恐慌情绪，从而打压股票现货价格，再以当日在股指期货上获利的资金进一步抛售股票现货，从而形成正反馈，促使股价持续下跌。

三、股指期货高频交易增加了市场价格波动

近年来，不少机构在股指期货投资中采用计算机算法驱动的高频交易策略，这种策略可以基于市场信号，在短时间内产生大量的买单和卖单，进行跨市场瞬时套利或单边投机交易。现行交易机制下，股指期货存在成规模的高频交易，这在股市异常波动期间加剧了股指的大幅波动，具体表现如下：

一是股指期货高频交易作为市场新兴事物出现时往往带来波动。1987 年美国发生股灾的一个重要原因，就是大量机构投资者利用现货市场和股指期货的基差交叉套利，同时通过电子自动对盘系统（DOT）自动抛售。因此股灾后美国限制了期现货交叉套利活动，同时暂停芝加哥商品期货交易所交易，以期截断股指衍生品市场和现货市场的连锁反应。日本 20 世纪 80 年代末股市泡沫破灭前后，也有大量外资大举进入日本股市，不仅推高股指，还运用新兴的电子化交易手段，利用股指期货与现货之间的基差频繁开展套利投机操作，同样加大了股市震荡。1998 年，国际对冲资本做空我国香港股市，也主要是通过股指期货电子化交易手段。

二是我国期货市场的高频交易机制与成熟期货市场的有显著不同。欧美等成熟市场同一只股票标的可以在多个交易场所进行交易，其对应的高频交易主要是利用同一标的在不同交易市场的微妙价格差或时间差来进行瞬时套利。这种套利可以发现市场价格的失衡，并迅速拉平市场价差，实现价格发现并提高市场效率。而我国市场同一只股票的交易只能在一个交易场所进行，高频交易不是现货跨市场套利，而是在期货、现货市场之间套利，加大了两个市场波动的联动性。

三是高频交易加大了股市异常波动。2015 年我国股市异常波动前后，很多机构投资者利用期货、现货市场基差，结合高频交易策略进行套利交易。有研究显示，只要现货市场、期货市场基差超过 80 个基点，在现行交易机制下就会产生大量套利机会。由于高频交易在我国属于新兴事物，尚没有相对严格的监管措施，在期现货市场发展不匹配的情形下，几乎形成了低风险、高收益的套利环境，其带来的盈利效应非常富于投机诱惑性，对期现货市场带来的冲击远高于境外市场，起到了一定的“追涨杀跌”作用，加剧了短时间内股指的大幅波动。

宏观背景因素

除前文提到的因素外，2015 年股市异常波动还有着复杂的宏观背景因素，例如改革红利预期、流动性充裕、新投资者快速涌入、新媒体信息传递迅速、舆论集中唱多等等，这些因素综合作用、交织强化，共同加速了这场股市异常波动的发生，具体表现如下：

一是跨度达 7 年的熊市与实体经济增长并不匹配，较低的股指点位和股票估值为大盘上涨做了铺垫。自 2008 年开始的熊市延续长达 7 年时间，上证综指一直在 2 000 点上下窄幅波动。2009 年至 2014 年，按可比价格计算，我国 GDP 年均实际增长 8. 6%，累计增长 64%，上市公司年均净资产收益率 14. 4%，但上证综指直到 2014 年 6 月底仅为 2 048 点，较 2009 年初仅增长 12. 5%，年均仅增长 2. 2%，与实体经济增长不相匹配。股市总市值与 GDP 之比也从 2007 年的 120% 回落至 40% 附近，2014 年 6 月底，沪深 300 指数成分股平均市盈率仅为 8. 3 倍，银行股为 4. 8 倍。可见，与实体经济发展相比，当时的股市大盘客观上存在一定的“补涨”空间。但随后股指过高过快“补涨”反之又越过了经济基本面，到 2015 年 6 月异常波动发生之前，股市总市值与 GDP 之比再度达到 100% 左右，重新接近 2007 年股市泡沫破灭前的水平，在一定程度上反映出股市与基本面又开始背离，客观上产生了回调预期和空间。

二是异常波动前市场资金面处于比较宽松的水平。2014 年 6 月至 2015 年 6 月，央行共有 4 次降准、4 次降息，市场资金面相对宽松。在实体经济面临较大下行压力、股指进入上行通道、其他投资渠道又比较狭窄的情况下，资金涌入股市的动能就不断加大。与此同时，2015 年春节后，尤其是 3 月份之后，SHIBOR（上海银行间同业拆放利率）1 个月以下期限品种总体呈现大幅下跌，期限越短跌幅越大，隔夜拆放利率从 3.46% 降至 1.05%；相比之下，6 个月及以上期限品种在三四月份则变化不大，反映出短期流动性较为宽裕，而长期流动性趋紧（见图 1.13）。这样在长期资金成本较高的情况下，部分投资股市的资金就具有了短期的性质，客观上也造成了市场的不稳定。

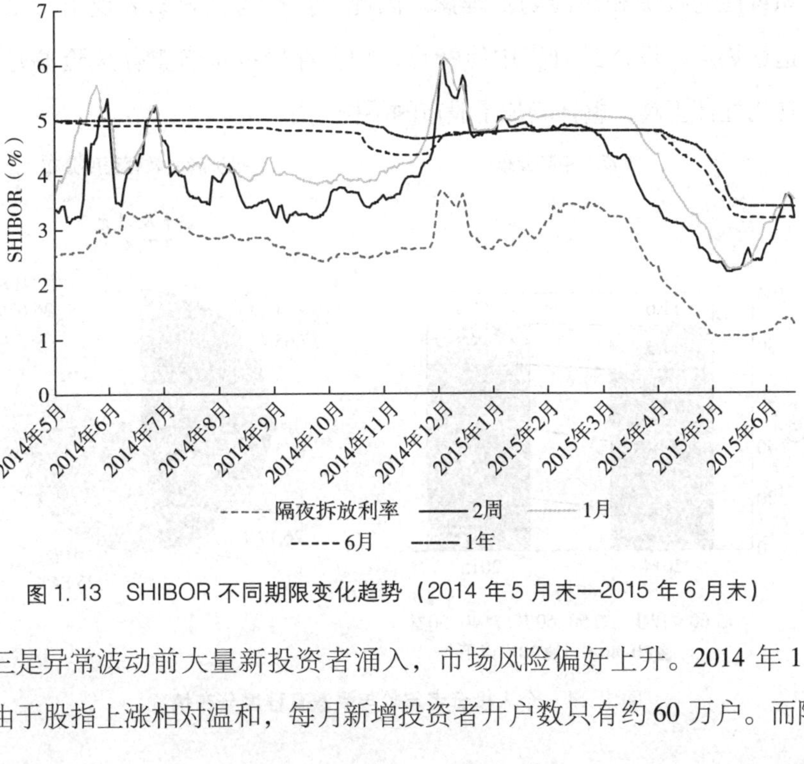

图 1.13　SHIBOR 不同期限变化趋势（2014 年 5 月末—2015 年 6 月末）

三是异常波动前大量新投资者涌入，市场风险偏好上升。2014 年 11 月前，由于股指上涨相对温和，每月新增投资者开户数只有约 60 万户。而随着

2014 年 12 月股指上行，当月新增开户数激增至近 300 万户。2015 年 3 月后，随着股指进入快速上涨通道，大批新投资者开始关注并进入 A 股市场投资，单月新增开户数逼近 900 万户。这与 2007 年牛市期间开户数激增的情形非常相似，当年 A 股新增投资者超过 3 000 万户，较 2006 年几乎翻番。而 2015 年全年 A 股新增开户数约 4 800 万户，几乎等于 2008—2014 年新增开户数的总和。更为重要的是，这些新增投资者总体比较年轻、受教育程度较低，对比 2014 年底和 2015 年底 A 股存量投资者年龄结构，30 岁及以下的投资者占比明显增加，由 15.8% 增至 20.5%；50 岁以上的投资者占比由 29.1% 降至 26.8%。上交所统计年鉴的数据显示，超过一半的 A 股个人投资者未接受过高等教育（见图 1.14）。这些投资者没有经历过上一轮牛熊周期，自身投资经验和风险判断能力比较有限，投资决策往往是跟风做出，容易过于乐观，缺乏系统性的投资和风险防范理念。因此，在行为上容易表现出交易频繁、盲目追逐热点、投资品种集中等特点，加上存量投资者整体风险偏好升高，大量使用杠杆工具，整体增加了股市的不稳定性。

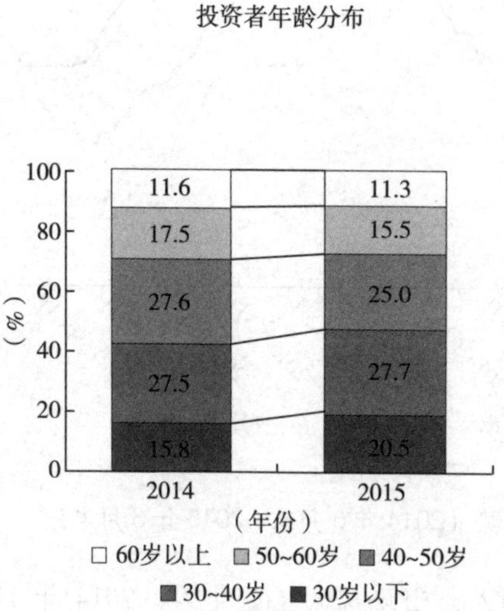

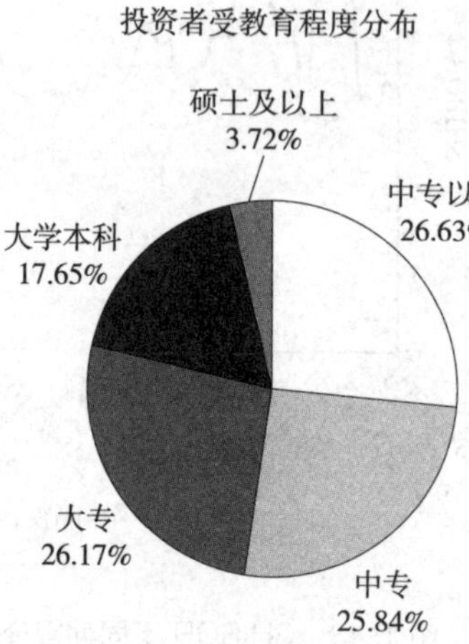

图 1.14　个人投资者年龄与受教育程度分布情况

四是新媒体信息传播加速、群体行为增加。随着社交网络工具的普遍应用，信息传播的速度和广度都在飞速提升。互联网各类媒体极大地降低了人们获取信息的成本。据统计，微信活跃用户 2014 年底突破 5 亿，随后以每个季度新增 5 000 万个的速度稳步增长，微信公众号的关注、阅读和转发量也频频刷新纪录。2015 年以来，随着市场向好，与股票相关的微信群消息量剧增，在市场异常波动期间更是有增无减；不仅如此，由于多种媒体工具的存在，信息在社会化快速传播过程中常常被用于二次加工和整理，因此信息的丢失和失真现象时有发生。在股市上涨时，投资者往往跟风而动，盲目加仓；股市下跌时，又容易诱发投资者恐慌性抛售。这种群体效应容易被社会化的信息传播放大，在某种程度上加剧了市场动荡。

五是社会舆情缺乏有效引导，市场盲目乐观。2015 年上半年市场大幅上涨期间，不少对市场过于乐观的观点被大范围传播和转载，例如“国家牛市”“4 000 点才是牛市起点”等等，助长了市场狂热投资情绪。相比之下，对于股市投资风险警示的报道则相对较少。同时，在股市异常波动期间，每日有大量信息在市场上被加速传播和消化，其中不乏夸大、虚假信息混入，混淆投资者判断，成为左右市场情绪的一股暗流。此外，在信息流的多方位频繁刺激下，宏观政策的边际效应逐步减弱，以致形成政策利好“瞬间失利”、市场“不买账”的反向政策效应。

第三节　股市异常波动应对措施与效果

2015 年我国股市异常波动有别于国际上发生过的历次金融危机。1929 年美国金融危机伴随着持续 4 年的经济大萧条，大萧条以经济衰退和金融崩溃相伴生为主要特点。1987 年美国金融危机以程序化交易和配资杠杆为特征。1997 年亚洲金融危机开始发生于小型开放经济体，这些经济体受到了国际资本的冲击。2008 年全球金融危机起源于美国房地产泡沫和信贷违约衍生品。国际数次金融危机与 2015 年我国股市异常波动都有本质上的不同。本节将依次分析数次国际金融危机的特点及应对措施，并与本次股市异常波动进行对比，分析我国股市异常波动时的应对措施及效果。

历次国际金融危机的特点和应对措施

一、2008 年美国次贷危机

对于 2015 年我国股市异常波动的救市，一部分人曾经进行质疑：为什么中国不像次贷危机期间美联储那样救助金融机构？实际上这与次贷危机本身的性质有关，不是所有的金融危机都要以救助金融机构的方式对待，要视情况而定。

一是次贷危机发生的前提是低利率环境催生了美国房地产和金融衍生品泡沫。2008 年之前，美国长期维持较低的利率，催生了美国房地产泡沫。有统计显示，美国房地产相对价格从 1890 年到 1997 年的一个多世纪的时间里几乎没有变化，相对房价的年均增长率仅为 0.09%，但在 1997 年到 2006 年间增长率却高达 85%。房地产价格增长带来住房抵押债券的大规模发展，以 CDS（信用违约互换）和 CDO（担保债务凭证）为代表的创新型信贷违约衍生品也应运而生。到 2007 年末，CDS 总规模达到历史最高位即 62 万亿美元，6 年年均复合增长率达到惊人的 102%，CDO 总规模也超过 2 万亿美元。同时，几大评级机构为了自身业务利益，也给予金融机构和这些衍生品较高的评级和增信，随后银行和投资银行又通过所谓的金融创新，以 SIV（结构性投资工具）等表外实体形式，把金融体系的信贷违约杠杆急剧放大。

二是次贷危机爆发的主因是金融机构以自营方式大量从事衍生品交易。CDS 与 CDO 等金融衍生品与房地产走势密切挂钩的事实意味着，房地产泡沫一旦破灭，所有住房贷款即会违约，一系列与住房贷款挂钩的金融衍生品就会全数发生违约。而美国金融机构大量以自营方式深度参与了 CDS 和 CDO 等衍生品交易，有统计显示，危机爆发后，金融衍生品坏账（或者叫有毒资产）中有 95% 由美国的金融机构持有，仅有 5% 由散户持有。这种金融创新的性质决定了衍生品交易产生违约时，风险主要在金融机构之间蔓延，这是次贷危机爆发的主因。

三是美国只能以救助金融机构为主要救市手段。大量购买衍生品的商业银行和投资银行由于购买了大量违约衍生品，面临巨额亏损，不救助就会倒闭，从而波及整个金融体系的稳定，因此，美国救助金融机构实属不得已而为之。首先，美国财政部出面收购或持股濒临破产、财务状况差、市场信誉低的公司，通过国家背书的手段增强市场信心，减少外部融资风险，维持稳定发展。其次，美联储直接收购持有有毒资产的金融机构。有数据显示，危机之前的美联储资产负债表资产端是 1 000 亿美元现钞和 8 000 吨黄金，危机后美元现钞和黄金储备不变，但增加了将近 3 万亿美元不良资产。美联储采用 QE（量化宽松）策略扩张资产负债表，实际上是使用国家信誉顶替商业银行或投资银行的市场信誉，保证金融机构的评级不下滑，遏制股价进一步下跌，从而缓解危机。

四是美国量化宽松举措有其局限性。美国采用量化宽松方式解决危机只是通过实施中央银行策略表面化解了部分问题，但采用这种方式的问题很大。比如，这一方式对于欧洲市场就是无效的。欧洲与美国不同，美国有独立的货币监管机构和财政部，可以实行量化宽松策略。欧盟地区国家众多，实施量化宽松策略需要征得每一个成员同意，成员之间经济金融状况参差不齐，连最简单的量化宽松策略中的摊派比例问题都是一个难题。因此，欧债危机持续拖延，难以解决。这也是英国急于脱欧的原因之一，脱欧可以使英国与欧洲整体债务危机做切割。

二、1987 年美国股灾

1987 年美国股灾与 2015 年我国股市异常波动有一定相似性：

一是股灾的发生具有突发性、短期性，影响范围大。1987 年 10 月 19 日星期一，道琼斯指数一天之内重挫 508. 32 点，跌幅达 22. 6%，创下自 1941 年以来单日跌幅最高纪录。6. 5 个小时之内，纽约股市损失 5 000 亿美元市值，其价值相当于美国全年国民生产总值的 1/8。这次股市暴跌在全世界股票市场产生“多米诺骨牌”效应，伦敦、法兰克福、东京、悉尼、香港、新加坡等地股市均受到强烈冲击，股价跌幅均超 10%。

二是股灾发生的连锁效应与程序化交易有关。有关 1987 年美国股灾的多份检讨报告指出，股灾发生的连锁效应与程序化交易有关。当时流行一种投资组合保险策略，该策略是指基金经理在股票贬值时卖出指数期货，而不是实际抛售股票；如果股市继续下跌，投资组合经理以较低的价格重新买入指数期货，用所得利润弥补股票投资组合的亏损。在 20 世纪 80 年代，基金经理们大量使用了投资组合保险的动态避险方式，并采用程序化交易，在市场下探时卖出指数期货，以规避风险。1987 年美国用此方法避险的资产规模超过 600 亿美元，这意味着一旦市场反转，市场上将会形成巨大下跌冲量。

三是美联储救市主要是为金融系统提供流动性和延缓信贷。为了遏制金融市场的进一步下跌，防止对实体经济造成“溢出效应”，美联储采取了两方面措施：第一，以公开操作形式为金融系统提供流动性。美联储先是对外发布声明，表明其提供流动性的意图，随后用一系列公开操作使联邦基金利率从 7. 5% 降至 7%，其他短期利率也随之降低，从而降低了借贷成本。接下来的数周，美联储持续注入储备资金以提高金融市场流动性。第二，股市下跌之后，第一时间延缓相对证券公司和贷款公司的信贷，控制股市下跌趋势。

四是与 2015 年我国股市异常波动有相似之处。1987 年美国股灾与此次我国股市异常波动都是发生在经济结构转型期，但基本面未出现严重问题；程序化交易在证券市场刚刚兴起，但是金融期货、现货市场发展并不平衡；金融衍生品交易尚处于发展初期；牛市上涨过程中，均出现了多轮借贷融资配资；等等。

三、1929—1933 年美国大萧条

1929—1933 年美国大萧条与 2015 年我国股市异常波动在成因和应对措施方面有显著不同，具体如下：

一是美国大萧条是由于经济基本面发生了严重的问题。美国政府在一战后奉行自由主义政策，大幅削减个人所得税，并实行宽松的货币政策，美国经济迅速摆脱战时萧条，经济得以高速发展，但在 1929 年 8 月总体经济活动达到顶峰后，逐渐显露出颓势。钢铁产量、汽车销量、零售销量等纷纷下滑，消费者债台高企，经济基本面出现根本性逆转。时任美国总统胡佛秉持自由经济观点，未对衰退采取措施，放任经济下行，其结果是美国经济陷入深度衰退，失业率高企。这是大萧条发生的根本原因。

二是美国股市刚进入繁荣初期，银行信贷资金巨量进入股票市场。美国股市 18 世纪末就已开始起步，但实际在进入 20 世纪后，随着美国成为世界第一经济强国、道琼斯指数成立、工业股票成为美国股票主体，美国股市才真正进入快速发展阶段。20 世纪 20 年代，美国经济和美国股市进入空前繁荣的时代，形成了全民炒股的“繁荣”景象，杠杆交易、信用交易流行开来，股民仅付很少的保证金就可以方便地进行股票杠杆投资，杠杆比率甚至高达 1∶10。而进行杠杆配资的主要是银行信贷资金。据《金融时报》统计，当时一辆福特小汽车价值仅 600 美元，而美国银行系统向投资者融资将近 85 亿美元，相当于美国流通的货币总量。

三是美国的应对措施是实施全方位的总需求管理政策。该政策以罗斯福

新政为主，包括整顿金融、复兴工业、调整农业、以工代赈、兴建公共工程、建设社保体系等宏观经济措施。1933 年 3 月 9 日至 6 月 16 日期间推行的新政被称为罗斯福百日新政，其间制定了 15 项重要立法，有关金融的法律占 1/3。其中，3 月 9 日国会通过了《紧急银行法案》，对银行采取个别审查、颁发许可证制度，对有偿付能力的银行，允许尽快复业。通过出台证券实情法、证券交易法及银行法，即著名的《格拉斯－斯蒂格尔法案》加强对银行、证券市场和货币的改革和管理，促进金融系统分业管理模式的形成。美国实施美元与黄金脱钩，放弃金本位制度，这使得美元贬值幅度扩大，提高了美国商品对外竞争力，促进了经济复兴。

四是 2015 年我国股市异常波动与美国大萧条有所不同。尽管中国股市也出现了大规模向个体投资者配资，与美国银行体系向投资者融资类似，但我国经济基本面并未出现全领域、长时期的衰退，这与美国有根本上的不同。因此，我国的应对措施与美国大萧条时的治理方式不同，并不需要综合性宏观经济政策配合。

四、1997 年亚洲金融危机

1997 年亚洲金融危机与 2015 年我国股市异常波动成因和背景存在根本不同，具体如下：

一是亚洲金融危机主要是国际资本流动冲击形成的金融危机。亚洲金融危机涉及的经济体如日本、韩国、泰国、印度尼西亚等都是典型的小型开放经济体，这类经济体的经济又称岛国经济。岛国经济，顾名思义，这类经济体的市场规模较小，内需较小，严重依赖出口导向的经济发展模式，是典型的外向经济。同时，这类经济体在经济发展过程中，国际货币基金组织强制要求它们首先实行金融自由化和国际资本的自由流动。双重因素使得这些经济体在推高股市的过程中，出现了生产能力过剩伴随着资产价格的暴涨，经济金融发展不具有可持续性，程度远远超过本身经济金融体量可以承受的范围。所以，它们一旦遭遇国际投机资本的冲击，便极易发生金融危机，且对实体经济产生巨大损害。因此，亚洲各经济体的应对策略必然也是经济、金融双管齐下。

二是亚洲金融危机的背景与2015 年我国股市异常波动的背景存在根本不同。亚洲金融危机的直接导火索是国际投机资本冲击，根本原因是实体经济与金融发展以及经济增长速度与固定汇率制度存在结构性矛盾。而我国是世界上工业门类最完善的经济体，虽然出口占据重要分量，但是我国有庞大的内需市场，且具有独立的财政和货币主权，可以根据自身情况安排治理政策。即便如此，我们仍需要从亚洲金融危机的政府治理中吸取教训，尤其是在产业结构升级、金融市场开放和汇率制度完善方面，应当牢记危机教训，加强金融监管。

A 股市场异常波动的性质判断及应对措施

一、2015 年股市异常波动的性质判断

无论是从与历次国际金融危机比较看，还是从自身内在特征看，2015 年我国股市异常波动都不能说是一场金融危机，而是纯粹由资金推动上涨和资金平仓引发下跌带来的证券市场“波动”，由于波动的幅度较为剧烈，所以称之为“异常波动”，具体分析如下：

一是与历次国际金融危机的背景特点显著不同。通过前面的分析可以发现，2015 年我国股市异常波动与典型的金融危机有显著的区别。相比美国大萧条，中国经济基本面并未全面恶化；相比 2008 年美国次贷危机，我国股市异常波动未产生大规模不良资产，金融机构没有交叉持有大量有毒资产，所以没必要对金融机构进行托救；相比 1997 年亚洲金融危机，中国经济体量足

够大，资本账户尚未全面开放，没有发生大规模投机资本流动，不存在内忧外患的压力。

二是股指波动时间和程度与历次金融危机相比存在一定差距。1929 年美国发生经济危机前，市场经历了近 8 年的牛市，道琼斯工业指数涨了 5 倍多；1987 年美国经济危机前，牛市维持了 5 年，上涨了 2 倍多；1990 年中国台湾地区发生股灾前 5 年，其累计涨幅高达 10 倍多；亚洲金融危机前，中国香港地区股市上涨 7 年，涨幅达到 6.6 倍。而此轮上证综指由 2 024 点涨至5 166 点，历时仅 1 年，涨幅为 155%。可见，相对历次金融危机而言，此轮股市异常波动前上涨持续时间较短、总体涨幅偏小。

三是不具有金融危机的典型表现特征。典型的金融危机特征一般包括本币急速贬值、资本市场崩溃、众多金融机构陷入困境、金融市场大幅波动、对实体经济造成不同程度损害等。而 2015 年我国股市异常波动，纯属技术性的资金推动的波动，证券市场波动风险没有显著外溢到银行、保险、外汇等其他金融市场，各类金融机构包括证券公司、银行、保险公司、基金公司、信托公司等，尽管受到了不同程度的影响，但总体上没有因流动性枯竭发生大的问题，没有破产倒闭，同时此轮股市异常波动没有对实体经济造成太大损害。

四是我国经济基本面没有显著恶化。历次金融危机的爆发，多多少少都与实体经济出现实质问题有关。1929 年美国经济危机爆发前期，实体经济已经出现下滑迹象，钢铁产量、汽车销量、零售销量等纷纷下滑，消费者债台高企，美联储逆经济形势提高贴现率，还通过卖出政府债券，收缩信贷和流动性，要求会员银行减少对进入股市资金的信贷支持，等等。1987 年美国“黑色星期一”前，经济基本面看似健康，但实为美国政府通过扩大财政支出、降低税收、股票投资免税等“新经济政策”刺激，大力吸引外资流入美国股票市场的结果。1997 年亚洲金融危机更是如此，东南亚各经济体股票市场的繁荣主要受益于美国经济低迷和国际热钱流入，与自身经济发展并不匹配。

反观我国，2008 年金融危机后一直到 2014 年之前，我国资本市场一直处于低迷状态；2013 年 6 月底，上证综指达到了最低点即 2 000 点以下，而在此期间，我国的经济增长速度虽然放缓，但仍然保持在 7% 以上。相对于 2006—2007 年大牛市期间过高的通胀率，2014—2015 年通胀率维持在较低水平。货币投放在 2015 年前的 5 年内基本维持平稳，未存在大收大放的变化。商业银行不良贷款率在 1%—2% 之间，虽然有所上升，但远低于《商业银行风险监管核心指标（试行）》规定的不良贷款率的最低值 5%（见表 1.3）。2015 年上半年，GDP 实际增速 7%，规模以上工业增加值同比增长 6.3%，固定资产投资同比增长 11.4%，社会消费品零售总额同比增长 10.4%。6 月份股市异常波动前，宏观经济总体上呈现出底部企稳迹象，5 月份规模以上工业增加值同比实际增长 6.1%，环比增长 0.52%，显示工业向好；基建投资继续保持相对高速增长，房地产销售、投资和开工数据也有所好转；消费相关数据 5、6 月连续两个月保持增长，等等。可见，2014—2015 年牛市有一定的经济基本面支撑，股市异常波动前宏观经济也没有出现大的问题。

表 1.3　2005—2015 年我国宏观经济主要运行指标

年份	GDP（国内生产总值）：全年（亿元）	CPI（消费者价格指数）：12 月同比（%）	M2（广义货币供应量）：12 月同比（%）	实际有效汇率指数：12 月	商业银行不良贷款率：第四季度（%）	1 年定期存款利率：年末（%）	PMI（采购经理指数）：12 月
2005	187 318.90	1.6	17.57	87.60	8.61	2.25	54.3
2006	219 438.47	2.8	16.94	86.57	7.09	2.52	54.8
2007	270 092.32	6.5	16.72	90.27	6.17	4.14	55.3

续表

年份	GDP（国内生产总值）：全年（亿元）	CPI（消费者价格指数）：12月同比（%）	M2（广义货币供应量）：12月同比（%）	实际有效汇率指数：12月	商业银行不良贷款率：第四季度（%）	1年定期存款利率：年末（%）	PMI（采购经理指数）：12月
2008	319 244.61	1.2	17.82	102.84	2.42	2.25	41.2
2009	348 517.74	1.9	27.68	97.26	1.58	2.25	56.6
2010	412 119.26	4.6	19.72	101.46	1.14	2.75	53.9
2011	487 940.18	4.07	13.6	108.08	1.00	3.50	50.3
2012	538 579.95	2.5	13.8	110.03	0.95	3.00	50.6
2013	592 963.23	2.5	13.6	118.53	1.00	3.00	51
2014	643 563.10	1.51	12.2	125.29	1.25	2.75	50.1
2015	688 858.22	1.6	13.3	130.21	1.67	1.50	49.7

五是我国上市公司盈利能力也没有显著恶化。2015 年上半年，沪深两市 2 800 家上市公司加权每股收益、加权平均净资产收益率分别为 0.296 亿元和 5.80%，整体业绩较 2014 年同期有所下降，但幅度不大，且第二季度降幅收窄（见表 1.4）。2015 年上半年，净利润额最高的前 20 家上市公司中，除中国石化、中国神华、中国石油净利润同比有所下降外，其余 17 家全部实现增长，中信证券、中国人寿、中国平安同比增幅超过 50%。可见，与前两年相比，股市异常波动前，上市公司基本面没有发生实质变化。

表 1.4　2013—2015 年上半年沪深上市公司业绩指标

	2015 年上半年			2014 年			2013 年		
	加权平均每股收益（元）	同比增幅（%）	加权净资产收益率（%）	加权平均每股收益（元）	同比增幅（%）	加权净资产收益率（%）	加权平均每股收益（元）	同比增幅（%）	加权净资产收益率（%）
全年业绩				0.551	1	10.92	0.547	6	11.88

续表

	2015 年上半年			2014 年			2013 年		
	加权平均每股收益（元）	同比增幅（%）	加权净资产收益率（%）	加权平均每股收益（元）	同比增幅（%）	加权净资产收益率（%）	加权平均每股收益（元）	同比增幅（%）	加权净资产收益率（%）
前三季度				0.441	2	9.09	0.431	9	9.39
半年报	0.296	-2	5.8	0.301	5	6.31	0.286	7	6.45
第一季度	0.141	-3	2.96	0.146	2	3.03	0.143	6	3.12

六是股市波动主要围绕中小板、创业板股票展开，具有明显的结构性特征。这主要是由于中小创股票的涨跌幅较大、估值变化较大，以银行股为代表的大盘蓝筹股相对变化较小，总体上反映出此轮股市异常波动主要围绕中小板、创业板股票泡沫破裂展开。首先，上涨和下跌板块呈现明显的结构分化。上涨较快的主要是中小板、创业板股票，从 2014 年 6 月 13 日到 2015 年 6 月 12 日一年时间，中小板指数上涨 152%，创业板指数上涨 182%，而占近 1/3 A 股总市值的上证 50 指数成分股平均上涨 123%，占近 1/4 A 股总市值的 16 只银行股平均上涨 95%。2015 年 3 月 13 日至 6 月 12 日股指加速上涨期间，上证综指、中小板指数和创业板指数分别上涨 54%、75% 和 93%。下跌过程也类似，2015 年 6 月 15 日至 7 月 8 日股指集中下跌期间，中小板指数、创业板指数、沪深 300 指数、上证 50 指数、银行股平均股价分别下跌 38%、39%、31%、22%、11%。其次，估值变化大的也主要是中小创股票。股市异常波动发生前的一年时间内，中小板、创业板股票平均市盈率分别由 37 倍、60 倍猛增到 93 倍、151 倍，异常波动发生后的 3 周时间内，又迅速降至 51 倍、83 倍，波动剧烈。相对而言，沪深 300 指数成分股股票平均市盈率由 8.3 倍增至 19 倍，后降至 14 倍，银行股估值波动更小，平均市盈率由 4.8 倍增至 8.1 倍，后仅微降至 7.8 倍（见表 1.5）。

表 1.5　异常波动前后 A 股各指数涨跌幅及市盈率数据

指数	成分股数量（只）	2014 年 6 月平均市值（亿元）	2014 年 6 月成分股占 A 股总市值比重（%）	2015 年 6 月成分股占 A 股总市值比重（%）	2014 年 6 月平均市盈率	2015 年 6 月平均市盈率	2015 年 7 月 8 日平均市盈率	2014 年 6 月 13 日－2015 年 6 月 12 日指数涨幅（%）	2015 年 6 月 15 日－2015 年 7 月 8 日指数跌幅（%）
上证综指	960	155.65	61.21	59.31	9.20	22.98	15.39	149.50	－32.11
深证成指	40	403.90	6.78	6.00	12.84	24.05	31.66	144.53	－38.99
中小板指数	709	57.09	16.66	17.11	37.36	92.74	51.08	152.79	－38.09
创业板指数	381	48.79	7.65	8.77	60.5	151.13	83.11	182.03	－39.38
沪深 300 指数	300	568.84	70.24	70.66	8.29	18.78	14.21	145.15	－31.34
上证 50 指数	50	1 447.92	29.80	25.62	7.22	14.47	12.09	122.91	－22.13
银行股	16	3 563.11	23.47	15.40	4.80	8.06	7.83	94.84	－10.76

注 1. 这里为 2014 年 6 月的成分股数量；深证成指成分股于 2015 年 5 月 20 日由 40 只调整为 500 只，其余指数成分股数量也有少量变化。

注 2. 2015 年 6 月深证成指成分股平均市值及市盈率使用数值为 2015 年 5 月 19 日即调整前平均市值及市盈率，2015 年 7 月 8 日平均市盈率所使用成分股数量为 500 只。

二、2015 年股市异常波动的应对措施

综合分析，2015 年 A 股市场异常波动具有以下特点：

第一，这是一场流动性的危机。全市场不到 3 000 家上市公司，最严重的一天共有 1 717 家公司股票跌停，1 000 多家公司停牌，市场处于“跌死”状态，流动性岌岌可危。同时，市场股票卖不出去，基金公司没有赎回的资金来源，面临崩盘风险。市场上许多对应股票的信托集合计划或者投资计划，涉及银行理财的资金，如果市场继续下跌，资金继续斩仓则意味着信托公司无法归还银行的理财资金，信托公司面临崩盘。由于股票市场完全枯竭，没有流动性，投资者开始在债券市场进行抛售，利率体系面临被冲垮风险。总

体看，任由流动性危机蔓延下去，整个金融体系都将受到冲击。

第二，这是一场杠杆性的危机。股市异常波动前，在“金融创新”的大背景下，股票市场呈现普遍加杠杆的状态。股市异常波动后，随着市场下跌，杠杆资金按杠杆倍数由高到低渐次被平仓。在行情最危急时，跌停的 1 717 家公司股票主要是中证 500 指数成分股、上证综指成分股以及中小板、创业板中的中小市值股票，这些股票对应着高杠杆资金和风险。股市大跌期间，1∶8 和 1∶5 的杠杆融资全部被“杀死”平仓，当杠杆平仓“杀”到 1∶3 和 1∶2 时，逼近场内融资融券业务的平仓线，再任由市场下跌下去，场内杠杆资金就将大面积被动斩仓，金融机构的融资盘普遍面临“暴仓”风险，后果不堪设想。

第三，这是一场散户化的危机。我国股市参与者中，个体投资者占 70% 的比例，且有各个年龄阶段的投资者参与杠杆股市的追涨杀跌，在当时的危机情形下，挽救金融机构，解决不了市场下滑和平仓甚至“爆仓”的问题。在此情形下，出于对投资者利益的保护以及整体市场健康的维护，市场必须止跌回升，只有直接入市才能做到这一点。

第四，这是一场投机性的危机。2015 年，我国内地蓝筹股在香港市场的平均市盈率不到 5 倍，即使是富时中国 A50 指数成分股的平均市盈率也不到 15 倍，与全球市场相比，我国股市的投资机会都是相对较好的。但是有一个惊人的数据显示，中小板加创业板股票市值不足 7 万亿元，占股票市场的市值比例为 4%，而其交易量占到全市场交易量的 27%；相反，蓝筹股，即银行股、非银金融股以及中石油、中石化等少数绩优股在整个市场的市值占比为 27%，交易量占比仅为 4%。这反映了我国股市投机性过重。前文也已指出，上证综指疯涨到 5 100 点是结构性的投资格局，中小创股票涨跌幅明显更大，股票市场是不平衡的交易市场，因此必然以下跌结尾。

在上述情况下，市场已无法依靠自身力量恢复稳定运行，迫切需要政府部门及时出手，防止股价下跌、维护金融稳定、恢复市场信心、保护投资者利益。在党中央、国务院的坚强领导下，证监会、各有关部委果断出手、迅速行动、综合施策，遵循市场规律陆续出台了系列举措，依法打好“组合拳”，将稳定市场、修复市场和建设市场有机结合起来，形成合力，有力化解了股市异常波动带来的系统性金融风险。具体举措如下：

一是证金公司直接入市。防止股指下跌，此时最直接可行的方法就是资金直接入市。证金公司获得央行无限制流动性支持，一方面通过买入股票尽最大可能稳住股票价格，另一方面也是尽最大力量恢复市场信心，缓解情绪危机。从市场效果来看，证金公司直接入市有效缓解了市场下跌趋势，实质性恢复了市场信心，在短短的几天内促使股指止跌企稳走高，取得了良好效果。

二是限制股市期现套利投机。异常波动发生初期，中金所即封锁了部分投机性较强的期货交易账户。随后连续多次提高期货交易手续费，直至2015年9月7日，将股指期货当日开仓又平仓的平仓交易手续费标准，由此前按平仓成交金额的1.15‱收取，大幅提高至23‱。8月下旬，大盘二次探底，中金所开始限制股指期货开仓数量，从8月26日提出600手的最高开仓量限制到8月28日100手的限制，再到9月2日10手的开仓量限制。同时，连续多次提高股指期货各品种、各合约非套期保值持仓的交易保证金标准，由之前合约价值的10%一直提高到40%。8月3日，沪深证券交易所修改融资融券交易实施细则，规定“客户融券卖出后，自次一交易日起可通过买券还券或直接还券的方式向会员偿还融入证券”，增加了“自次一交易日起”，将融券卖出+还券的交易闭环从此前的T+0变为T+1，限制了融券交易投机。

三是限制高频交易冲击市场。异常波动发生后，监管层开始对程序化交易、高频交易进行摸底调查，中金所采用“窗口指导”的方式限制高频交易。2015年8月3日，中金所开始认定单个合约每日报撤单行为超过400次、每日自成交行为超过 5 次的就是异常交易行为；在交易手续费的基础上，增加申报收费，即发出买入、卖出及撤销委托指令也要收费，每笔申报费 1 元；同时，进一步加强异常交易行为监管，采取电话提醒、发送监察问询函或警示函、现场调查、限制开仓等监管措施，防范过度投机的非理性交易。

中金所数据显示，在各种限制投机交易和高频交易的举措实施后，股指期货交易量总体下降了 95%。2015 年 1—8 月，IF 合约成交金额达到 34 万亿元，同年 8—12 月成交金额只有 2 700 亿元，两相对比可以看出交易量大幅缩水。8 月底股指期货严格受限后，股票现货市场价格也终于“见底”，直至当年年底未出现大幅波动，股指期货投机交易下降可能也是股市企稳的因素之一。总体看，在 2015 年股市异常波动应对过程中，对股指期货市场的监管确实抑制了投机盘，帮助了大盘逐渐企稳。

四是场外配资和场内融资降杠杆。降杠杆首先体现在对场外配资的清理方面，监管层 2015 年 6 月中旬及 7 月中旬两次要求证券公司对场外配资进行自查。8 月底，监管层发文要求券商彻底清除违法违规的配资账户。而后，同花顺、恒生电子被立案调查并被开出巨额罚单，华泰等多家券商也随之被罚。证监会新闻发言人表示，截至 2015 年 9 月 11 日，完成清理资金账户 3 255 个，占全部涉嫌场外配资账户的 60.85%。其次，降杠杆还体现在对场内融资业务的限制方面，7 月 1 日，修订后的《证券公司融资融券业务管理办法》发布，规定证券公司融资融券业务规模不超过净资本的 4 倍，同时加强业务逆周期调节，该办法的出台要求证券公司业务规模与自身资本实力相匹配，并强化了对证券交易所及证券公司调节和防范两融业务风险的要求，监管机制进一步完善。2015 年 11 月沪深证券交易所将融资交易保证金比例由 50% 提高至 100%。降杠杆措施实施后，场内融资由 2.27 万亿元降到了 0.95 万亿元左右，并逐步稳定在 9 000 亿元左右，融资余额占总市值的比例也由高点时期的 3.5% 降至 2.0%，接近国际市场平均水平。

五是积极实施引导资金入市、限制减持、降低交易成本等措施。除这3条重要举措外，证监会及相关会管单位积极协调各机构资金入市，为稳定市场提供充足流动性。2015年7月4日，证监会召集21家券商开会，要求参会券商合计出资不低于1 200亿元购买蓝筹股ETF（交易型开放式指数基金），并承诺在4 500点以下不减持。同日，基金业协会组织25家基金公司开会，决定打开前期限购基金的申购，加快偏股型基金的申报发行，参会公司高管还承诺积极申购本公司偏股型基金，并至少持有1年以上。另外，沪深交易所及中国证券登记结算公司于7月初决定大幅下调A股交易经手费和交易过户费，降幅达30%。7月8日，证监会发出通知，限制上市公司持股5%以上股东及董监高人员减持公司股份。监管层通过降低交易费用及采取对上市公司大股东减持的限制，进一步稳定了投资者情绪，鼓励了投资者交易。与此同时，证监会还加强稽查执法力量，对涉嫌市场操纵的行为进行专项核查，严厉打击内幕交易等违法行为，并对41宗违规减持、短线交易类案件进行彻查并结案。

六是各部委密切配合，出台救市措施。2015年6月29日，人力资源和社会保障部、财政部会同有关部门发布《基本养老保险基金投资管理办法（征求意见稿）》，规定养老基金入市比例最高可达30%，金额或超万亿元。7月8日，国资委表态央企在股市异常波动期间不得减持所控股上市公司股票，财政部也承诺不减持所持有的上市公司股票，并将择机增持。紧接着次日，公安部会同证监会排查近期恶意做空股票与股指期货的线索。此外，央行于6月27日、8月26日两次降准降息，更表态向证金公司提供无限流动性支持。7月，保监会也颁布系列救市措施，提高保险资金投资蓝筹股票监管比例以及放宽保险资产管理公司与证券公司开展融资融券债权收益权转让及回购业务的期限要求。随即，银监会也发布四大措施，包括允许已到期股票质押贷款重新确定期限、支持调整平仓线、鼓励向证金公司提供同业融资、支持对回购提供质押融资等。各项救市举措在减缓股市下跌、平稳投资者情绪、增强市场信心等方面起到了重要作用。

第四节 从异常波动中得出的政策建议[①]

这次股市异常波动充分反映了我国股市的不成熟，需要系统总结经验教训，本节将从加大创新型证券交易发行监管力度、严格监管融资类业务、规范技术系统接入、完善基础制度等方面提出若干政策建议。

一、严格统一规范带有创新性质的证券发行和交易监管

我国金融业实行分业监管体系，银行业、证券业和保险业分属不同监管部门监管。在这一背景下，我国对于“证券”的定义范围比较狭窄，《证券法》也没有明确给出“证券”的定义，仅规定：“在中华人民共和国境内，股票、公司债券和国务院依法认定的其他证券的发行和交易，适用本法；本法未规定的，适用《中华人民共和国公司法》和其他法律、行政法规的规定。政府债券、证券投资基金份额的上市交易，适用本法；其他法律、行政法规另有规定的，适用其规定。证券衍生品种发行、交易的管理办法，由国务院依照本法的原则规定。”这一规定基本是在金融分业监管分工的框架下做出的，同时也与当时偏向“机构监管”而非“功能监管”的监管定位相符合。

但恰因如此，随着金融创新和混业发展趋势的增强，金融实践领域也出现了一个突出问题，即一些跨市场、跨监管边界的金融投资产品，特别是那些向不特定对象或是超过200人募资的金融投资产品，是否属于“证券”，以

① 2018年，银保监会成立，统一监督管理银行业和保险业。总体上看，目前我国金融业实行的仍是以分业经营、分业监管为主的架构。

及如何对其进行监管呢？一个显见的事实是，银行、保险公司、信托公司、证券公司等金融机构发行的银行理财产品、保险资管产品、信托产品、资金池产品等，都属于类似资产管理型的公开募集产品，是面向不特定对象的，而且募集对象往往超过200人。此次股市异常波动期间，这一问题明显地暴露了出来，各监管部门对于定位模糊的金融机构及其交易行为的监管明显存在缺失和错配。例如，伞形信托带有典型公募性质，从业务属性来说，产品具有公募证券的特点，而其直接监管单位是银监会。私募基金和银行的理财产品对接，而购买理财产品的客户数量极有可能超过200人，此时该产品也具有了公开发售性质，与私募的本意相违。这两个例子直接说明了金融创新过程中监管思路更新和监管结构匹配的重要性。

美国金融监管主要实行功能监管，对“证券”的定义比较宽泛，法律上不仅通过列举的方式将票据、股票、国库券、债券、参与证、信托证、公司设立前的证书或认股权证、可转让股权、投资合同、存款证、期权等品种都列为证券，而且另行设定了一个“证券”的判断标准，一般通过4个实质要素即钱的投入、共同事业、可期待利润、仅仅依赖他人努力来判断一个品种在实质上是否属于证券。而且美国对于公募产品和私募产品有严格的监管区分，一只基金只要向社会公开发行产品份额，就属于公募证券基金，基金管理人必须在美国证监会登记，同时要按产品进行逐一注册，接受美国证监会监管，执行严格的信息披露制度。2010年《多德–弗兰克法案》公布后，所有私募基金管理人也必须按管理基金规模在美国证监会或州监管机构登记，但私募基金产品可以豁免注册（需按季度向美国证监会填报私募基金监测报表），同时不需要执行严格的信息披露制度。因此，在金融监管实践中，我国应当结合金融监管体制改革，严格统一规范对以创新名义出现的各种证券发行和证券交易的监管。一是可以考虑借鉴美国立法方式，扩大“证券”定义的内涵外延，明确只要是符合向不特定对象发行或超过200人募资的金融投资产品，便全部纳入“证券”范畴之下，为统一监管和规范监管奠定基础。二是区分公募和私募产品监管，凡是属于公募的产品，都要接受统一严格的公司登记、产品注册、信息披露等制度；私募机构也要登记，并定期报送监管信息，但在产品注册和信息披露要求上可以豁免或相对宽松。

二、严格统一监管基于股票市场投资的融资类业务

股市异常波动期间，融资类业务，无论是场内融资融券、股票质押回购，还是以伞形信托、P2P 配资为主的场外配资业务，或者结构化资管产品、分级基金等带有配资性质的金融创新产品，都产生了各自的影响，但影响程度和范围有所不同。场内融资融券业务由于从客户准入到杠杆水平等各方面都有明确的监管规范，且在业务开展初期便建立了集中统一的风险统计监测机制，集中进行监测监控，业务开展情况透明，风险相对可控。场外配资对接中小客户、中小股票，虽然从形式上看属于正常的融资业务，但分散在柜台市场进行，汇集到股票市场后成为“灰犀牛”。因此，我国融资类业务存在“监管套利”的空间。一是监管部门和监管规范不统一。证监会有专门的融资融券管理规则，自上而下，从标的到风控都有严格规范。而银行业和信托业监管对于参与股票市场可能产生配资的产品和交易没有规则性约束，时行法规对这些产品可以投资的标的证券品种也没有范围约束。二是缺乏集中统一的监测监控机制和严格的风控，监管机构无法准确掌握除融资融券业务以外的其他具有配资性质业务的客户交易、持仓、平仓、还款等情况，难以及时采取有效的风险应对措施。

美国由美联储专门制定了规制券商向客户提供融资供其买卖证券的 T 规则，同时也制定了规制银行及非券商贷款人向客户配资进行证券交易的 U 规则，即对场内融资和场外配资行为均有明确的监管规范要求。其中，U 规则对场外配资行为的监管有两大核心要素：一是配资规模控制，要求配

资提供者对借款人的借款不得超出担保物最大担保价值。二是信息披露，如借款资金的使用目的、借款资金占借款人证券投资的资金比例等，由借款人向配资提供者披露，配资规模总量则由贷款发放人向监管部门进行披露、报告。这样一来，监管部门就能随时掌握场外配资的总体规模和风险情况。

基于此轮股市异常波动的教训和国际经验，我国有必要对基于股票市场投资者的各类融资、配资业务进行严格统一的规范和监管。一是要做到制度严格、统计到位、风控指标明确，无论哪种融资或配资方式，都应该在规模控制、标的范围、客户适当性管理、保证金要求、统计监测监控等方面有所要求，且相对一致。二是监管部门在统筹方面，要有统一的监管理念和行为部署，避免“政出多门”或者出现监管“无人区”。

三、循序渐进发展股指期货市场

此轮股市异常波动期间，股指期货市场对现货市场的影响也暴露出很多问题。一是没有真正起到引导市场价格发现的作用。从数据上看，我国股指期货的投机盘账户超过了套保盘账户，投机交易并不能引导现货市场价格发现，而在一定程度上起到了助涨助跌的作用。成熟期货市场中，套保盘和投机盘之间的比例是五五开、六四开甚至八二开，但在我国期货市场这一比例变成了二八开。二是缺少对交易持仓比过高的监管配套措施。美国商品期货交易商协会有一个市场提示机制，如果标的的投机盘交易量占到现货套保盘的0.5%，会向市场发出警示，提示市场有投机风险，而我国期货交易领域尚未有此制度，且我国投机盘的交易量最高可能超过持仓现货交易盘的20倍，远远高于美国的警示水平。三是尚未形成严格的开户管理制度，金融期货交易者中投机客户和投资客户的比例失衡。四是期现货市场分离。成熟期货市场的发展历程一般是先在证券交易所推出股票期货，再有融资融券，配套对一只股票的做空机制。而我国金融期货交易所成立之初就和证券交易所分离，即期现货市场分离，这可能不利于两个市场协调发展。五是对高频交易、程序化交易的监管有待加强。从国外经验看，美国商品期货交易委员会明确规定了高频交易的定义，对主机托管服务进行监管，要求高频交易客户必须进行注册。芝加哥商品交易所要求程序化交易客户必须注册，从而有效识别此类客户；对程序化交易的成交量、指令流量指标进行监控；遵循公平原则，向市场提供同质化的主机托管服务。从这个角度看，即使美国这样高度发达的金融衍生品市场，仍然对量化的高频交易心存畏惧，实行从严监管。

股指期货是成熟资本市场必不可少的风险管理工具，应当继续规范发展，同时遵循积极稳妥、循序渐进的原则，确保股指期货市场发挥积极作用。一是要进一步强化股指期货市场的风险管理和套期保值功能，加强股票现货账户、期货账户的同步监管，避免出现大量的投机性交易。二是要完善股指期货市场风险监测和预警提示机制。三是要加强股指期货市场高频和程序化交易监管，保障市场交易公平有序，保护中小投资者利益。四是要在风险可控的前提下推进股指期货市场改革开放，完善市场基础制度，服务多层次资本市场建设。

四、规范互联网金融技术系统接入证券市场的管理

此轮股市异常波动的一个突出问题是，以HOMS为代表的技术系统游离于监管之外，打破了我国穿透式账户和一级清算体系。目前美国、中国香港等大多数国家或地区采用名义持有人股票清算制度。股票投资者在证券公司开户，证券公司在结算公司和交易所开户。交易完成后，先是进行证券公司之间的一级清算，进行价差交易，然后证券公司与客户进行二级清算。而我国在1992年设立上海证券交易所时，提出要建立最先进的交易所，具体体现在无纸化和一级清算上，每个人的账户直接开设于中国登记结算系统，因此

只有一级清算，没有二级清算。这意味着，我国监管部门能够直接掌握每一个客户的交易和持仓明细信息，这对于国外监管部门而言是很难做到的，这也是我国资本市场的优势。

但以HOMS为代表的技术系统打破了这一账户清算体系，尽管名义上它以单一账户接入证券公司系统，但它可以在这一账户下开立多个虚拟账户，分别对应多个投资者，并独立进行清算。对应场外配资业务，它在实质上将开户权交给配资公司，由系统集中开立虚拟账户，此时配资客户就变成配资公司在HOMS系统内名义账户下的证券持有人，这已经演变为类似境外的名义持有人制度。在股市异常波动期间，斩仓权控制在配资公司手中，投资人无权控制仓位。比如对于1∶10的杠杆配资，十万资金配到百万，同时支付13%—15%的配资利息，这种情形下跌5%就必须平仓。这样一个风险极高的交易系统竟然接入证券公司，并且没有处于监管之下，很值得我们反思。

因此，一定要严格规范此类金融技术系统接口管理，严禁任何具有虚拟账户、自行清算功能的技术系统，以及配资类技术系统接入证券公司系统；同时，也应严禁外部任何形式的程序化交易系统或软件直接接入券商系统，这是市场公开、公正和公平的保证。任何方式的程序化交易，只能在股票和期货交易系统之外运行，不能直接通过经纪商接入到交易系统内置服务器，既可以防范程序化交易下单对市场的冲击，也可以保证市场上机构投资者和中小散户投资者报单速度的公平一致性。否则，股票期货交易实名制、穿透式一级账户体系、场外配资直接转换成场内交易等均被程序化交易击穿，二级市场监管就形同虚设，HOMS系统游离于监管之外是很惨痛的教训。

五、建立股市对外开放背景下的外资入境账户监管体系

此次股市异常波动也反映出我国股票市场和期货市场投资者准入监管和

适当性管理需要进一步加强。少数外资机构和量化对冲基金主要采用程序化交易、高频交易方式进行股指期货交易，不仅相对国内散户投资者具有技术优势，而且上述交易方式可能对市场走势产生引导性影响，甚至可能存在操纵市场的问题，但这些问题在监管层面还缺少完善的制度规则体系予以规范约束。从这个角度看，我们对二级市场的交易行为监管仍然存在疏漏，特别是在资本市场的对外开放过程中，应当具备一套完备的监管体系，尤其在外资进入我国市场时应当做到掌握它们的资金流向和交易行为。

我国自加入 WTO（世界贸易组织）以来，虽然在证券行业开放和国际资本流动方面坚守开放进程的底线，但由于在具体监管上缺乏严格的管控，不少外资以境内居民和企业的身份变相进入了我国资本市场，通过合资公司实际参与了境内证券和期货交易，我国缺乏对这类外资的统计监控。当前我国金融市场对外开放步伐加快，建议针对外资进入国内金融市场开放问题进行一体化的对策研究。一是借鉴日本、韩国市场对国际资本开放的经验，把外资作为非居民金融账户单独统计，进行监测管理。日本要求非居民个人或企业在投资日本证券市场时，必须在日本银行开设海外金融投资资本账户；韩国对外资证券投资账户进行另类标识，并对其资金流向予以实时监测。目前，外资在我国境内投资账户包括：QFII（合格境外机构投资者）账户及 RQFII（人民币合格境外机构投资者）账户，沪港通账户、自贸区账户，各类账户表面上分开管理，实际上是分散的，不利于统一管理和统计监测外资在境内的投资活动，也不利于监测国际资本流动。二是严格禁止外资以境内居民企业身份在境内证券期货市场开立账户。三是要充分评估境外金融机构作为会员进入证券、期货交易所的问题。1986 年，在美元 - 日元委员会达成外资可以成为东京证券交易所会员意见后，东京证券交易所拖了一段时间才以特别会员方式对美国投资银行开放了会员资格。

由于我国实行股票一级账户制度，向外资投资银行开放，实际上就是允许外资直接进入资本市场，对相应的流程控制和统计监控必须事先做好顶层设计和制度建设，务必对流入外资实行账户体系和行为监管的统一管理，对外资实行全口径统计、全口径监测、全口径管理，保证内部金融体系的良好、有序发展，确保面临外部冲击时能够持续、稳定运行。制度完善后，对外资开放进入证券市场的规模、速度、程度应视我国资本市场的发展现状而定。

六、加强股市基础性制度改革和执法监管

我国正处于新兴市场转轨时期，股市交易制度尚不成熟，投资者以散户为主，交易行为相对不理性。股票现货市场中，沪深证券交易所交易量排全球第一，市值排全球第二，但是中小板股票和蓝筹股的交易量和市值比是相反的，整个市场具有非理性、投机性、盲目性的特点，大量交易行为不是以价值投资为基础的。在这种背景下，要尤其做好市场基础性制度改革，加大执法监管力度，加强投资者风险教育，具体如下：

一是要加大市场供给。股市大涨大跌，与资金面宽松、二级市场高溢价、股票供应量总体不足等有关，要加大市场供给，平衡供需，从根本上清除“炒作”病灶。因此，股票上市不应实行审批制，不能作为指标，也不能作为调节股市的基础，必须推进以注册制为核心的改革。首先，要明确实施注册制不是没有审核。事实上，成熟市场对上市公司的注册条件和流程有明确要求。其次，注册制改革需要一系列配套制度，如发行、承销、定价等外围机制，要整体推进。

二是要从严监管、依法监管，严厉打击各类违法违规市场行为。目前，我们的证券市场违法成本太低，要在不断加大证券市场违法行为的行政处罚力度的同时，着力推进刑事追责。我国上市公司出现造假后，除行政处罚外，刑事追责往往缺位。因为据现有规定，股民必须依据有关机关的行政处罚决定，或者人民法院的刑事裁判文书，才能对虚假陈述行为人提起民事赔偿诉

讼，取证艰难、程序烦琐、成本高昂。而成熟证券市场对上市公司及相关责任人财务造假惩罚非常严厉，有的直接退市，有的公司和相关责任人需支付巨额赔偿，还要被追究刑事责任，中介机构也需承担责任。我们有必要借鉴这些做法，凡是在信息发布文件上签字、背书的高管、中介机构人员都应该承担相应的刑事和民事责任，同时也需要加强行业操守和职业道德建设。

三是要加强投资者教育。中国证券登记结算有限责任公司（简称中国结算）统计，2015 年第一季度，新增股票账户同比增长 433%，达到 795 万个，其中，“80 后”成为主力军，占 62%；从持股看，90% 以上账户持股市值 50 万元以下。投资者踊跃入市，说明大家对中国证券市场充满信心，希望通过投资股市分享改革创新和经济增长的成果，但不少新投资者只看到炒股赚钱的可能性，忽视了炒股赔钱的风险，对股市涨跌缺乏经验和理性思考，对股市风险缺少足够的认识和警惕。因此，要通过有效渠道加强投资者风险教育，使其对证券市场的风险形成充分认识。第一，入市前需做足功课，认真学习了解相关证券知识，了解想要投资的股票的情况，理性谨慎，量力而行；要尤其认识到融资、配资业务中客户与资金出借方是借贷关系，一旦巨亏客户除自己本金全部损失外，还要赔偿借款。第二，要牢记股市有风险，树立风险意识，增强心理调节能力，不要被“宁可买错，不可错过”“卖房炒股、借钱炒股”等言论所误导，陷入盲目跟风、孤注一掷的冒险投资中。第三，要增强自我保护能力，远离非法证券期货交易活动，谨防上当受骗，积极主动行使权利，依法维权。

第二章 | 如何建设有活力有韧性的资本市场[①]

① 本章内容创作于2019年12月。

2018年中央经济工作会议指出，“要通过深化改革，打造一个规范、透明、开放、有活力、有韧性的资本市场”，这为资本市场的深化改革和创新发展指明了目标和方向。资本市场本质上是一个投融资市场，一级市场主要反映融资属性，二级市场主要反映投资属性，资管行业驱动资本市场与实体经济循环发展，对外开放则是经济全球化下资本市场发展的内生要求。抓住这几个方面的顶层设计，是打造规范、透明、开放、有活力、有韧性的资本市场的关键。

第一节　内涵要求和内在联系

“规范、透明、开放、有活力、有韧性”十二字方针有很强的现实针对性，具有丰富的内涵要求和有机的内在联系。深刻理解和准确把握十二字方针的内涵联系，是资本市场顶层设计的核心前提。

一、“规范”的内涵要求和基石作用

我国资本市场发展30年来，伴随着改革开放的步伐，经历了从摸着石头过河到逐步规范发展的过程。进入新时代，我国经济要实现高质量发展，金融供给侧结构性改革要有效推进，对资本市场规范发展提出了更高、更迫切的要求，“规范”日益成为资本市场从大到强的内生要求和前进基石。我们认

为，“规范”具有以下三个内涵要求。

一是要求市场治理更加法治化、制度化。“求木之长者，必固其根本。”强大的法治保障，完善的制度体系，就是资本市场规范发展的“木之根本”。资本市场反映信息集中敏锐，关联利益交汇各方，是一个既高效又脆弱的市场，必须注重发挥法治的引领和制度保障作用。对于市场主体而言，“法无禁止皆可为”，但违法违规应受严惩；对于监管者而言，“法无授权不可为”，但失职渎职应被问责。有了这样的规范，市场就有活力、有敬畏，监管就有边界、有效力。相反，如果缺少有效的法律法规制度，或制度得不到遵守，市场诚信和权力约束的底线就会被击穿，就会破坏市场甚至威胁经济社会稳定运行。1929 年美国股灾的爆发，一个重要原因就是此前缺少法律规范和制度约束，后来美国总结教训，制定了《1933 年证券法》，设立了证监会。一个规范的资本市场，必然是一个法治化、制度化的市场。当前我国资本市场法治化、制度化水平已取得显著提高，但与中央要求、市场期待和发展需要相比还有差距。我国需要抓住全面深化改革有利时机，发挥各方合力，主动协调推进，进一步加强资本市场法治供给，特别是加大违法违规行为人应负的法律责任，“明制度于前，重威刑于后”，形成强大震慑；要进一步健全完善资本市场法规制度体系，与我国市场发展阶段和实体经济发展需要相适应，为市场立好规矩，为监管划好界限。

二是要求行政执法更加依法高效。资本市场法律法规制度逐步健全，“有法可依”问题解决以后，监管部门就肩负着“有法必依、执法必严、违法必究”的神圣职责，成为护航资本市场规范发展的主导力量。习近平总书记深刻指出，“各级政府一定要严格依法行政，切实履行职责，该管的事一定要管好、管到位，该放的权一定要放足、放到位，坚决克服政府职能错位、越位、缺位现象。”[①] 资本市场在金融运行中具有牵一发而动全身的作用，连接千家

① 习近平谈法治政府：坚决克服政府职能错位、越位、缺位 [OL]. 人民网，2015 - 05 - 13.

万户，社会触及面广，监管部门一举一动关系到资本市场能否稳定运行，是依法治国方略的重要呈现，影响深远、备受关注，必须做到依法行政、公正执法，不容有任何闪失。资本市场要坚定推进简政放权，加快监管职能转变，尽量把选择权交给市场，把真正该管的事管起来、管到位；要创新监管方式，大力推进科技监管，有效打击各种违法违规行为；要敢于刀刃向内，改进执法机制，规范执法行为，提升执法效能。

三是要求市场主体更加归位尽责。资本市场法律法规制度的健全，监管部门依法行政的推进，最终都要落脚到把制度要求转化为市场各方主体归位尽责的内在动力和行动自觉。只有发行人诚实守信，上市公司依法运营，投资者依规交易，中介机构合规尽责，大家都规规矩矩、诚信守法，才能使市场机制真正发挥作用，才能使市场真正有一个规范的样子。当前市场各方主体行为规范性程度不断提高，但距离真正归位尽责的要求还有较大差距，发行人和上市公司财务造假时有发生，投资者异常交易甚至操纵市场、进行内幕交易常有出现，中介机构沦为违法违规行为的“放风者”“帮凶”也不少见，市场乱象还比较多。我国需要通过深化改革，不断为规范市场主体行为营造健康良好的法治、市场和监管环境；要按照问题导向，针对各类不规范行为“对症下药”，例如，加强重点上市公司精准监管，强化投资者交易全程监管，提高中介机构违法违规成本等，治标与治本相结合；要花大力气整治市场乱象，防范化解重点领域风险，把握好方法、节奏和力度，把握好市场运行规律，管控好溢出效应和传染效应，守住不发生系统性风险的底线。

二、“透明”的内涵要求和主线作用

透明是国际成熟资本市场的基本要求，国际证监会组织证券监管三项目标中的重要一项就是保证市场的公平、高效和透明。我国资本市场正处于从新兴市场向成熟市场转轨的关键阶段，透明度建设必须作为一条主线贯穿始终。规范透明是一个有机整体，规范天然要求透明，透明更加促进规范。通过规范，可以将透明制度化、体系化，使透明成为规范本身的一部分；通过透明，各方可以接受公开审视、监督、反馈，进一步促进各领域更加规范，最终形成一个正向循环和螺旋式上升的趋势。我们认为，“透明”具有以下三个内涵要求。

一是要求信息披露更加公开公允。“阳光是最好的防腐剂，灯光是最好的警察。”资本市场既是资金市场，也是信息市场，信息披露是资本市场的生命线。发行人和上市公司作为信息披露的主体，除法律法规规定不予公开的信息外，其他信息都应主动公开公允地披露，确保信息真实准确完整，确保中小投资者公平获取相关信息，这是必须履行的义务。如此才能公平保障各类投资者的知情权，有效保护投资者利益；才能让投资者不再“雾里看花花乱眼”，避免不实消息扩散，消除投资者恐慌情绪，防止市场大幅震荡；才能维护和改善发行人、上市公司与投资者的关系，提升沟通效果，增强投资者信心；才能引入外部监督，防止弄虚作假，荡涤污泥浊水，倒逼上市公司质量提升。随着我国资本市场发展越来越规范，投资者素质不断提高，互联网新媒体技术带来的信息传播面越来越广、速度越来越快，市场对信息披露透明度的要求也越来越高，当前发行人和上市公司信息披露的规范化、透明化程度还不能很好地满足这一要求。因此，需要抓牢科创板、创业板注册制改革的有利契机，落实好信息披露核心要求，压实发行人信息披露和中介机构审核把关责任，逐步总结推广行之有效的制度做法；要以信息披露为重点，进一步督促上市公司运作更加透明，形成优质标的吸引投资者，增强市场活力。

二是要求监管权力运行更加阳光公开。党的十八大报告强调，“要健全权力运行制约和监督体系，让人民监督权力，让权力在阳光下运行，把权力关进制度的笼子里”。权力是人民赋予的“公器”，唯有运行公开透明，开门接受监督，才能更好地完善权力机制，确保权力为公。资本市场尤其如此，亿万股民参与其中，利益矛盾纠葛复杂，政策制定和监管执法更加不能搞神秘化、暗箱化，权责清单、规则标准都必须清晰透明，监管过程和结果应尽可能公开，接受全社会监督。只有这样，才能让市场主体明确知道条条、框框、规矩是什么，红线、底线、高压线在哪里，减少违法违规和非理性行为，增强市场内生韧性；使市场预期明确稳定，增强监管权威性和市场信赖感，吸引投资者参与交易，提高市场交投活跃度；确保监管权力运行在阳光下，给每一项权力戴上“紧箍咒”，减少寻租空间，降低市场成本，保障改革顺利推进。促进监管权力运行路上永远阳光公开，要大力提高透明度，公开权责清单，持续推进重点领域监管政策、标准和流程的全面公开。

三是要求监管覆盖更加及时精准。前美联储主席格林斯潘认为，正是不透明的贷款证券化造成2008年全球金融危机。美国前财政部长雅各布·卢也直言，从金融危机中学到的教训是资本市场需要透明度，监管层需要看到风险从哪里来，有能力及时去应对。金融危机后，美国针对此前信息不透明、监管不到位的资产证券化、场外衍生品等领域，以及对冲基金、保险公司、评级公司等机构，都无一例外地加强了监管真空填补和强化了透明度要求。资本市场是金融创新最活跃、最集中的领域，新产品、新业态带来新活力、新发展，同时也可能带来新问题、新风险。复杂艰深的产品设计、晦涩难懂的交易规则往往让投资者如堕雾里，失去风险判断能力；跨市场、跨品种、跨监管的交易链条可能导致风险传染放大；机构偏离主业，粗放经营，顺周期开展所谓创新业务，经常会破坏长期经营能力。对于这些问题，如果监管不能及时跟进、精准补位，不能对风险情况做出敏锐反应，就可能产生严重后果。2015 年我国股市发生异常波动，场外高杠杆配资是一个重要原因，而情况不明、底数不清，就造成了监管层的极大被动。要进一步加强对重点领域、新产品、新业态的风险跟踪和监测监控，建立健全空白领域和薄弱环节的监管制度，不断增强信息透明度和监管前瞻性，始终走在风险前面，促进市场稳定发展。

三、“开放”的内涵要求和动力作用

习近平总书记强调，“要提高金融业全球竞争能力，扩大金融高水平双向开放，提高开放条件下经济金融管理能力和防控风险能力，提高参与国际金融治理能力。”① 资本市场开放是金融业开放的前沿阵地，开放也是改革，是经济全球化背景下我国资本市场发展壮大的内生要求、动力源泉和必由之路。规范透明的法律、市场和监管环境有利于为扩大开放奠定基础、提供保障，开放则是通过引入外部经验、压力、约束和竞争，进一步增强各领域规范透明。我们认为，“开放”具有以下三个内涵要求。

一是必须坚定资本市场高质量双向开放。国际成熟资本市场无一不是大门敞开、开放互联，吸引全球金融要素汇聚流动的市场。近些年来，我国资本市场开放也已按下“快进键”，取得许多突破性进展。事实表明，资本市场开放有利于丰富境内外投资者的投资工具与手段，促进境内外市场沟通联动，提升我国资本市场活力和流动性，增强对外影响力，拓展我国金融业对外开放发展空间。我国资本市场的国际竞争力、认同度、话语权与经济实现高质量发展所要求的水平相比还有差距，资本市场要实现高质量双向开放目标也面临新的挑战。要按照党中央、国务院关于金融业对外开放的统一部署，坚持宜早不宜迟、宜快不宜慢的原则，坚定推进市场、行业和产品高水平开放，构建资本市场全面开放新格局，以开放促改革、促发展。

二是必须加强开放条件下风险防控和监管能力建设。从境外新兴市场经验看，资本市场开放是把双刃剑，一方面可以引入外资活水和好的投资理念，增强市场活力，另一方面如果外资监控管理机制不健全，外资短时间内大规

① 以高水平金融开放推动高质量发展［OL］. 人民网，2019－12－10.

模进出资本市场易引发市场大幅波动，极端情况下可能导致系统性金融风险发生。20 世纪 90 年代初，日本和我国台湾地区股市泡沫破灭，1997 年亚洲金融危机，1994 年墨西哥金融危机，无不如此。习近平总书记强调，“要积极稳妥推动金融业对外开放，合理安排开放顺序，加快建立完善有利于保护金融消费者权益、有利于增强金融有序竞争、有利于防范金融风险的机制。”① 我国资本市场总体还不成熟，发展尚不充分，一些深层次的结构性、体制机制性问题还没有得到有效解决，一定程度上还不能完全适应大规模、无管控的外资进出。金融安全是国家安全的重要组成部分，推进资本市场开放，不仅要放得开，更要看得清、管得住，维护好国家金融安全。要始终坚持“以我为主”，开放的步骤、节奏、路径始终由我掌控，让外资“为我所用”，以服务我国实体经济发展为最终目的；始终坚持“水到渠成”，以我国市场承受能力和发展需要为根本，加强统筹协调，合理安排开放次序和力度，不急于求成，不“毕其功于一役”；始终坚持“监管适应”，根据监管匹配程度合理安排外资投资范围、品种和规模，加强跨境资金流动监测分析，强化跨境监管执法协作，牢牢掌握控制和化解风险的主动权。

三是必须学习借鉴国际最佳实践的经验，同时坚持制度自信。在资本市场开放进程中，一方面，要学习国际最佳实践的经验，充分借鉴境外市场先进制度规则和有益经验做法，特别是符合发展中大国和新兴市场双重特征的有益经验，根据我国国情和发展实际实事求是做出选择，着力优化资本市场法治供给、制度供给、产品供给；推动证券基金机构提升专业水平，打造国际一流的投资银行和财富管理机构；促进资本市场形成良好的投融资环境和生态文化。另一方面，我国资本市场在演进发展过程中，也逐步形成了一些具有“中国特色”的制度设计，比如采用穿透式账户体系，实施穿透式监管，

① 习近平出席全国金融工作会议并发表重要讲话［OL］. 新华社，2017－07－15.

交易实名制，提升监管有效性；实行期货市场保证金安全存管，保护期货投资者权益；坚持原油期货以人民币计价，推进人民币国际化，等等。部分制度做法得到了国际同行的认可，比如，国际证监会组织提出中国证监会在成员范围内介绍穿透式监管的经验，并向各成员推广。“苟利于民，不必法古；苟周于事，不必循俗。”对于实践证明符合我国国情和市场发展需要的制度设计，要增强制度自信、保持战略定力，持续总结、巩固和完善这些制度，在开放过程中提升我国资本市场的国际竞争力，努力为全球金融治理提供“中国智慧”“中国方案”。

四、“有活力”“有韧性”的内涵要求和联系

“有活力”，意味着资本市场要素配置效率高，市场交投活跃，上市公司进退渠道畅通。“有韧性”，意味着资本市场价格发现机制有效，自我纠错能力强，包容性和承载度高，能够应对实体经济波动和外部冲击，能够有效吸收和消化风险，可以从波动冲击中快速恢复。“有活力”与“有韧性”是有机统一的，市场有活力，就能提升抗冲击和防风险的能力，增强市场韧性；市场有韧性，就能保障投融资活动平稳运行，激发各方主体参与热情，提高市场活力。

规范、透明、开放与有活力、有韧性是有机联系在一起的，是存在一定递进关系的两组概念。规范、透明、开放，是按照市场化、法治化、国际化导向，在法治环境、市场环境、监管环境等方面要达成的愿景。随着这些愿景目标逐步实现，以及制约市场发展的结构性、体制机制性问题的解决，有活力、有韧性就将成为资本市场的内在属性和必然特征。金融活，经济活；金融稳，经济稳。金融的活与稳，需要一个有活力、有韧性的资本市场，而资本市场活力与韧性的提升，既需要规范、透明、开放的发展环境，也需要重点把握好自身建设三个方面“活”与“稳”的关系，具体如下：

一是无形之手要活，有形之手要稳。资本市场是实现直接融资的主要方式，市场属性极强，必须充分发挥市场在优化资源配置中的决定性功能。只有让“无形之手”真正发挥作用，相信市场、敬畏市场，坚持用体制机制的改革创新来保障和促进市场活力，才能引导资源要素高效配置，提高资本形成效率，服务经济高质量和驱动创新发展。同时，要更好发挥政府特别是金融监管“有形之手”的作用：一方面，要减少对市场特别是交易环节的不必要干预，充分释放市场活力；另一方面，谋划出台政策时要更加考虑市场承受能力和接受度，更加考虑政策的长期性和稳定性，避免反复折腾，破坏市场正常预期。

二是企业进出要活，资金进出要稳。资本市场的投融资活动主要围绕上市企业展开，如果企业进出渠道不畅、梗阻过多，该进的进不来，该走的走不了，就会导致融资前景不明朗、投资活动无约束，市场活力就无从谈起，同时市场容易同步共振、大起大落，韧性也受到破坏。必须促使企业进出渠道更加畅通，把好市场入口和出口两道关，既让更多优质企业上市，通过严把质量关杜绝“病从口入”，又具备多渠道退市机制，及时“排毒”，发挥市场约束作用。资金进出资本市场固然不应受到过多干预，但客观上资金进出如果过于频繁剧烈，并不利于市场健康稳定。国际成熟资本市场在长期演化过程中都逐步趋向于形成以长期资金为主的市场，资金进出稳健，市场波动较小。目前我国股市投资者以散户为主，机构行为也趋向散户化，资金追逐短期收益，市场热点特征明显，进出市场的规模、节奏同步性较强，容易放大市场波动。因此，必须创造条件，引导社保基金、保险资金、养老基金等更多中长期资金深度参与资本市场，健全长周期考核机制，发挥这些重要专业投资力量长期性、稳定性的特点，与资本市场融合发展、互相促进，有效增加市场长期资金供给，优化资金结构，引领价值投资理念，制衡市场投机带来的大幅波动，推进市场运行更加稳定，效率更加提升。

三是市场衔接要活，市场运行要稳。目前我国多层次资本市场的基本框架体系已初步形成，但各层次市场之间发展还不够协调。因此，必须深化科创板、创业板注册制改革，发挥导向作用，深化新三板改革，规范区域性股权市场。只有各层次市场分工明确、错位发展、互补衔接，能够满足不同层次及不同类型企业、投资者、中介机构等的多样化投融资需求，使企业能在不同层次市场间实现升降转换，才能“筑巢引凤”，吸引不同类型金融要素分聚于不同层次的、适合的市场，激发各层次市场活力。同时，各层次市场内部运行要平稳有序，特别是要充分依托市场化自我稳定机制，让多空力量相互制衡，风险对冲管理有效，减少单边大幅波动，促进市场合理定价，增强市场内生韧性。2015 年股市异常波动前市场过快增长，其中一个重要原因就是，单边做多力量集中同步放大，缺乏市场化做空机制的有效制约。科创板、创业板实施转融券市场化约定申报改革，发挥了较好的多空平衡作用。资本市场要进一步完善市场化做空机制、丰富衍生品对冲工具，发挥好市场化的作用，同时也要充分认识到这些工具风险特性比较复杂，处理不好容易出问题，境内外市场都有不少这方面的经验教训，需要加强风险监测和风险防控机制建设，避免工具走形变样、背离政策初衷，破坏市场稳定运行。

第二节　市场逻辑与市场特征

我们认为，一个规范、透明、开放、有活力、有韧性的资本市场，应当具备以下的市场逻辑和市场特征：

一、资本市场法律法规健全，市场深度和广度不断拓展

主要体现在：（1）法律法规层级体系完善，涵盖资本市场的方方面面。

其在资本市场核心业务领域和重要监管事项上，具备从国家法律、国务院法规、部门规章、自律规则等覆盖各层级、全方位的制度安排。（2）法律法规要求适应本土特点、具体可操作、运行良好，能够增强市场韧性和活力。（3）市场证券化率（即上市公司市值占国内生产总值的比例）达到较高水平。例如，截至2018年底，美国证券化率为149%，日本和英国为106%，韩国为87%，法国为85%。截至2019年底我国仅为58%，仍有较大的提高空间。市场直接融资比重达到较高水平。例如，2017年美国非金融企业融资构成中，信贷占10%，债券占10%，股权占55%，其他融资占25%；在欧洲，信贷占近30%，债券占5%，股权占55%，其他融资占10%；在日本，信贷占25%，债券占5%，股权占55%，其他融资占15%。2018年，我国社会融资总量中，信贷占81%，债券占13%，股权占2%，其他融资占4%，市场直接融资比重仍有待提升。

二、一级发行市场供求平衡，定价高度市场化

主要体现在：（1）新股发行以信息披露为核心原则。一级发行市场具备一整套注册登记、信息披露制度，监管机构只负责监管发行人和中介机构完整如实披露，不设置发行门槛、不对股票的投资价值进行判断。（2）发行价格、数量主要取决于市场供求关系。监管机构不对发行价格或市盈率进行窗口指导，不控制新股发行数量和节奏。股票一二级市场定价接近，爆炒新股现象基本消除。发行环节具备有效的合理定价机制安排，上市后具备有效的股价稳定机制安排，新股发行上市后炒作空间较小。以美国市场为例，发行定价和新股价格稳定机制较为健全，2019年新上市股票中涨跌幅小于50%的数量占比接近八成，一二级市场定价差别较小。（3）法律责任约束制度完善。一级发行市场具备强有力的法律责任、集体诉讼和执法保障，欺诈发行、虚假披露等违法行为会受到严厉惩处，承担刑事责任。

三、二级市场运行与上市公司内在价值基本同步

主要体现在：（1）二级市场交易制度对上市公司治理形成有效规范。二级市场既具备完善的证券账户设置、清算交收、证券业务规范等基础性制度，又具备有效的上市公司治理和交易监管、市场交易机制和监管制度等，能够规范强化上市公司决策、交易和披露的程序，提高内部治理水平，激活市场主体活力，促进自身规范透明运行。（2）市场波动较为合理。指数运行较为稳定，股价涨跌主要反映上市公司业绩和实体经济增长质量水平。成熟市场每年指数波幅一般维持在±20%以内，权重较高的上市公司经营较稳定，业绩稳健增长，发挥了稳定指数的作用。（3）二级市场价格能够反映上市公司内在价值。二级市场价格与企业盈利水平、分红规模、成长速度、市场基准利率和风险溢价高度挂钩。例如，2010年以来，美国标普500指数涨跌基本与成分股盈利情况保持同步。2018年标普500指数成分股净资产收益率由2010年底的13%上升至16%，净利润增加60%，同期指数上涨100%。（4）市场市盈率水平反映经济增长质量和趋势。市场总体市盈率水平应与实体经济周期、发展质量、增长水平相适应。市场各板块市盈率水平应合理反映对应板块上市公司行业特点、成长特性、发展趋势，板块间市盈率水平差距相对合理适度。

四、中长期机构资金占据主导地位，价值投资理念深入人心

主要体现在：（1）市场参与者以中长期机构投资者为主。社保基金、保险资金、养老基金等中长期资本深度参与资本市场，成为市场主要的专业投资力量。例如，2019年，在美国市场，以共同基金、外国投资机构、养老基金、退休基金和保险资金为主的中长期机构投资者持股市值占比为60%，较20世纪60年代中期上升近40个百分点；在英国市场，信托基金、外国投资

机构、养老基金、保险资金等机构投资者持股市值占比近 90%，其中外国投资机构占比 50%。而我国专业机构持股市值占比约 17%、一般法人占 62%、自然人占 21%，专业机构投资者参与度有待提高。（2）市场换手率水平适中，以价值投资为主。机构持仓较为稳定，以长期投资为主。例如，2017 年美国标普 500 指数、英国富时 100 指数、日本日经 225 指数换手率（以流通市值计算）分别为 214%，256%，200%。而 2017 年我国创业板指数、中小板指数、上证综指换手率分别高达 920%、745%、532%。

五、资本市场对外资开放与风险防范有机平衡

主要体现在：（1）资本市场对外开放制度健全。应具备高效的互联互通模式、准入机构和业务规范、外资账户设置等基础制度安排。（2）开放步伐稳中有序、以我为主。开放的力度与节奏以我国实体经济发展需要为出发点，充分考虑市场承受度和监管适应性。（3）对外资参与资本市场交易形成有效监测监控机制。对外资参与资本市场交易的范围、规模、比例，以及影响资本市场的外资跨境进出风险，能够做到“看得清、管得住”。

六、证券中介机构成为直接融资体系的中坚力量

主要体现在：（1）投资银行在资本市场中承担重要角色。投资银行业务朝着跨市场、跨国界方向发展，有效发挥市场组织者、流动性提供者、产品创设方和销售方、财富管理方、风险分散方等角色作用。（2）投资银行为市场参与者提供多元服务。为股票、期权和期货交易提供执行和清算服务，为可转换证券、期权、期货和 OTC（场外交易市场）衍生工具等产品提供做市服务，还为客户提供保证金贷款、证券借贷服务，参与经纪人之间的证券出借和第三方机构贷款等。（3）投资银行资产规模较大。头部投资银行资产规模可与大型商业银行比肩，收入来源多元化、国际化。例如，在美国市场，

高盛集团总资产规模接近1万亿美元，接近大型商业银行水平，收入来源较为多元，做市、投行和资管等业务收入的占比超过一半，传统的证券经纪和资本中介业务的占比不到20%，来自美国境外的收入占比接近40%。而截至2019年底，我国整个证券行业总资产规模仅为7万亿元，仅相当于招商银行的水平。

第三节　我国新股发行制度的设计和改革举措

本节将主要分析我国新股发行制度的现状与问题，梳理总结美国新股发行制度的演变和经验做法，提出相应的改革举措。

我国新股发行制度的现状和问题

资本市场包括一级市场和二级市场，一级市场是否正常、是否规范，关系到二级市场是否健康和稳定，因此，一级市场是资本市场制度顶层设计的核心领域。我国新股发行先后实行过额度制、家数制、通道制、保荐制和核准制，但本质上都属于审批制。新股发行在制度设计、实施时不可避免地受到历史因素和市场环境的约束，没有实行真正的股票发行注册制，导致一二级市场估值高于合理水平。

自2001年3月起，A股发行由证监会进行核准，其中2004年1月开始实施上市保荐制度。新股发行需要满足净利润、现金流、股本总额等方面的条件，上市审核要求近3年净利润均为正，新股定价可采用直接定价方式，也可采用询价方式。核准制下，市场结构性问题持续存在，发行人、承销商和中介机构利益捆绑，部分发行人为获取上市资格粉饰业绩，在督导期或锁定期后业绩大幅滑落，还有部分发行人的大股东在企业上市后不久开始质押融资或清仓减持，二级市场交投活跃，投资者结构未得到显著改善，投机心态未得到明显调整，资本市场定价功能未能有效发挥作用。

一、保荐审核机构代替投资者进行信息价值判断

目前新股发行上市审核主要围绕发行条件展开，监管部门对拟发行人进行实质判断，发行人若不满足发行条件则不会获得上市资格。第一，监管部门承担实质审核责任。监管部门肩负判断企业盈利能力、审查信息披露真实性和确认公司运作合法合规三大责任，核准本身暗含对发行人进行价值判断。严格的上市审核有助于在发行端把关，提高上市企业质量，但也降低了资本市场融资功效。审核偏重于实质审核而不是信息完整的审核，一定程度上拉长了发行上市周期，形成发行堰塞湖。第二，投资者定价能力较弱。核准机制下，监管部门从严把控上市门槛，一定程度上让市场产生对隐形监管背书的依赖，投资者特别是中小投资者认为上市公司应该具备安全性，对发售价格合理性不进行判断，认为即使高价申购也稳赚不赔，形成打新惯性，造就新股神话。第三，拉长违法违规行为被市场充分认知的时间。市场自我监督能力弱化，即使上市公司基本面已出现严重恶化，上市公司的“壳”仍具有一定价值，部分上市公司为“保壳”而积极重组或对业绩进行造假。例如，2018 年金亚科技因欺诈发行退市，但实际上早在 2015 年就有投资者和媒体发觉其存在违法违规行为，但直到其财务出现严重恶化、监管部门跟进之后，才被市场充分认知。

二、发行询价制度定价效果有限

新股发行长期存在供需不平衡的现象，首发数量有限而市场需求旺盛，再加上发行市盈率存在抑价，一二级市场价格长期脱节。第一，发行市盈率长期存在“天花板”。为抑制高价发行现象，主板、中小板、创业板新股发行市盈率长期不超过 23 倍，2016 年至 2019 年新股首发市盈率大幅低于二级市

场同期可比行业平均估值，存在较大的发行抑价。发行估值限制加剧炒新行为，股票上市首日股价全部出现上涨，部分股票在达到首日44%涨幅上限之后出现连续涨停。第二，初始询价后直接定价机制未充分反映股价的实际估值水平。A股市场询价区间为网下机构报价得出，网下报价机构少则1 000家、多则7 000家。为了申购成功，机构大多按照承销商估值报告建议询价区间去报价，难以兼顾合理估值水平，最后形成的报价中位数落在承销商建议区间以内，机构难以发挥市场定价作用。第三，新股分配机制存在问题。A股市场网上超额认购是新股发行的常态，绝大多数股票都出现了回拨，相当一部分股票出现了顶格回拨，即网下发行占比10%，网上发行达到90%。在我国，资本市场散户占比较高，回拨机制又向网上投资者倾斜，导致市场既没有满足各类投资者的需求，又加剧了自身散户化程度。第四，缺乏成熟的机构参与询价。由于市场发展时间尚短，专业机构持股市值占比有限，研究分析能力还存在不足，所以网下询价区间精细化程度不高。2012年以来，采取询价方式发行的主板股票询价上限平均为询价下限的2.6倍，科创板股票平均为2.5倍，最高的南微医学达6.7倍，价差近60元/股。

三、发行人和承销商利益捆绑

核准制下，承销商合规的动力来自赚取保荐费用，为使形式合规，其侧重于向监管部门负责而非向投资者负责。第一，尽职调查存在局限。保荐人的指导、监督作用不够突出，在企业持续经营能力、成长性等方面的尽职调查流于形式。发行违规现象既涵盖上市前业绩“变脸”、保荐人与发行人联合欺诈发行等显性问题，也涵盖针对生产经营独立性、财务数据合理准确性等方面的误导性陈述，隐蔽性较强，难以被投资者甄别。第二，被包装上市的企业暴露出粗放经营、公司治理水平低等特点。成功发行上市后，部分上市公司实际控制人在限售期后大规模减持套现、退出公司运营，部分上市公司盲目多元化扩张、耗尽自身造血能力，部分上市公司通过资本运作置空资产，转为持股平台，破坏市场信心和市场生态。这些问题很大一部分来自承销商未能做好发行企业的筛查工作，未督促企业将实际情况翔实披露。

四、涨跌停等限制使市场信息无法被充分消化

为降低新股发行上市后的波动性，我国设置了发行上市首日44%的涨幅上限和首日临时停牌机制，但此类限制使市场信息无法被充分消化。第一，不足以反映市场需求。剩余的交易需求只能在后续交易日释放，延长了新股的持续炒作时间。第二，不足以反映股票的风险因素。通过限制新股上市首日的日内波动，股票交易风险被投资者有意忽略。新股定价不分行业板块、不分基本面情形，风险定价功能难以有效发挥。

美国新股发行制度的演变和运行情况

《1933年证券法》奠定了美国的新股发行制度，之后的《1934年证券交易法》奠定了美国的证券监管制度，两部法律构成了美国证券监管体系的基石。

一、两部法律规范市场秩序

20世纪20年代，受第一次世界大战和第二次工业革命影响，美国工业迅速发展，上市公司数量、融资金额和股票总市值均创下历史最高水平，证券市场投机交易现象严重，银行贷款大规模入市。在此阶段，美国尚无全国层面的证券监管法案和监管机构，各州颁布的证券“蓝天法”[①] 严格程度不一，资本市场极易通过遥控下单在各州间进行监管套利。交易所上市规则仅为自

① 蓝天法是指美国各州分别制定的关于防止股票欺诈、保护投资者利益的一系列法律的统称。

律性质，执行中有效性不足，市场中50%以上的上市公司基本是通过造假发行股票。市场交易行为混乱，内幕交易、裸卖空等现象层出不穷。泡沫积累之下，1929年10月起股市在8周内下跌36%，至1932年7月累计下跌约90%，实体经济进入大萧条时期。为解决以上问题，罗斯福政府通过并颁布《1933年证券法》规范证券发行上市行为，并于次年颁布《1934年证券交易法》规范证券交易市场。

二、建立以信息披露为中心的新股发行注册体系

《1933年证券法》确立了以信息披露为中心的新股发行注册制度，将注册制写入证券法，强调证券监管机构仅有权对证券发行上市信息披露的准确程度进行审查，无须审查证券的质量。监管机构有权中止证券注册，但仅限于发现信息披露中存在不实陈述或误导性陈述的情形。以信息披露为中心的新股发行注册体系主要解决了三个问题。第一，由统一的证券监管机构对新股发行注册各环节进行监督，确保信息披露和注册制能够得到有效实行。第二，将推动发行信息真实、充分披露视为对投资者的保护。企业上市让市场自行选择，股票发不发得出去，由投资者认购来决定。第三，建立和完善以严厉处罚证券欺诈和勤勉尽责处罚犯罪为中心的法律制度。如果注册登记表的任何部分在生效时包含对重大事实的不实陈述，或遗漏了需要陈述的重大事实，抑或遗漏了为使该登记表中的陈述不至于产生误导而必须陈述的重大事实，则任何购买该证券的投资者均可根据普通法或衡平法在任何有管辖权的法院起诉所规定的相关人员。

三、发行与上市分离审核

在以信息披露为中心的基础上，美国市场实现了发行和上市的分开审核，由证券监管机构进行发行审核和注册，关注信息披露质量；由证券交易所进

行上市审核，关注证券质量。在发行审核阶段，美国证监会接收承销商提交的一系列注册登记文件，包括审计报告、招股说明书及补充材料如发行承销协议、公司章程和重要合同等，对认为不清楚的部分要求其补充披露。证监会在发行审核中主要围绕信息披露问题与发行人进行多轮问答，问题聚焦于会计、法律和公司治理方面，平均沟通3至4轮，其中第1轮问题最多，后续则问题越来越少。发行人需要根据证监会意见不断完善招股书，直到证监会不再提出问题为止，注册环节才基本宣告完成。只要发行人充分披露信息，证监会不会因为企业不盈利、存在经营风险等做出影响发行的判断。在上市阶段，证券交易所出于品牌、竞争和股东责任等因素的考虑，普遍对上市公司质量存在实质要求，如纽交所对拟上市公司的规模、股东人数、股本、盈利状况等方面进行实质性审核，对不满足交易所上市标准的公司不予批准上市。美国构建了多层次资本市场体系，不同交易所对上市公司质量的要求和偏好不同，拟上市公司可以自行选择适合自身情况的交易所上市。

四、严刑峻法提高违法违规成本

《1933年证券法》建立了较为完善的法律责任制度，解决了发行上市过程中存在的欺诈和误导等问题，解决思路重点为不由监管部门直接进行处罚，而是通过制定详细的民事责任条款，将违规的惩罚机制交给市场，监管层面仅对重点责任人的行政和刑事责任进行考量处理。民事责任方面，主要体现在对被告人的范围认定极为宽泛，既包括发行人董监高，也包括承销商和其他证券中介机构，并设置了尽职调查充分性的范围认定标准，若无法对违规行为进行自证则无法免责；对原告的范围认定也极为宽泛，原告的证券持有人既可以来自一级市场也可以来自二级市场，且原告无须证明损失是由不实信息披露造成的，只要证明购买时对披露违法事项不知情，就可以发起诉讼。行政责任方面，主要涉及对发行人董监高的证券市场限制措施和罚款。以罚款为例，行政责任的罚款体现为3个不同等级的民事罚款，刑事责任的罚款仅为1万美元，民事责任的被告则既需要赔偿原告持有证券的损失，还需承担诉讼费用和原告律师费用，总额通常远大于纯粹的罚款金额。

我国新股发行制度的顶层设计

科创板在上市审核和注册、发行承销环节进行了重大创新，交易所通过审核问询环节要求发行人、承销商补充披露信息，并在多元化上市标准、战略配售、超额配售权等方面进行了市场化改革。为使我国新股发行制度更好地发挥服务实体经济融资需求的作用，应及时总结推广科创板有益经验，坚定推进以信息披露为核心的注册制改革，做好顶层设计，把好方向、发力改革。

一、探索完善以信息披露为中心的注册制体系

在前端信息充分披露、后端法律约束健全的前提下，注册制的实施降低了企业上市门槛、提高了融资实效，企业可以选择满足交易所要求的多元化上市标准来公开融资。注册制环境下，上市审核以推动信息充分披露为核心，上市资源不再稀缺，发行人没有动力去粉饰业绩，承销商和中介机构在法律责任的约束下归位尽责，发行人、承销商、中介机构等各方利益有望解绑。投资者将更为看重企业的业绩，而不是一如既往地踊跃打新。如此一来，承销发行环节将有望逐步向市场化发行靠拢，发行耗时将大幅缩短，市场各方博弈将更为充分，资本市场价格发现机制能够充分发挥作用，促进一二级市场价格逐步趋近。

二、完善以询价为中心的市场化股票发行与承销制度

强化股票发行的询价制度，最终定价通过初步询价区间和累计投标询价

逐步得出。定价的第一层市场约束为在预路演和投资者教育阶段，产生询价区间；第二层市场约束为通过累计投标询价形成申购需求曲线，使发行定价更加接近均衡价格。首先，询价区间由承销商和发行人共同给出，并写入招股书，强化券商的承销责任。承销商和发行人在预路演环节与锚定机构进行充分沟通，根据市场对发售价格的敏感度，得出各方都能接受的价格区间。写入招股书后，询价区间在之后的定价环节具有约束效力，若询价区间定得过高，则发行人可能面临发售失败，若定得过低，则承销商又会面临来自发行人的压力。其次，股票发行的市场需求情况通过路演结果来确定。发行人在承销商的带领下与潜在的机构投资者一对一见面，介绍招股书的内容，主要是介绍企业的财务状况和风险、新股的定价和企业未来的成长空间。在簿记建档环节中，机构投资者根据路演情况进行股票认购投标，报出一系列不同价格下的申购数量组合，报价数量具有法律约束力，承销商能够根据供需均衡水平得出发行价格。

三、建立健全注册制相关一系列法律法规体系和制度安排

第一，推动证券法修订，尽快将注册制写入我国《证券法》，尽早明确注册制的法律地位，让市场形成政策的稳定预期，凝聚市场共识。第二，推动将信息披露要求写入《证券法》，规范强化尽职调查的充分性认定、欺诈发行的情形认定、内幕信息知情人的范围认定等，实现执法环节有法可依。第三，建立健全证券相关民事法律诉讼体系，避免对行政处罚形成单一依赖，提高纠纷处理的市场化水平，形成市场对证券相关违法问题的自发监督。第四，完善退市和转板机制，形成市场自发优胜劣汰机制，设立多元化退市标准和强有力投资者保护机制，多角度提升上市公司质量。

四、加大发行相关违法违规事项的问责和处罚力度

第一，扩大对原告、被告认定的范围，将原告范围扩展至因证券发行违

规事项造成损失的全部投资者，将被告范围扩展至发行上市涉及的全流程主体和证券中介机构，降低诉讼受理门槛、简化诉讼流程、推动集体诉讼，提高投资者参与诉讼的积极性，实现投资者对证券发行相关主体的全范围、全流程监督。第二，推动大幅提高《证券法》中欺诈发行的未发行时60万元罚款上限和发行后募集资金总额高至5%的罚款上限，大幅提高《刑法》中欺诈发行的5年有期徒刑和罚金上限。第三，加大对上市公司欺诈发行、信息披露违法案件的执法力度，形成对证券发行相关违法违规行为的有力震慑。

第四节　我国二级市场交易制度的设计和改革举措

本节将主要分析我国二级市场交易制度的现状与问题，梳理境外市场相关制度安排的经验做法，还将提出我国二级市场交易制度的改革举措。

我国二级市场交易制度现状与问题

我们将重点围绕证券持有模式、上市公司交易监管、违法违规处罚、信用交易制度等方面分析我国二级市场交易制度存在的主要问题。

一、主要采用证券直接持有模式，激发市场活力不足

目前我国A股市场主要采用证券直接持有模式，股票直接登记在投资者名下，这样在投资者权益保护、市场风险防范等方面发挥了积极作用，但在夯实中介机构责任、激发市场活力等方面存在不足。第一，证券公司托管职能缺失，尽责意识不到位。具备一定专业投资能力的证券公司，无法受托管理运用投资者的证券资产，这使得证券金融服务趋于同质化和通道化。与此同时，证券公司不承担筛选和监控客户异常交易的责任，管控风险的动力不足，对客户把关的责任意识不到位。第二，不利于形成以机构投资者为主的

市场。直接持有模式下，市场能提供的金融服务和对冲产品有限，不利于吸引中长期资金入市，不利于发展以机构投资者为主的市场结构。第三，难以完全满足资本市场对外开放的需要。境外投资者通过 QFII、RQFII、沪深港通等投资 A 股市场，一般采用名义持有模式，但尚未有法律法规明确名义持有人如何主张权利，境外投资者对于综合账户机制和结算周期等也存在质疑。

二、上市公司交易监管不完善，信息披露问题突出

2018 年 A 股上市公司集中暴露出几大治理缺陷，与交易信息披露不真实、不充分，会计制度不健全，以及中介机构尽责不到位有关。第一，并购重组形成过高商誉。2018 年 A 股上市公司商誉减值损失接近 1 700 亿元，对中小板、创业板上市公司净利润影响巨大，说明这些公司经营不谨慎，并购代价过高，后期商誉计提方式不合理，一次性披露和计提减值对公司价值带来较大伤害。第二，交易信息披露不充分。上市公司交易金额比例超过一定数值或者绝对值超过一定金额才予以披露，披露内容较为简单；再往上才需要股东大会审议，触及股东大会审议的门槛较高，董事会自由裁决的空间大，个别公司违规担保和资金占用情况严重。第三，关联交易披露常现违规。规范关联交易是上市公司治理的核心问题，A 股上市公司股权集中度较高，大股东、实际控制人与上市公司产生关联交易较为常见。部分公司未按规定履行关联交易决策程序、进行信息披露，开展违规担保，被大股东占用经营资金，通过关联交易隐藏利润等，对投资者权益造成侵害。

三、对内幕交易的刑罚力度不足，违法违规成本低

内幕交易是损害资本市场健康发展的恶疾，内幕知情人员利用提前知晓信息的优势，先于市场买入或卖出股票，违背了市场“三公”原则。我国《刑法》和《证券法》规定了内幕交易范围和处罚办法，从实践看，囊括范

围需扩大，惩处力度需加强。第一，上市公司内部信息管理不严。并购重组是内幕交易案件的频发区，尤其是在重大投资经营事项和财务报告信息管理方面易存在问题。并购重组决策流程较长，牵涉金额较大，提前入股获利丰厚。部分上市公司对内幕消息管理松散，相关人员为了短期获利而忽视并购项目的长期盈利，不利于上市公司长期增长。第二，内幕交易刺激股价暴涨，透支了企业成长空间。上市股票在二级市场交投活跃有利于企业进行再融资，实现一二级市场的良好互动。但内幕交易往往会刺激股价暴涨，极大偏离短期基本面，内幕人在高位套现离场后，相当长一段时间内股价陷入低迷，造成上市公司后续融资难以为继。第三，有关内幕交易的民事诉讼缺位。我国对内幕交易的处罚主要以行政处罚为主，对于个人从事内幕交易的，一般罚三没一，对于单位主管人员和直接责任人员则处以 3 万元以上 30 万元以下罚款，处罚力度仍有待加强。内幕交易案件中，刑事处罚较少，民事诉讼欠缺，原告很难举证损失与内幕交易的因果关系，也很难确定赔偿金额，使得内幕交易人违法违规成本较低。

四、单边市特征明显，融券业务发展滞后

我国证券市场具有换手率高、波动性大的发展特点，2010—2019 年上证综指点位基本保持不变，涨跌年份各半，年平均振幅达到 35%，其中，2014 年和 2015 年振幅超过 50%。振幅较高的一个重要因素在于融券业务发展滞后，投资者只能通过做多获利。在我国，融资和融券业务发展长期不均衡，可进行融券的标的范围有限，融券余额占融资余额的比例长期低于 1%，融券卖出额占融资买入额的比例接近 3%。在融资力量占绝对主导地位的情况下，容易形成个别股票甚至市场整体的非理性上涨，融券卖出难以发挥抑制泡沫和投机的作用。

境外二级市场交易制度安排

对应前文提到的4个方面的问题，境外二级市场有一些比较好的经验做法值得借鉴。

一、证券名义持有制度推动市场创新发展

美国、日本、英国、我国香港地区等成熟市场主要采用证券间接持有模式，投资者证券登记在中介机构名下，中介机构将其名义持有的证券资产与自有资产分开管理。第一，赋予中介机构证券托管职能，拓宽证券业务外延。中介机构作为名义持有人，可以根据协议约定，代理客户在特定投资策略下进行投资，提供风险对冲、资产管理服务，拓宽了展业外延领域。第二，中介机构有足够动力加强内部风险控制和交易行为监测。名义持有制度下，中介机构对名下各客户的异常行为负有识别、发现、报告和制止等监管责任。当由于客户原因造成名义持有账户发生违法违规行为时，监管机构将直接对中介机构采取监管措施。第三，有助于逐层控制结算风险。名义持有制度下，市场大多采用分级结算制度，中央对手方对结算会员进行结算，结算会员对投资者等非结算会员进行结算。很多局部风险能够在结算会员层面化解，有助于形成金字塔式风险控制体系。

二、境外主要市场对上市公司交易披露要求较细较严

境外市场对上市公司交易信息的披露较细，对关联人及责任认定也较严。第一，不同交易类型披露内容逐层丰富。从我国香港市场来看，按交易金额由小及大区分，上市公司对股份交易、须予披露的交易、主要交易、非常重大的出售事项、非常重大的收购事项和反收购行动6类交易应予以公告披露。披露的内容从上市公司和交易对手方主要业务情况、交易日期和关联关系，

到交易对价和依据、交易资产价值、交易的原因，再到适用于出售资产的预期盈亏和所得款项用途、适用于出售附属公司权益后的情况说明、适用于主要交易的股东书面批准和股东情况、预期发送股东通函的日期等逐层丰富，保障股东掌握充足的资料来行使投票权。第二，主要交易及以上的交易类别均需通过股东大会审议，防止董事会滥用权力。在我国香港市场，相关交易金额比例①一旦超过25%，由于涉及的交易金额较大，需要提交股东大会进行表决，有重大利益关系的股东需要回避。第三，关联人认定范围广泛。关联人涵盖了大部分可能与上市公司产生关联关系的人士。上市公司需要对与关联人士产生的交易金额和交易年限设定上限，及时公告交易情况并在年报中进行审视。

三、境外主要市场对内幕交易的惩处力度大

境外市场对内幕交易的惩处分为行政处罚、刑事处罚和民事责任三个维度，在实际执行中层次丰富。以美国市场为例，行政处罚包括禁止令、没收违法所得、民事罚款、行政罚款、市场禁入和资格限制，特别是如果证券公司没有建立相应机制来合理防止职员进行内幕交易，也会被处以民事罚款。刑事处罚依照罪状来定刑，最高可判处25年监禁，对自然人处以500万美元、机构处以2 500万美元罚款。民事责任中，通过举证责任倒置由被告对损失和内幕交易的因果关系进行证明，赔偿金额以非法交易所得利润或规避的损失作为原告可获赔偿的上限。民事诉讼还可以采用集团诉讼模式，“小额多

① 该处比例主要包括5类：（1）资产比例，指有关交易所涉及的资产总值占上市发行人资产总值的比例；（2）盈利比例，指有关交易所涉及资产相应盈利占上市发行人盈利的比例；（3）收益比例，指有关交易所涉及资产相应收益占上市发行人收益的比例；（4）代价比例，指有关代价占上市发行人市值总额的比例；（5）股本比例，指上市发行人发行作为代价的股份数目占进行有关交易前上市发行人已发行股份总数的比例。

数”原告可以组成诉讼群体开展民事索赔，提高了社会各界对内幕交易的关注和监控。

四、风险对冲机制健全，融券业务较发达

在美国市场，融券余额达到近 4 000 亿美元，约占融资融券余额的 40%，发达的证券借贷业务为融券提供了丰富券源。在日本市场，融券余额约合人民币 516 亿元，占其融资融券余额的 23%，转融券业务为融券提供了稳定券源。在我国香港地区，融券日均成交约 90 亿港币，约占市场成交总额的 10%，融券余额近 4 500 亿港币，占总市值的 1.4%，在市场价格发现方面发挥着重要作用。

我国二级市场交易制度的改革举措

从我国的实际情况出发，借鉴境外相关经验，可以从以下几个方面不断健全和完善我国二级市场交易制度。

一、逐步探索实施名义持有人账户制度

融资融券业务账户体系下，证券公司为投资者开立信用证券账户，记录投资者委托证券公司持有的担保证券明细数据；证券公司则统一开立客户信用交易担保证券账户，记录证券公司名义持有的投资者证券。账户体系保留了穿透式监管优势，A 股普通账户可以参考融资融券业务账户体系设计，在证券持有模式上做出适当改进。在账户设置方面，证券公司以自身名义在中国证券登记结算有限责任公司（以下简称“中国结算”）开立名义持有专用证券账户，在该账户下为客户开立二级明细账户，用于记录客户委托证券公司持有的证券明细数据。在交易行为监管方面，证券公司对客户的交易指令进行前端控制和风险监控，及时向监管机构报告异常交易行为。交易所仅对

证券公司名义账户进行前端控制和风险监控。在证券公司业务创新方面，允许证券公司作为证券名义持有人，根据其与客户的合同约定，在授权范围内履行证券资产托管职能，提供差异化、多元化的金融创新服务。

二、完善上市公司交易信息披露

第一，强化交易信息披露。只要有关交易金额比例[①]超过5%，投资者都有权知悉，上市公司应及时披露，建立起社会监督的监管环境。第二，强化股东大会审议。只要有关交易金额比例（包括单笔或相关连续交易）超过25%，都属于重大事项范畴，应尽快提交股东大会充分审议，完善决策程序，提高决策的公平性和透明度，保障中小投资者利益不受侵占。第三，不断细化完善披露内容。根据交易类别细化披露内容，原则上金额越大，披露应越详细。关于标的的盈利预测应当谨慎，应当充分披露交易资料和预测依据等，应当对随意预测等不专业行为进行警告处罚。第四，加强关联交易的认定和监管。丰富完善A股关联人士界定，适当向下延伸，确保上市公司在进行关联交易时，通过对关联人士的全面披露，切实顾及股东的整体利益。加大对关联交易违规的惩处，让上市公司内部自然形成对关联交易的警觉和监督氛围。

三、加大对内幕交易行为的处罚力度

第一，强化上市公司对内幕信息的管理和披露责任。上市公司应采取合理措施保障内幕信息在披露前不被泄露，如加强信息管理机制、强化董监高法律责任、加强对中介机构的合同约束等。一旦确认信息已泄露，需采取紧急停牌措施，及时公开信息、进行风险揭示并复牌交易，避免知情人利用信息优势进行拉抬获利。第二，加大刑罚力度，完善民事诉讼机制。我国内幕

① 可参考港交所上市公司交易信息披露有关规定确定的交易金额比例类型，见本书第90页脚注。

交易的处罚层次单一、处罚力度和处罚金额较低，特别是对机构罚款金额低，不足以遏制不法现象，应比照成熟市场做法大幅提高刑罚，让内幕交易者得到严厉制裁，规范社会主义经济秩序。第三，探索建立合理高效的民事责任制度。研究探索“退出制”民事诉讼在我国的适用性，加大被告的举证责任要求，制定民事赔偿的上限标准，通过群体诉讼的实施来降低中小投资者的维权成本，切实增强社会监督力量。

四、积极发展融券业务

科创板融券和转融券业务试点取得了良好效果，个股融资和融券交易发展均衡，可以尽快推广试点经验，扩大标的股票范围，让证券公司根据市场化原则和风险承受能力选择融券品种。推动证券出借业务发展，引导保险资金、社保基金、养老基金等机构投资者有序出借长期持仓股票，丰富市场券源供给，提高机构长期持仓回报。

第五节　我国资产管理行业的设计和改革举措

本节将主要分析我国资管行业发展的现状和问题，简要总结境外资管行业发展的基本情况，提出改革举措建议。

我国资产管理行业的现状和问题

资管行业产品包括银行理财、公募基金、证券资管、保险资管、养老基金、信托投资、私募基金等，资产配置于股票、债券、大宗商品、货币和另类资产，是资本市场重要的资金来源，为居民财富管理提供了重要手段。当前我国资产管理行业正处于新旧管理模式的关键转换时期，相关制度设计需要促进资产管理行业规范发展，不断壮大机构投资者力量，发挥机构投资者稳定市场的作用，促进资本市场与实体经济良好互动。

2018年《人民银行 银保监会 证监会 外汇局关于规范金融机构资产管理业务的指导意见》（以下简称“资管新规”）出台前，我国资产管理行业经历了管理规模的大扩张，由2010年的13万亿元增至上百万亿元。规模快速扩张的背后，资产管理行业中产生了影子银行泛滥、监管套利、泛通道化、资金空转等一系列问题，产品层层嵌套后金融杠杆高企，对货币市场、债券市场、股票市场稳定运行都带来了一定干扰。

一、监管协调机制尚不健全

资管行业监管曾主要着眼于机构监管，强调规模总量控制、风险指标约束和业务准入管理。资管新规出台前，监管机构实施分业监管，覆盖的金融机构不同，监管标准上存在不一致，往往当对一类产品的监管收紧时，资金就溢出到另一类产品进行套利。再加上监管数据不互通，对非标、通道等的定义也存在差异，难以对底层资产、资金流向和风险规模等实施有效监管。资管新规建立了按产品类型实施功能监管的机制，但监管协调机制仍不健全，主要体现在：第一，资管新规属于行政法规，在实施过程中同上位法如《证券法》《信托法》的部分内容存在冲突，行业协调监管机制尚未在立法层面得到统一明确。第二，资管新规解决了此前分业监管中的一些问题，但并未彻底改变分业监管的格局，央行负责宏观审慎管理，具体监管事项仍由金融监督管理部门负责实施，对后续监管措施衔接构成了考验。

二、中长期资金规模不足

中长期资金规模不足是我国资本市场长期存在的结构性问题，在资管行业中主要体现为资产端和负债端的期限错配。在资管新规出台前，资管产品在负债端发行期限较短的产品，吸纳资金形成滚动资金池投资于长期限的非标等底层资产，收益较高，对长期资金进入股市形成了挤出效应。我国A股市场专业机构投资者持股市值较低，持股占比不到两成，处于较低水平，难以发挥专业机构的资产配置和估值优势，长期以来跟随市场趋势交易，进一步放大了市场波动。资管新规出台后，如何吸引保险公司、养老基金等更为庞大、稳定的机构增加权益资产配置值得研究。

三、机构股债规模配置失衡

我国直接融资市场不发达，叠加长期刚兑背景，机构股债配置失衡。一般来说，市场公募基金将12%的资产规模配置于股票，银行理财资金为10%，保险资金为13%，这些机构投资于债券、存款的规模占比则超过50%。股债配置失衡的背后是机构主动管理能力的缺失。债权类资产属于被动管理范畴，收益相对固定，除投前尽职调查外不需要较多的管理，从机构角度看较节约人力和时间成本，在有限条件下可以发行更多产品。主动管理则对机构的研究能力提出了较高要求，正确选股和择时是产品实现收益的关键。即使在资管新规出台后，也仅有部分研究团队较完备的大型机构选择发行权益类产品，债权类产品仍然占据市场主流。

四、资产配置策略相对有限

长期以来，资管产品的结构设计以满足兑付需求为目标，基于产品收益的确定性去选择底层资产，限制了资产配置策略的多样性。第一，理财资金对风险的容忍度较低，投资者已经形成对刚性兑付的依赖，量化、指数化、FOF（基金中的基金）投资等资产配置策略缺乏大资金认可。第二，部分策略的市场容量相对有限，如量化策略在管理规模上升至一定水平后趋向于失效，目前主要集中在私募机构开展，产品规模显著小于公募基金、券商等发行的集合类资管产品。

境外资产管理行业的发展情况

我国资管行业近年来管理规模增速较快，带动亚太地区增速显著超过世界其他地区，但总体规模占比仍相对较小。境外资管行业起步较早，目前发展相对成熟，金融危机后逐步恢复增长。

一、全球资管行业管理规模恢复增长

受金融危机影响，全球资管行业2008年资金净流出0.5万亿美元，叠加资产价格下行，总体管理规模较2007年下降20%，降至38万亿美元。2011年，全球资管行业恢复资金净流入，当年净流入0.1万亿美元，此后的5年内持续年均净流入1.5万亿美元；总体管理规模也恢复增长，2017年增长至77.3万亿美元，较2008年金融危机爆发时增长63%，2018年小幅下降至74.3万亿美元。管理规模恢复增长的主要动力是全球资产价格上升，增量的约四分之三由资产价格上升贡献，资金净流入起到辅助作用。北美地区资管行业管理规模约占全球的五成，该地区资管市场是全球最大的资管市场。

二、主要产品类别为共同基金和指数基金

以美国市场为例，资管行业中共同基金规模最大，管理资产规模达17万亿美元，ETF则为2.5万亿美元，封闭基金和单位投资信托仅3 000亿美元。共同基金几乎覆盖了全部主流资管产品细分类别，除包括部分直接投资于ETF的共同基金外，还包括股票基金、债券基金、货币市场基金、大宗商品基金、房地产基金和混合型基金等。

三、股债配置较为均衡

以美国市场为例，共同基金和ETF管理的资产中约六成投资于股票资产，

两成投资于债权类资产，剩余部分投资于货币市场基金和另类投资基金等。美国资产管理行业不存在刚性兑付传统，共同基金出现早期即由投资者自负盈亏，机构的主动管理能力在市场竞争中得到充分锻炼，并进一步延伸到对债权类资产的主动管理。20 世纪 80 年代设立的 401K 计划为美国资本市场带来了源源不断的长期增量资金，同期迎来了 ETF 产品的大发展，长期资金以投资 ETF 的方式投资于股票市场，进一步推动了股债配置均衡发展。

四、资管行业具有全球化特征

美国市场的权益类基金和 ETF 配置美国国内股票和海外市场股票的比例约为 2∶1，债券类基金除配置美国国债、市政债券和公司债外，也有相当比例的资金投向外国政府国债、公司债和商业票据。美国前二十大资产管理机构均在全球市场进行了布局，它们除美国、欧洲、日本等成熟市场外，也在拉丁美洲、亚太等地区的新兴市场进行了布局，其中，贝莱德、先锋领航等机构已取得中国市场的私募牌照。

我国资管行业改革的顶层设计

基于我国资管行业面临的问题，结合境外资管行业的发展趋势，为促进资管行业健康蓬勃发展、丰富居民财富管理手段，我国资管行业可以进一步完善监管协调机制，引导中长期机构投资者入市，鼓励长期持有和发展指数化投资。

一、不断完善监管协调机制

第一，加强制度设计和执行环节的协调，减少监管套利行为。针对业务类型、资产结构、资金流向等方面存在较强相似性的资管业务和产品，采取实质大于形式的监管原则，基于产品的底层特征设置统一的监管标准，确保同类型产品在机构准入、展业要求、风控指标和执行力度等方面保持一致，消除监管套利的空间。第二，探索完善同类型产品的集中穿透监测机制。针对具有共同底层特征的资管产品，需要加强底层资产监测的监管协调。监管机构能够及时穿透监测资管产品的最终资金去向、存续期、杠杆水平、持有人类别和持有集中度情况，能够对不同风险因素进行动态压力测试，提前预警行业风险。

二、引导中长期机构投资者入市

第一，继续推动社保基金、保险资金等长期机构投资者资金入市。逐步松绑中长期机构投资者的投资渠道和规模比例限制，推动放宽社保基金和保险资金入市比例和范围；在此前放开理财产品通过投资各类公募基金间接入市的基础上，进一步丰富银行理财产品直接投资资本市场的渠道；推进将公募基金纳入个人税收递延型商业养老基金投资范围，促进个人中长期储蓄资金转变为公募基金的中长期资金来源；推进建设以长期投资业绩为导向的产品和机构评价体系。第二，通过优胜劣汰机制提升资本市场发展前景，增强其吸引力。打通多元化退市通道，结合发行上市基础性制度改革，完善强制退市相关标准，实现发行上市市场化、退市功能常态化；鼓励上市公司根据商业逻辑和发展前景自主退市，发挥并购重组主渠道作用，完善退出工具和退出方式。完善资本市场多层次体系建设，为机构投资者提供与内在风险回报相匹配的投资标的，不断提升资源配置功能。第三，推动提升资管机构投资管理能力。集中打造一批具有全球竞争力的本土资产管理机构，改变机构资金散户化、短期化现象，发展基于权益投资、面向机构客户的投资顾问业务，促进市场短期交易型存量资金向中长期资金转变。

三、鼓励价值投资和长期持有

第一，完善鼓励中长期投资的税收优惠政策。改进红利税制度，考虑在上市公司股息红利个人所得税按持股时间长短实行差别化税率的基础上，设立持有期限越长适用税率越低、上市公司分红率越高适用税率越低的制度，鼓励上市公司积极分红、投资者长期持有。第二，提升上市公司质量。压实上市公司监管，促进上市公司完善公司治理，提高监事、独董制度对上市公司股东和高级管理人员的内部制衡能力，减少上市公司盲目投资和再融资，提高上市公司财务数据有效性。第三，打破金融刚兑，逐步矫正资产错配机制。有序压减刚性兑付的存量债权型资管产品，在分类监管方面向具备主动管理能力的机构适当侧重，鼓励资管机构提高主动管理能力，逐步引导市场资金加配股票型产品，扭转股债配置失衡的局面。

四、积极发展基于价值投资的指数基金

同主动投资基金相比，指数基金具备成本低、管理透明、风险分散和易于复制等优势，既能满足养老基金、FOF 等机构标准化配置需要，也能满足主权基金等机构定制化配置要求，在我国有很大的发展空间，应予以积极支持，特别是应支持发展基于价值投资的指数基金。在指数投资中坚持价值投资理念，有利于国内投资机构形成多元稳健的价值投资风格，提高对上市公司基本面的研究能力，充分挖掘市场的投资价值，增加自身的透明度和公信力，改善国内资产管理的生态环境。

第六节　我国资本市场对外开放的设计和改革举措

本节将主要分析我国资本市场对外开放的现状和问题，梳理总结境外成熟市场与新兴市场开放的经验教训，提出我国资本市场相应的改革举措建议。

我国资本市场对外开放的现状和问题

资本市场对外开放是一个与国家经济、金融发展相适应、相协调，在

发展中逐步完善的进程。当前我国经济发生深刻变化，由高速增长逐步转向高质量发展，处在转变发展方式、优化经济结构、转换增长动力的攻关期，更需要结合我国实际来实施资本市场开放战略。我国经济真正融入全球经济体系是在2001年加入WTO以后，目前还属于典型的新兴市场，在全球经济分工中的地位有待进一步提升，金融业国际竞争力还不强，人民币还不是主导性的世界储备货币。资本市场对外资的开放是在现有相对严格的管控前提下逐步放开的，与成熟市场“先开放，再监管”的过程存在显著不同，面临着自身独有的问题。

一、资本市场相对薄弱

资本市场适应外资的制度环境、投资者结构和监管能力相对薄弱。

第一，资本市场体制机制和相应法律法规制度还不完善。科创板注册制处于试点阶段，尚未推广至A股市场其他板块；退市制度以财务指标、重大违法情形为主要标准，市场类指标和公司治理评价指标较少，“ST”制度下保壳可操作空间大；资本市场发育成熟度不够，一定程度上还不能完全适应大规模的外资进出；资本市场以及跨资本、跨货币市场的资金流动统计监测监控机制还不健全，对于外资投资资本市场产生的跨境短期资本流动还缺少集中统一的监测监控机制。

第二，我国A股市场具备较强的散户特征。我国股票市场散户交易活跃，贡献了A股市场80%左右的交易量，整体呈现追涨杀跌、炒小炒新的特征，交易风格不稳定、不成熟，易受市场传言干扰，投资分析和交易能力难与机构相抗衡。

第三，我国资本市场监管能力建设还存在与金融市场运行不相适应的方面。特别是系统的突发性危机应对机制还没有完全建立起来。我国资本市场金融杠杆水平仍较高，部分金融活动仍未能有效纳入监管，防范化解金融风险还面临一定压力。同时，我们也缺乏具有境外机构监管经验的国际化监管人才。

二、境外“热钱”带来风控挑战

境外“热钱”流动频繁，风险防控面临挑战。

第一，全球“热钱”规模庞大，流动频繁。截至2018年底，全球对冲基金规模高达3.6万亿美元，交易策略十分多样，广泛采用高频交易方式，利用复杂的计算机技术和系统，以毫秒级速度执行交易。对冲基金嗅觉灵敏，充分懂得股票市场运行规律，善于利用各国不稳定宏观因素进行套利。在1992年英镑危机、1994年墨西哥金融危机和1997年东南亚金融危机中，对冲基金都起到了导火索作用，它们利用各国宏观失衡和币值高估狙击套利，放大了金融波动乃至经济波动。

第二，防范国际游资投机炒作套利行为面临挑战。自2017年以来，通过沪深港通买入A股上市公司股票的资金规模逐渐攀升，它们集中买入贵州茅台、中国平安、美的集团等绩优蓝筹股，引发了一轮以价值投资为主导的白马股、消费股上涨行情。进入2019年，外资对A股走势的影响进一步增强，资本市场高度关注每日北向资金流向，不乏投资者跟随北向资金的流入流出进行同向操作。如何既能有效吸引国际机构投资者长期投资，又能防止国际游资投机炒作套利，是我国资本市场对外开放面临的一项重大挑战。

三、外资进入难监测

外资进入的渠道多样，尚未有统一的监测机制。

第一，难以鉴别境外资金的投资属性。监测外资投资我国资本市场情况面临渠道分割问题，一家外资机构可能同时通过QFII、RQFII、沪股通、深股通等方式交易境内A股，渠道越多，相关出资人实际信息越不好集中掌握，难以鉴别投资属性，也不能够及时追踪外资机构的总买总卖交易情况。

第二，难以合并监测单一投资者的资金流动。目前我国还缺乏外资参与资本市场交易的集中监测监控机制，所以难以对 QFII 账户、RQFII 账户、沪深港通账户、自贸区账户等外资账户合并监测，难以对外资参与交易所市场、银行间市场等的证券品种交易进行统一监测，难以对外资参与资本市场交易损益的资本流动进行监测监控，难以形成定期统计分析报告和风险监测预警机制等。这些都不利于集中统一管理和统计监测外资在境内的投资活动，更不利于监测国际资本流动。

四、境内机构开放程度尚低

境内机构走出去程度低，外资参与我国居民财富管理深度不足。

第一，境内机构走出去程度低。境内证券公司走出去以在 H 股上市或设立香港子公司的方式为主，以收购境外成熟金融机构为辅。从业务收入构成来看，我国境内机构境外收入占比小，说明走出去程度低，如 2018 年中信证券海外收入占比 15%、海通证券 28%、华泰证券 13%、招商证券 6%、国泰君安证券 7%和中金公司 20%，等等。

第二，外资投资境内资本市场的规模相对不大。根据央行公布的数据，截至 2019 年 6 月底，境外机构和个人持有境内股票资产规模为 1.65 万亿元，约占 A 股总市值的 3.1%，持有境内人民币债券 2 万亿元，约占我国债券总规模的 2.1%，说明外资投资我国资本市场的比例尚处于较低水平。而从美国市场的情况来看，截至 2018 年底，境外投资者持有美国国债金额约占发行总余额的 27%，持有美国上市股票市值占发行总市值的 15%，境外资金占比较高，不仅巩固了美国全球金融中心地位，还为科技创新提供了风险分散机制和丰富的资金来源。

境外新兴市场开放的经验教训

随着经济全球化浪潮的迭起，世界各国间的经济联系日益紧密，特别是20世纪80年代以来，金融自由化思潮推动了一大批新兴市场国家开放本国资本市场。这如同一把双刃剑，往往在起初促进这些国家经济发展，随后又导致其发生破坏性极强的金融危机。

一、盲目套用成熟市场经验规则代价巨大

近几十年来，新兴经济体大多是以出口导向型经济为主，在金融贸易谈判中较易妥协，盲目照搬发达国家制定的规则来改革本土市场，付出了沉重代价。例如，日本20世纪80年代先后签订"广场协议"和"卢浮宫协议"，放开日元汇率、降低国内利率，在国内出现泡沫经济的背景下，资本账户开放的5—10年内出现大规模资本净流出，国内金融体系变得极度脆弱；墨西哥为加入经合组织和北美自由贸易协定，在经济社会关系尚未处理好且出现结构性失衡的阶段，贸然实施资本项目完全开放，催生股市泡沫并引发其后的金融危机，等等。

二、短期投机资本大规模进出资本市场催生金融危机

西方发达国家过剩资本的流入和外逃往往都是推动各经济体资产泡沫形成和破灭的重要因素，特别是短期投机资本快速放大了波动率，对资本市场的发展弊大于利。日本20世纪60年代起逐步推进证券市场开放，外资大规模进入加快了股票市场泡沫的形成与放大，日经225指数先是从1970年的2 000点上升至1989年底的38 957点，之后对冲基金频繁交易导致日本股票市场产生巨大波动，资本大规模流出加剧了泡沫破裂的速度，仅两年时间日经225指数骤降至15 000点，之后陷入长期衰退。拉美国家资本市场开放初

期，资本流入导致各国汇率升值，为短期投机者提供了巨大的套利空间。随着各国经济放缓以致金融危机爆发，国际资本大规模迅速撤出。1994 年至 2001 年期间，阿根廷至少有 70% 到 80% 的 FDI（外商直接投资）流出，导致 2001 年末阿根廷金融危机全面爆发。1994 年墨西哥金融危机爆发期间，资本外逃金额高达 250 亿美元，占该国 GDP 的 9%。巴西也由于外资在 1994 年危机爆发时的大规模出逃，导致股票指数下挫 62%。亚洲金融危机爆发前，韩国、马来西亚、菲律宾和泰国的国际资本流入急剧增加，1989 年至 1992 年每年净流入的国际资本相当于这些国家 GDP 的 1.8% 左右，1992 年后进一步上升至 6.4%，而同期发达国家仅为 0.6%；危机爆发后，国际资本迅速流出亚洲地区，1997 年第三、四季度和 1998 年第一季度共流出 632 亿美元，1999 年上半年流出规模增加至 2 705 亿美元，给金融体系造成巨大冲击。

三、新兴市场受成熟市场货币政策影响较大

从拉美债务危机、亚洲金融危机再到 2018 年起新兴市场出现的货币危机来看，危机爆发均与美联储的货币政策周期密切相关，反映了国际资本的投机性和顺周期性。在 20 世纪 80 年代拉美危机期间，为应对石油危机带来的物价上涨，美联储将联邦基金利率由 4% 调升至 20%，国际资金由新兴市场回流至美国，美元指数快速上涨 1 倍，墨西哥、阿根廷等依赖外债借贷的国家经历了快速资本流出和货币贬值，难以偿还外债，国内货币条件加剧紧张。亚洲金融危机也是在美联储逐步收紧货币政策的过程中引发的，美联储将联邦基金利率由 2003 年的 1% 提高至 2006 年的 5.25%，国际资金流向出现改变，泰国由于维持长期的经常账户逆差、高度依赖外债而出现了资本流出和货币贬值，经济遭遇重创。2018 年以来，新兴市场货币遭遇了持续贬值，土耳其里拉兑美元、阿根廷比索兑美元大幅贬值，也和美联储自 2015 年底以来

的逐步加息密不可分。

四、适当管控外资能够促使资本市场回归平稳

从新兴经济体资本市场开放进程来看，对境外资本进行管制是保障本土金融市场平稳运行的重要前提。以我国台湾地区资本市场开放经验为例，1980 年前严格限制外国资本的进入，80 年代中期逐渐放宽对资本市场的管制，但仍对外国投资者进入本地市场设下许多限制，台湾地区市场在亚洲金融危机中未受到太大冲击。2000 年后，台湾地区开始解除对国际资本的管制，放宽进入门槛，然而受到科技股泡沫破裂、本土资金外流的影响并未取得预期成效，台湾地区经济自 2000 年后逐渐下滑。以韩国市场为例，韩国资本市场在 1997 年前已全面放开，外国投资者参与债券、股票市场均无限制，然而过度依赖银行体系和积累过多短期外债使韩国受到了 1997 年亚洲金融危机的侵袭。危机过后，韩国政府开始积极管制国际资本，降低外国资金对资本市场的影响，同时引进外国银行来增强国内金融机构竞争力，韩国经济于 2000 年后进入稳定成长期。2008 年金融危机爆发后，韩国金管局出台的政策专注于阻止热钱流入以及抑制短期外债激增，促进了金融市场平稳运行。

我国资本市场对外开放的顶层设计

综合来看，建议从以下几方面完善我国资本市场对外开放过程中的制度建设，加强风险监测监控和防范预警机制建设。

一、逐步建立统一的外资账户制度

研究实施统一的外资证券账户管理机制，同一境外机构投资我国证券市场，只需要在境内证券公司开户，通过该账户进行集中统一买卖。账户应当添加外资标识，便于对其进行统计监测监控；外资机构以金融产品形

式投资境内证券市场的，需要申报产品实际出资人信息，使同一出资人的持仓信息能够被掌握；加强事中事后监管，一旦发现外资账户存在市场操纵、扰乱市场交易秩序、洗钱行为，可以对相关账户采取暂停交易、冻结或罚没等手段。

二、建立短期投机资金大进大出的应对机制

在开放外资投资资本市场的过程中，可以根据国际金融形势、我国市场容量、投资者结构特征等逐步开放投资比例限制；对于外资在我国证券市场的大额交易活动，采用透明的事前申报制度；优先引进养老基金、保险资金等长期机构投资资金；审慎放开外资参与投机性质的衍生品交易，避免国际投机资金对正常经济、金融活动的冲击，等等。

三、穿透监测外资入市的杠杆和规模

立足外资统一账户体系，建立独立的第三方集中统一监测监控机制，确保能够及时准确掌握外资投资我国资本市场的最新情况和风险动态；监测外资账户的跨市场、跨品种、跨期限等的交易行为，针对国际对冲基金惯用的高频交易、跨期套利、攻击汇率、沽空期货等手段，重点监测跨市场、跨品种、跨期限交易组合行为，防范市场风险；建立重点监测名单制度，重点监测交易规模较大、持仓市值规模较大的账户，追踪这些账户的资金流动情况，等等。

四、引导境内外机构规范参与竞争

第一，引入外资证券经营机构的过程，应以增强我国金融服务实体经济能力、提升金融行业经营效率和风险管理水平为导向。外资证券经营机构在境内展业应以服务我国居民部门为主，丰富我国居民部门的财富管理和对冲

手段，让财富配置重心由传统的银行存款和理财向资本市场转移，既提升外资机构参与我国财富管理市场的深度和广度，又促进我国居民财富合理配置。第二，境内证券公司在“走出去”的过程中需要有完善的风控措施，境内母公司需要严格把控子公司的业务规模和风险。应加强对子公司开展新业务的管控，审慎确定业务额度；加强对子公司业务的稽核审计，及时处理风险事件；加强对各类风险敞口的评估分析，及时对冲风险，等等。

我国资本市场正处于新兴市场向成熟市场转轨的阶段，既面临难得的发展机遇，也存在不少风险和挑战。“规范、透明、开放、有活力、有韧性”十二字方针既涵盖了成熟市场制度设计的优点，又充分考虑了我国市场的发展阶段和现实情况，既简洁凝练、朗朗上口，又内涵丰富、意义深远，具有十分强的针对性、指向性，是新时代资本市场改革发展的根本遵循。总的来看，只有一级市场发行定价充分市场化，二级市场运行与上市公司价值紧密同步，中长期机构资金占据市场主导地位，资本市场对外资开放与风险防范有机平衡，证券中介机构成为直接融资体系的中坚力量，资本市场才能不断呈现出规范、透明、开放、有活力、有韧性的前景。

第三章 新股发行注册制的比较研究[①]

① 本章内容创作于2019年11月。

境外成熟资本市场主要采用注册制发行股票，其中美国资本市场和我国香港地区资本市场是典型代表，特别是美国资本市场，云集了一批如微软、亚马逊、苹果、谷歌、阿里等具有全球影响力的优质上市公司，在推动企业发展的同时也创造了巨额财富，研究其股票发行制度对于我国注册制改革具有重要参考意义。本章将从审核制度、审核流程、审核机构、信息披露要求等方面考察美国和中国香港地区股票发行上市有关情况。

第一节　美国和我国香港股票发行制度

美国新股注册发行和上市审核制度

美国证券发行上市制度经过一百多年的发展，形成了以美国证券交易委员会、州证券监管机构和各交易所为审核主体，以信息披露形式审核为主、实质性审核为辅的发行上市审核制度。在美国，新股发行审核与上市审核彼此独立。发行审核由美国证券交易委员会（SEC）和州证券监管机构负责，上市审核由交易所完成。

一、审核制度及其特征

完整的美国 IPO（首次公开募股）发行审核实行“双重注册制”，即在联邦制的宪政结构下，证券公开发行一般必须在联邦与州两个层面同时注册。联邦层面SEC以信息披露的形式审核为主，而各州证券监管机构审核侧重点各有不同，部分州只进行发行注册资料的备案，部分州只进行信息披露的形式审核，还有部分州带有实质性审核的内涵。1996年《全国证券市场促进法》颁布后，在纽约证券交易所（NYSE）、美国证券交易所（AMEX）、纳斯达克全球市场（NASDAQ）、SEC认为上市标准达到了交易所标准的其他全国性证券交易所上市或授权上市的证券和只固定销售给某些机构投资者的股票可以豁免州的注册义务，只需在联邦层面的SEC进行即可。该审核制度主要有以下5个特征：

一是SEC与交易所分别独立负责发行审核和上市审核。美国由SEC和州监管机构负责证券发行审核，各交易所负责上市审核，各自独立操作，双方不会就审核中的问题交换意见或进行协商。一方面，交易所认为符合上市条件的证券，SEC并不必然要批准注册登记；另一方面，交易所也有权对已通过发行审核的证券在发行人申请上市时进行否决。发行人也可以在通过发行审核而尚未上市前，临时改变上市地点。

二是SEC发行侧重形式审核，交易所上市侧重实质审核。SEC对新股发行的审核是以信息披露为基础的形式审核，基本要求是真实、可靠、相关、及时，突出特征是审核机构不对发行人进行价值判断，审核重点是发行人是否符合信息披露规则，包括信息披露方式是否合规，披露内容是否齐全，披露格式是否符合要求，财务报表是否符合会计准则等形式上的内容，其他诸如定价、配售等事项由市场自行决定。

美国各交易所审核侧重于实质审核，审核重心包括发行人是否满足交易所上市标准中规定的各项财务指标和存在的可能影响普通投资者投资决定的“实质性”要素，例如股权结构、财务数据、公司治理等。对于非美国的公司，还要额外重点审查股权投资的子公司、本国监管机构的监管记录以及税收、会计、外汇管制等内容。以纳斯达克为例，上市审核意见主要集中于是否满足上市标准中的数值要求及公司治理等合规性要求。纳斯达克3个板块即全球精选市场、全球市场和资本市场各有4套、4套和3套上市标准，这些标准在权益规模、营业收入、做市商数量等方面的要求各不相同，审核人员需仔细审核发行人材料中的内容是否满足上市条件中的数值要求。在公司治理方面，审核范围包括发行人是否拥有合理的董事委员会结构、是否对某些利益冲突行为设置“防火墙”以及投票权等问题。

三是审核过程公开透明。除非是新兴成长企业采用秘密递交程序，否则注册文件（包括随后的修改稿）在SEC收到的同时，即在SEC网站上公开。除了某些需要“保密处理”的条款外，SEC与投资者均能看到这些注册文件。此外，SEC的审核意见函和发行人的回复函也会在注册文件生效45天后公布在SEC网站上，供公众查阅。

四是审核节奏稳定高效。由于审核过程公开透明，注册文件生效需要的时间也就可以预期。在审核方面，SEC表现得相当高效，如果无重大问题，平均约90天的时间就会出具新股发行注册函。在注册文件生效时间方面，尽管《1933年证券法》第8条规定注册文件在递交日起20天后自动生效，但实务中20天内就完成审核的可能性不大，现实中发行人是通过向SEC发出提前生效的申请来实现注册文件生效的。为应对阶段性申请暴增的情形，SEC也推出了延期审核（Deferred Review）、粗略审核（Cursory Review）和概要审核（Summary Review）等非常规的审核方法，以解决注册文件突然大幅增加的问题，极大地提升了审核效率，加快了IPO速度。自成立以来，SEC未因注册文件数量众多、审核人员数量有限、外部环境不利等原因放慢过审核速度。因此，发行人总是可以对SEC的审核节奏形成稳定预期。在交易所审核方面，纳斯达克的上市审核通常需要4到6周完成。一般纳斯达克在收到发行人材料之后的3周内，会完成初轮审核并向发行人反馈审核意见，且上市审核人员通常只提出一轮审核意见，发行人认真答复这些审核问题即可完成上市审核过程。

五是设置了申诉环节。在发行审核申诉方面，如果发行人不同意 SEC 审核人员的结论，可进行申诉。如果发行人不理解某条审核意见或者目的，发行人可在回复前依次与审核员、复核人员进行沟通。发行人也可自由地寻求更高级别的申诉。如果发行人拟对法律或行文相关披露方面的审核意见进行申诉，可依次向法律主管、总监助理、分管发行审核办公室的副总监、（代理）总监申请申诉。如果发行人拟对会计或财务信息披露相关的审核意见进行申诉，可依次向会计主管、首席会计师高级助理、公司融资部的首席会计师申请申诉。申诉申请既可以采用口头形式也可以采用书面形式。在交易所上市审核申诉方面，如果上市审核未被交易所通过，发行人可向听证会小组进行申诉。听证会小组成员主要由学者、会计师、审计师、公司高管、投行人士等非纳斯达克工作人员组成。只有在某些必要情况下，审核人员才参与听证会。

二、审核流程

审核分为 7 个阶段，审核周期一般在 6 个月以内。

第一阶段，发行人准备注册资料并向 SEC 公开呈送。美国本土发行人和外国发行人分别按照 S－1 和 F－1 表格，会同聘请的投资银行、律所等中介机构，准备拟向 SEC 公开提交的注册文件，拟提交的注册文件会经过聘请的独立会计师审核。与此同时，发行人会同 SEC 企业融资部召开“碰头会”，就发行进行初步沟通交流，事先获得 SEC 企业融资部倾向性意见和解决初步问题的指导性建议。

第二阶段，发行人向 SEC 和交易所公开呈送注册资料。发行人正式向 SEC 公开呈送注册资料，并须历经 20 天的法定冷却期，注册材料将在 SEC 网站公开，供投资者查阅。根据2012年《创业企业扶助法案》（Jumpstart Our Business Startups Act of 2012，JOBS）要求，美国新兴成长型公司可有条件地向SEC非公开性提交注册文件。与此同时，发行人会同时向其选定的交易所提交申请，申请文件的主要内容相同，但会根据交易所的具体要求有所区别。以纳斯达克为例，上市审核的流程始于发行人提交发行材料及各种表格，包括汇总信息、创建账户、完成申请、与上市服务专员联系4个步骤。纳斯达克将各表格模板列示于纳斯达克上市中心网站，发行人需下载、填写并提交，表格主要包括上市协议、公司治理认证表、标识提交表等。

第三阶段，SEC对注册文件做形式审核，交易所对资质等实质要素进行审核。SEC企业融资部下属的相关行业审核办公室负责审核注册文件，审核采用以信息披露为核心的多轮反馈制度。在每一轮中，SEC审核小组依托其律师、会计师、分析师和行业专家的专业能力，综合判断发行人是否就重要信息进行详尽披露以及信息披露的质量，并针对信息披露内容提出反馈修改意见，向发行人出具书面意见信。交易所在收到注册文件后，也会对注册文件进行审核。

第四阶段，SEC对发行人进行问询，督促发行人完善信息披露。发行人收到SEC书面意见信后，通过书面方式在20个法定工作日内对反馈意见进行答复，针对适用的意见对注册文件进行修改或补充，针对不适用的意见进行解释。SEC会进行多轮问询和反馈，直到认为发行人信息披露达到披露标准后不再反馈新的意见。当发行人未在规定时间内对问询进行反馈时，被视为终止申报；当SEC在多轮反馈中发现发行人信息披露存在重大问题时，可发出“中止命令”。如果发行人不同意SEC审核人员的结论，可以口头或者书面形式进行申诉。与此同时，交易所发现招股说明书中存在任何不实陈述或遗漏，可采取相应调查措施，并发出暂停注册效力的停止令。如果上市审核未获通过，发行人可向听证会小组申诉。

第五阶段，SEC出具新股发行注册函。在确认对注册文件不再有反馈意见后，SEC会出具8－A12B文件即新股发行注册函，同时，SEC会将该文件副本送达发行人选择的交易所。

第六阶段，发行人路演和定价配售。发行人会印制红鲱鱼招股说明书并开始路演、定价配售。配售结束后，发行人会向SEC递交含有发行价格区间的修改后注册文件。

第七阶段，SEC出具注册文件生效函。配售结束后，发行人会向SEC递交含有发行价格区间的修改后注册文件。在收到该文件后，SEC会出具注册文件生效函，表明SEC同意注册发行的新股生效，其审核意见函和发行人的回复函会在注册文件生效45天后公布在SEC网站上。拿到注册生效函之后，发行人会尽快安排IPO。上市后，发行人要向SEC递交含有最终发行价格的424B4文件（即招股说明书终稿）。实务中，大多数发行人会选择生效函出具后的下一个交易日在交易所上市，并在上市当日向SEC提交424B4文件。

三、审核机构

首先，美国发行审核的主体是SEC企业融资部下属的相关行业审核办公室。美国新股发行的注册文件等资料的审核工作由SEC的企业融资部负责，部门员工中有80%为发行审核人员。发行审核工作由企业融资部下设的11个审核办公室完成，各个办公室分别负责审核对应的11个细分行业①，配有25—35位审核人员。审核业务分为法律和会计两条线，注册文件经由主要审核人员——雇员律师和雇员会计师审核之后，还会由复核人员对审核意见反馈函进行二次审核，以便控制审核质量。

---

① 这11个行业分别是健康和保险，消费品，信息技术和服务，自然资源，交通和休闲，生产和建筑，金融服务，房地产与商品，饮料、服装和开采，电子产品和机械，通信。

各办公室审核人员专业化水平普遍较高。审核人员主要由具有执业经验的律师和会计师组成，既有很强的专业知识，又有丰富的行业经验。审核人员虽然未必有行业背景，但由于各办公室审核工作长期集中于某个行业，一般都具备了较丰富的行业知识，能够对注册文件进行针对性强的审核和问询，有利于督促发行人在会计、法律和专业技术等方面充分揭示风险，提高审核质量和效率。

其次，美国上市审核的主体是各交易所相关审核部门。美国主要的交易所包括纳斯达克证券交易所、纽约证券交易所、美国证券交易所和一些区域性交易所，例如太平洋证券交易所、费城证券交易所、中西部证券交易所等。上市审核分别由各个交易所相关审核部门负责，例如纳斯达克上市审核工作由专门的上市资质审核部进行；纽约证券交易所上市审核工作由财务审核、公司治理审核和股权结构审核等部门进行，最终审核结果由不同管理部门人员组成的“上市与合规性委员会”投票决定，纽约证券交易所的审核部门都隶属于交易所的非营利分支，保证了审核的客观性和中立性。

美国新股发行信息披露要求

信息披露贯穿于美股发行上市的全过程，其制度规范主要分为美国国会颁布的有关法律、联邦层面 SEC 就证券发行制定的各种信息披露的规则和规定以及交易所层面各个交易所制定的有关上市信息披露的规则。

一、规范注册文件信息披露的内容和格式

从注册文件内容和格式来看，SEC 制定了多个条例规范注册文件的内容和格式。第一，财务信息上的规则。《S－X 条例》规定了上市公司财务信息披露的内容与格式，《S－X 条例》规定了上市公司财务信息披露的内容与格式，共 12 条 106 款，除条例的运用范围、会计师资格及会计报告、适用规则

等一般性规定外，主要对一般财务报表、合并财务报表、期中财务报表、预测性财务信息等的内容和格式进行了规定，以及对商业和工业企业注册投资公司、保险公司、银行控股公司、职工购买股票、储蓄及其他计划等不同主体或活动财务信息披露的内容和格式进行了规定。1982 年制定的《财务报告编报公告》和《会计、审计执法公告》为上市公司财务信息披露规则、实施细则以及其他会计审计提供了实务方面的具体指南；1975 年，SEC 首席会计师办公室和公司融资部发布《首会办会计公告》，是一份非官方的有关会计实务的解释性公告文件，说明和解释了 SEC 在监督和管理联邦证券法的实施时所奉行的财务信息披露要求，是 SEC 工作人员在执行和管理证券法时所表达的自已的观点。此外，财务报表信息披露要符合美国公认会计原则。第二，非财务信息上的规则。《S－K 条例》规定了上市公司非财务信息披露的内容与格式，具体包括一般准则、企业概况、证券发行登记、财务信息、公司高级管理人员及其持有证券情况、申请上市登记表及招股说明书、附件、杂项、行业指南、前期滚动事项等。《S－X 条例》《S－K 条例》适用于以书面形式向美国 SEC 提供的注册资料，《S－T 条例》适用于以电子形式向美国 SEC 提供的注册资料。

二、注册资料的信息披露内容详尽完备

从信息披露的内容来看，上市初次信息披露主要通过注册登记说明书和初步招股说明书进行，重点体现在注册文件 S 表和 F 表上。S 表填写美国本土发行人向 SEC 注册登记的信息披露内容，F 表填写外国发行人向 SEC 注册登记的信息披露内容。具体来看，注册登记说明书分为两个部分，具体包括第一部分招股说明书和第二部分非公开信息。第一部分招股说明书主要内容包括发行人、发行证券和中介机构信息。其中，发行人方面内容包括发行人基本信息、业务概述、行业情况、风险因素、财务数据、管理层的讨论和分析

信息、法律诉讼情况等；发行证券方面内容包括证券要素信息、募集资金投向、承销计划说明等；中介机构方面内容包括承销商基本信息和专家信息等。此外，还有交易所要求提供的其他信息。第二部分非公开信息不要求向公众披露，但需在SEC备案。其主要内容包括发行和销售的各种费用、对管理层及董事信誉的保证及保证文件、最近3年内销售的未经注册登记的证券的情况及一些其他资料，如附属子公司名单、承销协议、公司章程及其细则、重要合约的复印件等。

三、审核问询覆盖面广泛且过程公开透明

从审核问询来看，问询覆盖面广泛且问询过程公开透明。SEC的审核意见主要集中于会计、法律、发行人特定的非系统性风险因素、发行结构、公司治理等方面。其中，会计方面意见主要集中于财务报表、股权激励、关联交易、或有损失的计算等重要事项以及对财务报表的潜在影响；法律方面意见主要集中于VIE（可变利益实体）结构、诉讼等法律风险提示；发行人特定的非系统性风险因素主要集中于生产经营、研究与开发、专利技术、政策影响等个性化风险。除此之外，有较少数反馈意见还包括特定贷款契约的合规问题、高管的薪酬安排、直接配股计划、曾经收购或将要收购公司的财务数据等。整个问询过程是公开透明的，全程通过电子化信息平台EDGAR系统进行。

四、重视特定风险因素披露

美股尤其重视风险因素披露，风险披露显著、全面且针对性强。美股的招股说明书会在首页注明“投资该标的股票有风险”以及风险因素披露在招股说明书的起始页数，方便投资者直接定位到风险因素披露部分。此外，美股风险披露部分普遍占招股说明书的篇幅比重为10%左右。以有代表性的中

概美股阿里巴巴和百度为例。阿里巴巴提交的F－1最终版正文部分总计篇幅为319页，其中风险揭示部分占43页，比重约为13%。百度提交的F－1最终版正文部分总计篇幅为146页，其中风险揭示部分占23页，比重约为16%。两个公司披露的风险因素不仅包括上市企业普遍面临的风险，也包括上市公司面临的特定风险，全面覆盖了宏观经济风险、政策风险、法律法规风险、市场供需风险、公司经营策略风险、声誉风险、品牌使用权丧失的风险、国际业务拓展的风险、竞争对手风险、企业文化维持的风险、人才流失的风险、知识产权方面的风险、自然灾害等外部事件风险、投融资风险、组织框架风险和全球发售方面的风险等，并在每一个风险点下端都进一步细化剖析，用简单易懂的语言逐条列明潜在风险。

我国香港新股注册发行制度

在我国香港地区，股票公开发行后即可在香港交易所（以下简称“港交所”）上市，即首次公开发行与上市是统一的。

一、审核制度及其特征

香港股票发行上市实行高度市场化的“双重存档制”，即发行申请需接受香港证监会和港交所的双重审核，其中，港交所承担主要审核工作，香港证监会具有最终否决权。根据香港《证券及期货条例》的相关规定，香港证监会具有审核企业上市申请的权力。2003年，香港证监会通过签署备忘录文件，将上市审核权下放给港交所，仅保留证券发行和上市申请的否决权，并监督港交所是否依法行使审核权，同时拥有法定的调查及执法权。根据该备忘录的规定，证券发行人在将上市申请文件提交给港交所后，须将同一份文件副本送交香港证监会存档。实际操作中，证券发行人一般通过向港交所授权，由其将文件副本报送香港证监会。香港地区股票发行上市审核具有以下特点：

一是实行保荐人制。发行人的上市申请需通过保荐人向上递交，保荐人作为专业人士对所推荐的发行人披露的信息质量和所做承诺进行审慎核查，并做持续训示、督促、辅导、指导和信用担保，以履行其作为市场看门人的职责。香港法律对保荐人在信息披露、尽职调查等方面的责任有明确规定。例如，保荐人如果主观上明知或不顾后果地批准发出载有不实陈述或重大遗漏的招股章程，且不实陈述或重大遗漏对投资者具有重大负面影响的，则保荐人有可能承担民事和刑事责任。

二是香港证监会与交易所工作衔接顺畅。香港证监会做原则性的形式审核，其审核的重点在于申请材料是否符合《证券及期货条例》及其配套规则的规定，关注招股说明书的整体披露质量及该证券的发行上市是否符合公众利益。审核主要集中在信息披露是否完全、是否有欺诈或者非法关联交易等违法行为。实际操作中，香港证监会与港交所会充分沟通协调，极少出现前者否定后者决定的情况。

三是设立多重标准增强企业上市包容性。从港交所上市条件来看，主板设有一定盈利能力要求，比较适合具有一定规模的成熟型企业上市；创业板对财务要求比较宽松，适合正处于成长期的创业类公司上市。主板根据不同的财务要求设置了 3 套上市标准，除了公众持股占比、股东数、管理层稳定性等硬性要求以外，符合盈利测试、市值/收入测试、市值/收入/现金流量测试3 项中任何1 项即可在主板上市。创业板设有1 套上市标准，除了对公众持股占比、股东数、管理层稳定性等有要求以外，还需满足市值不低于 1.5 亿港元、近 2 年现金流不低于 3 000 万港元的要求。港交所上市条件多样化增强了企业上市的包容性。

四是审核过程透明高效。港交所通过多种方式，力求确保上市流程公开透明和可预期。第一，港交所在其官网公开有关上市事宜的各项规则与指引，包括“常问问题”“上市决策”“诠释函件”“指引信”等多种形式，并且及时更新。第二，实践中，港交所将相关职员的联系方式包括 IPO 之前的咨询联系人、IPO 之中的联系人以不同方式告知发行人及其保荐人，同时公开上市科内负责上市公司（主板及创业板）的组别及联系人，鼓励发行人及其保荐人就疑难事项尽早提出咨询。第三，港股发行上市的审核周期一般为 3 至 6 个月，平均为 4 个月，审核周期较短、可预期，且从未出现“IPO 暂停”的情形。

二、审核流程

香港法律规定证券发行方必须有保荐人来协助上市，由有资格的保荐人（通常是投资银行）推荐符合条件的公司公开发行上市，并对发行人披露的信息质量和所做承诺进行审慎审查，做好尽职调查。此外，还需聘请法律顾问负责确保新申请人遵照各个相关司法管辖区的法律，聘请会计师事务所负责审核公司的财务记录及财务状况等。证券发行人在委任保荐人、法律顾问、会计师事务所等专业中介机构对其进行评估，并筹备招股章程等相关材料之后，主要经历以下 4 个阶段的审核流程：

第一，发行人向港交所提交申请材料，港交所上市科对相关材料进行初审并反馈意见。保荐人需代发行人向上市科提交上市排期 A1 申请表（主板申请表格）或者 5A 申请表（创业板申请表格）和招股章程初稿，如上市申请的资料大致完备，上市科会确认收悉，并在网站登载。港交所须于下一工作日结束前将申请材料副本送交香港证监会。之后，上市科一般在 15 个交易日左右，对申请材料进行详细审核，以评估公司是否具备上市资格、是否适宜上市、业务是否可持续等，并给出首轮审核意见，保荐人必须对审核意见做出完整详尽的回复。此过程将往复几轮，直到上市科无新的意见反馈。若上市科驳回发行人申请，发行人可依据《香港联合交易所有限公司证券上市规则》（以下简称《香港上市规则》）2B. 05（a）条款，将该项裁决提交上市委员会复核。

第二，上市委员会审阅上市申请材料和上市科聆讯报告后对发行人进行聆讯。聆讯前上市科会按照内部格式，针对企业各方面内容向上市委员会和香港证监会同时各提交一份上市聆讯报告，内容大致是招股章程的一些细节内容，再由上市委员会基于报告进行审批。正式聆讯前香港证监会须与港交所上市科进行充分沟通，并提出意见、建议。聆讯阶段主要是上市委员会在审阅上市科报告的基础上对上市申请人和保荐机构进一步提问，以确定申请人是否适合进行首次公开招股。在做出最终裁决之前，上市委员会须与香港证监会充分沟通，以确认其是否否决发行申请，若不否决则需由其出具无异议函。

第三，港交所通过聆讯信函公布审核结果，发行人公开聆讯资料集等相关资料。聆讯结束后，上市委员会将向发行人出具聆讯后信函，信函中包括是否通过聆讯等内容。同时，港交所会要求发行人尽快将聆讯后资料集在港交所网站“披露易”栏目公开。若审核通过，发行人即可公开发行股票。若审核未通过，发行人可依据《香港上市规则》2B. 05（b）条款，将该项裁决提交上市复核委员会进一步复核。

第四，申请人发布公开招股章程，完成新股配售并进行上市交易。保荐人将协助发行人完成招股说明书编写、路演并完成定价配售。由于香港 IPO 的发行审核和上市审核的区分并不明显。因此，新股配售完成后发行人即可提交 C1 申请表格等材料，申请在港交所上市并进行买卖。港交所不对上市申请做过多审核，但在出具审核意见之前需再次同香港证监会沟通意见以确认其是否否决发行人的上市申请。审核通过后，发行人股票即可上市交易。

三、审核机构

一是香港证监会在市场监管方面及上市审核的若干范畴扮演着领导角色。

此外，在涉及企业失当行为个案中，香港证监会通过行使法定调查及执法权力，肩负起同港交所相辅相成的角色。香港证监会认为有必要的，可以要求申请人在自副本存档日起计的10个交易日内进一步补充材料。若其认为申请材料存在误导性陈述或虚假信息等情况，可驳回企业的上市申请。审核过程中，香港证监会会多次与港交所沟通协调，并对上市委员会的聆讯工作等提出意见、建议。香港证监会每年就港交所监管上市工作进行检讨并公布结果。

二是港交所是新股发行上市的主要审核机构。新股发行上市具体审核的主要部门是港交所下设的上市委员会。实际审核时，上市委员会将部分审核权限授予上市科，上市委员会与上市科共同完成发行上市审核。当发行人的上市申请遭拒绝或上市资格被取消时，由上市复核委员会负责复核。以下就上市委员会、上市科、上市复核委员会做具体介绍。第一，上市委员会。根据《香港上市规则》2A. 17的规定，上市委员会需至少由28名委员组成，包括最少8名上市提名委员会认为能够代表投资者权益的人士；19名以适当比例提名的、能够适当代表上市发行与市场的从业人士，包括律师、会计师、企业融资顾问等高级人员；交易及结算所行政总裁。上市委员会的主要职能包括：审阅上市申请——主要关注“适合性”和“可持续性”；批准、驳回上市申请，或对上市申请提出前提条件；批准规则豁免申请；对新事项或非寻常事项提供指引；通过重要政策及《香港上市规则》修订。第二，上市科。上市科是所有上市申请人及其顾问的主要联络机构，现有75人，包括高级副总裁2名，副总裁44名。高级副总裁及副总裁提出关注要点，集中于上市资格、是否适合上市等；助理副总裁根据关注要点带领经理详细审阅上市申请资料。上市科的主要职能包括：审阅上市申请材料，并同申请人或其保荐机构就材料问题等充分沟通；对于新事项或非寻常事项，进行初期排查；在港交所网站登载申请版本；待材料补充齐备后，出具专项报告用于为上市委员会聆讯决策等提供支持。第三，上市复核委员会。2019年开始，港交所修改了上市委员会的复核架构，撤销了上市上诉委员会并将复核委员会成员扩充至20名，上市委员会的重大决定由两层复核改为一次复核。上市复核委员会为代表港交所复核上市委员会所做决定的独立委员会，完全由外界市场参与者组成，并且无现任上市委员会成员或香港证监会或港交所代表参与。其职能主要是受理发行人的申诉，并对上市委员会的审核意见进行复核。

三是上市政策小组是一个建议、咨询及督导平台。根据《联合咨询总结》，上市政策小组于2018年成立，该小组是一个建议、咨询及督导平台，供港交所和香港证监会就监管问题或市场上具有广泛影响的上市政策展开深入讨论。同时，上市政策小组也为双方就新股发行问题提供了一个沟通平台。上市政策小组由以下12名成员组成：证监会行政总裁、港交所集团行政总裁、证监会企业融资部两名高级行政人员、港交所上市委员会主席及两名副主席、证监会收购及合并委员会主席，以及港交所董事会及证监会董事局各两名非执行董事。成员以所属组织代表的身份出席上市政策小组的会议。上市政策小组的会议将定期或在有需要时召开。香港证监会行政总裁及港交所上市委员会主席轮流主持上市政策小组的会议。港交所制定条文规定上市委员会主席须就上市政策小组的讨论向上市委员会做出汇报，而上市委员会主席亦须定期征询上市委员会全体成员的意见，以便上市委员会的意见在上市政策小组会议上得到反映。

四、发行审核关注的重点

一是港交所与香港证监会审查的侧重点不同。依据《香港上市规则》和《公司条例》对发行申请人招股章程中关于公司业务、盈利能力、公司治理和股本数量等的具体规定，港交所对上市材料的形式审查相对多一些；而香港证监会审查的重点则在于上市申请材料是否符合《证券及期货条例》和相关附属条例的规定，即香港证监会着重审查公司招股书的整体披露质量及该公司证券的上市是否符合公众利益，其审查的重点更偏向于实质审查。

二是港交所作为一线审核主体，其审核重点是财务问题、业务发展和公司治理等相关内容。第一，经营数据、会计政策等财务问题是港交所上市委员会的重点关注领域，根据《香港上市规则》的相关要求，上市申请文件需额外披露重要收购前的财务资料，对于保险公司，还要在申请材料及招股书中附加精算报告。第二，商业模式与核心技术等业务发展相关问题也是港交所审核的重点。比如，为了更有效地了解生物科技行业，2018 年 5 月，港交所成立了生物科技咨询小组，必要时，港交所、上市委员会和香港证监会将向该小组咨询意见。第三，公司治理也是港交所审核的重要内容，其要求发行人需至少有 3 名独立董事，且必须至少占董事会成员人数的 1/3。此外，2018 年 4 月《新兴及创新产业公司上市制度》生效后，实行同股不同权架构的发行人也可以申请在港交所上市，其股权架构的设置问题也成了上市委员会的重要关注点。上述相关审核问询的反馈意见和结果均以聆讯资料集的形式在港交所网站“披露易”栏目上公布。

我国香港新股发行信息披露要求

香港新股发行信息披露制度规则体系完整、层次分明，信息披露要求严格，讲求针对性和完整性，尤其重视风险因素和重大交易信息披露。

一、信息披露制度规则体系

香港市场针对发行人或上市公司信息披露行为的规范性文件主要包括三个层次。第一层是香港立法局颁布的条例及其附属条例，主要包括《公司条例》《证券及期货条例》等；第二层是香港证监会制定的规则、守则，主要包括《证券及期货规则》《公司收购及合并守则》等；第三层是港交所制定的业务规则，主要包括《香港上市规则》《香港联合交易所有限公司创业板证券上市规则》

《股价敏感资料披露指引》等。从规范招股章程的主要文件来看，《证券及期货条例》简要规定了招股章程披露的内容，而《香港上市规则》附录一A部分对其进一步做出了详细完整的规定，最后通过上市委员会的审核意见、《简化股本证券新上市申请上市文件编制指引》等具体指导发行人编制招股章程。

二、信息披露要求

第一，审核问询中的信息披露。港交所的审核问询过程是发行人将以招股章程为核心的文件不断完善的过程。港交所上市科和上市委员会围绕公司盈利能力、财务数据、业务发展等相关内容的审核意见反馈以及发行人与保荐人做出的答复并未采取网上及时公布的形式，而是最终通过聆讯资料集的形式在“披露易”栏目上将审核问讯的相关信息进行集中公布。第二，招股章程中的信息披露。据《香港上市规则》及《简化股本证券新上市申请上市文件编制指引》等文件规定，招股章程中需披露概要及摘要、风险因素、行业概览、历史及发展、公司业务、财务资料与管理层讨论分析、适用的法律与法规、董监事及高级管理层、所得款项用途、申请表格等10项相关信息。

三、信息披露特点

第一，重视信息披露的针对性和完整性。根据《香港上市规则》规定，《招股章程》需载列让投资者评估发行人的业务、资产及负债、财政状况、管理、前景、盈亏及附有权益等状况所必需的全部资料。同时，依据《证券及期货条例》，香港证监会在审核过程中，也会着重监管发行人是否披露了所有投资者可能感兴趣的信息，并对发行人的信息披露做出补充要求。第二，重视对风险因素的披露。在香港招股说明书体系框架中，排在前面的内容主要是与发行相关的风险因素和前瞻性陈述等。香港监管机构特别关注发行中的风险因素分析，通过要求发行人详细叙述发行风险，让投资者在做出投资决策时有充分的信息作为判断依据。以鲁大师为例，其招股章程中的风险因素分析部分所占篇幅近10%，该部分不仅从政策、法律和行业等角度分析了其经营过程中的种种宏观风险，还详细披露了公司面临的特殊风险，包括对主要客户依赖的风险、产品更新迭代缓慢的风险、技术风险、品牌和信誉风险等。第三，重大交易信息披露制度较为严格。根据《香港上市规则》规定，发行人在申请上市阶段的招股章程中要详细披露重大交易前的财务数据，在其上市后发生的各种类型的交易，也必须进行资产比测试、盈利比测试、收入比测试、代价比测试和股本比测试5项测试，只要满足其中任一项测试结果要求即需要披露。

第二节　科创板注册制

我国科创板注册制的特征与流程

当前，科创板实行的注册制与主板的核准制相比，有以下几个明显特点：一是以交易所审核为主；二是以信息披露为中心；三是强化中介机构责任；四是强化事中事后监管；五是完善退市流程。科创板最大的进步是改变了主板实质上的行政审批模式，由实质性审核变为形式审核，把督促企业完善信息披露作为审核问询的重点，加大审核问询力度、强化事中事后监管。

一、审核架构

根据《关于在上海证券交易所设立科创板并试点注册制的实施意见》（以下简称《实施意见》）的规定，上交所负责科创板发行上市审核，证监会负责科创板股票发行注册并对上交所审核工作进行监督。各部门具体分工如下：

（一）证监会职责

证监会履行注册程序和监督交易所审核的职责。与主板不同，在科创板股票发行上市中，证监会虽然也审核，但审核重点不在注册文件，而是重点审核交易所报送的审核意见，审查交易所审核内容的完整性、审核程序的正当性以及发行人的发行条件和信息披露要求的重大方面是否符合相关规定。证监会认为存在问题的，可以要求交易所对发行人进一步询问，并最终决定是否同意注册。此外，证监会仍保留了注册否决权，对于在发行人上市审核、注册和新股发行过程中被发现存在重大违法违规嫌疑的，证监会可以要求上交所处理，也可以宣布发行注册暂缓生效，或者暂停新股发行，乃至撤销发行注册。

截至 2019 年 10 月末，向证监会申请注册科创板的公司有 63 家，其中证监会同意注册的公司有 60 家，不予同意注册的仅恒安嘉兴 1 家，另有 2 家公司主动要求撤回注册申请文件。

（二）上交所职责

根据《科创板首次公开发行股票注册管理办法（试行）》（以下简称《注册管理办法》）第十九条的规定，交易所设立独立的审核部门，负责审核发行人公开发行并上市申请；设立科技创新咨询委员会，负责为科创板建设和发行上市审核提供专业咨询和政策建议；设立科创板股票上市委员会，负责对审核部门出具的审核报告和发行人的申请文件提出审议意见。

根据以上规定，上交所设立了科创板上市审核中心（以下简称“审核中心”），负责科创板股票发行上市的具体审核工作；成立了科创板股票上市委员会（以下简称“上市委”），负责审议审核中心提交的审核报告及发行上市申请文件，接受复审以及提供咨询；成立了科技创新咨询委员会（以下简称

“咨询委员会”），为发行上市审核提供专业咨询、人员培训和政策建议。各机构职责如下：

第一，审核中心。审核中心负责统一审核标准，审批审核报告，明确交易所是否同意上市的建议。审核中心下设 4 个部门，分别是综合部、审核部（含审核一部、审核二部）和质量控制部。其中，综合部负责审核中心的组织协调工作，负责材料受理、文件流转、工作协调，以及上市委员会秘书处、科技创新咨询委员会秘书处的工作；审核部负责科创板股票发行上市审核工作；质量控制部负责对审核工作进行监督，承担中介机构监管职责，实施监管措施与纪律处分等工作。审核部是审核中心的核心部门，负责全面把关审核工作质量，审定问询函。审核部下设新一代信息技术、生物医药和高端制造 3 个行业小组，每个小组实行“双组长制”。每个审核小组下设 3 至 4 个审核单元。每个审核单元中有 2 名以上审核人员，至少包括 1 名会计专业和 1 名法律专业人员。

第二，上市委员会。为规范科创板股票发行上市审核工作，提高上市委工作质量和透明度，上交所制定了《上海证券交易所科创板股票上市委员会管理办法》（以下简称《上市委管理办法》）。根据《上市委管理办法》有关规定，上市委履行以下职责：（1）对交易所发行上市审核机构提交的审核报告和发行上市申请文件进行审议，就审核机构提出的初步审核意见，提出审议意见；（2）对发行人提出异议的交易所不予受理、终止审核决定进行复审，提出复审意见；（3）对交易所发行上市审核工作提供咨询；（4）对上市委年度工作进行讨论、研究。

上市委由交易所以外的专家和交易所相关人员组成，主要来自会计师事务所、律师事务所、高校、市场机构、证监会系统相关机构，以兼职为主，人数为 30—40 名。上市委委员每届任期两年，可以连任，但最长不超过两届。

上市委会议以审议会议为核心，同时包括复审会议、咨询会议和全体会议等其他类会议。上市委以召开审议会议的形式履行职责，每次审议会议由5名委员参加，其中，法律、会计专家至少各一名，参会委员应就审核报告的内容和发行上市审核机构提出的初步审核意见发表意见，并按少数服从多数的原则形成审议意见，审议意见包括同意上市发行、有条件同意上市发行和不同意上市发行。上市委通过召开其他3类会议持续改进审核质量，其中发行人对交易所不予受理、终止审核的决定提出异议的，上市委召开复审会议；对于涉及规则修订增补、具体共性的新情况新问题以及市场关注度较高的问题，上市委召开咨询会议；每年召开一次全体会议，讨论当年工作总结、对交易所发行上市审核工作的意见和建议、发行上市审核机构及相关部门提交的其他事项，全体会议须上市委二分之一以上的委员出席方可召开。

交易所对上市委委员进行考核监督，可以根据情节轻重对有关委员进行谈话提醒、批评或者予以解聘；交易所建立对上市委委员的举报监督机制，可根据调查结果对有关委员进行谈话提醒、批评或者予以解聘，涉嫌违法的，向中国证监会报告；交易所可将批评及予以解聘的相关信息公开，并报告中国证监会，通报有关自律组织。

第三，科技创新咨询委员会。为促进科创板建设和股票发行上市工作，上交所根据《实施意见》《注册管理办法》等相关规定，制定了《上海证券交易所科技创新咨询委员会工作规则》（以下简称《咨询委员会规则》）。根据《咨询委员会规则》有关规定，咨询委员会提供以下咨询：（1）交易所科创板的定位及发行人是否具备科技创新属性；（2）交易所《科创板企业上市推荐指引》等规则的制定；（3）发行上市申请文件中与发行人业务和技术相关的问题；（4）国内外科技创新及产业化应用的发展动态。

咨询委员会委员共40至60名，由从事科技创新行业的权威专家、知名企业家、资深投资专家组成，所有委员均为兼职。根据科技创新企业行业相关性，咨询委员会中设立不同咨询组别。咨询委员会委员每届任期两年，可以连任。

交易所根据工作需要，通过召开会议、寄送书面函件等方式，就具体咨询事项向咨询委员会相关行业委员进行咨询，咨询委员会委员应结合自身专长和所从事工作，认真阅研咨询事项以及相关材料，以个人身份独立、客观、公正地提供咨询意见。咨询委员会每年至少召开一次全体会议，总结委员会年度工作情况，提出委员会工作计划和意见建议。

二、审核流程

科创板股票发行上市需经历受理、审核问询、上市委员会审议、报送证监会、证监会注册和上市发行6个环节，各环节均公开透明。

（一）审核受理

上交所科创板股票发行上市审核工作实行全程电子化，申请、受理、问询、回复等事项均通过上交所发行上市审核系统办理。发行人通过保荐人以电子文档形式向上交所提交发行上市申请文件（申报稿），上交所收到发行上市申请文件后5个工作日内做出是否予以受理的决定。上交所受理的，发行人于受理当日在上交所网站指定渠道预先披露招股说明书及相关文件。

（二）审核问询

上交所审核机构自受理之日起20个工作日内发出审核问询，发行人及保荐人应及时、逐项回复上交所问询。审核问询可进行多轮。首轮问询发出前，发行人及其保荐人、证券服务机构及其相关人员不得与审核人员接触，不得以任何形式干扰审核工作。首轮问询发出后，发行人及其保荐人如确需当面沟通的，可通过发行上市审核系统预约。审核机构认为不需要进一步问询的，将出具审核报告提交上市委员会。上交所审核时限为3个月，发行人及其保荐人、证券服务机构回复交易所审核问询的时间不计算在内。粗略统计，一个企业上市要经过三轮问询，第一轮主要关注公司整体情况，第二轮可能聚焦企业财务状况及预期风险，第三轮重点关注企业重大事项等。

（三）审议

上市委召开会议对交易所审核机构出具的审核报告及发行人上市申请文件（上会稿）进行审议，与会委员就审核机构提出的初步审核意见，提出审议意见。上市委可以要求对发行人代表及其保荐人进行现场问询。上市委通过合议形成同意或者不同意发行上市的审议意见。

（四）报送证监会

交易所结合上市委审议意见，出具同意或不同意发行上市的审核意见。交易所同意的，将审核意见、相关审核资料和发行人的发行上市申请文件（注册稿）报送中国证监会履行注册程序。中国证监会认为存在需要进一步说明或者落实事项的，可以要求交易所进一步问询。交易所审核不同意的，做出终止发行上市审核的决定。

（五）证监会注册

中国证监会在20个工作日内对发行人的注册申请做出同意注册或者不予注册的决定。证监会认为申请文件对某些信息披露不充分的，会要求发行方进一步完善。

（六）上市发行

中国证监会同意注册的决定自做出之日起1年内有效，发行人应当按照规定在注册决定有效期内发行股票，发行时点由发行人自主选择。证监会同意注册但认为申请文件（注册稿）需要完善的，发行方应当按照证监会的要求完善招股说明书后方可上市发行。

我国科创板新股发行信息披露要求

信息披露贯穿科创板股票发行上市全过程，是注册制的核心，科创板发行上市审核过程中相关文件电子版均在上交所网站披露，同时在发行人面谈、上市委审议等环节均进行录音录像，体现了极高透明度。具体而言，在受理环节、上市委审议环节和报证监会注册环节，分别需要提交申请文件的申报稿、上会稿和注册稿，每一次提交的文件应当包含《招股说明书》《发行保荐书》《上市保荐书》《审计报告》和《法律意见书》，其中《招股说明书》是最重要的信息披露文件，是投资者了解发行人情况的直接依据。与《公开发行证券的公司信息披露内容与格式准则第 28 号——创业板公司招股说明书》（以下简称《第 28 号准则》）类似，证监会为了规范科创板首次公开发行股票的信息披露行为，制定了《公开发行证券的公司信息披露内容与格式准则第 41 号——科创板公司招股说明书》（以下简称《第 41 号准则》）。

一、《第 41 号准则》对于招股说明书的要求

科创板招股说明书一共分 13 节，重点包括风险因素、发行人基本情况、业务与技术、公司治理和独立性、财务会计信息和管理层分析、募集资金运用与未来发展规划、投资者保护等章节，与创业板招股说明书极为类似，但存在以下几个不同：

一是《第 41 号准则》更加注重投资者保护。《第 41 号准则》首次将投资者保护单独作为一节，除了显示出科创板对于投资者保护的重视，还丰富了相关信息披露的要求，与《第 28 号准则》相比增加了以下几项：（1）发行人

应披露投资者关系的主要安排，包括信息披露制度和流程、投资者沟通渠道的建立情况以及未来开展投资者关系管理的规划等；（2）发行人存在特别表决权股份、协议控制架构或类似特殊安排，尚未盈利或存在累计未弥补亏损的，应披露依法落实保护投资者合法权益规定的各项措施；（3）发行人应充分披露发行人的股东、实际控制人、董事、监事、高级管理人员、核心技术人员以及本次发行的保荐人及证券服务机构等做出的重要承诺、未能履行承诺的约束措施以及已触发履行条件的承诺事项的履行情况，包括股份锁定及延长锁定期限等承诺、股东持股及减持意向等承诺、稳定股价的措施和承诺、股份回购和购回的措施和承诺、对欺诈发行上市的股份购回的承诺、填补被摊薄即期回报的措施及承诺、利润分配政策的承诺、依法承担赔偿或赔偿责任的承诺等。

二是《第41号准则》更加注重风险因素披露的充分性。《第41号准则》对风险因素的披露要求更加全面详细，表现在：（1）从投资者阅读角度出发，要求发行人以方便投资者投资决策参考为原则对风险因素进行分类列示；（2）列示了科创企业可能存在的各类风险因素，包括技术风险、经营风险、内控风险、财务风险、法律风险、发行失败风险、尚未盈利或存在累计未弥补亏损的风险、特别表决权股份或类似公司治理特殊安排的风险以及可能严重影响公司持续经营的其他因素；（3）在披露具体风险时，应对风险产生的原因和对发行人的影响程度进行充分揭示。

三是《第41号准则》加强了核心技术人员相关信息披露的要求。科创板首次提出增加核心技术人员的信息披露，在很多方面与公司董事、监事、高级管理人员要求一致，具体表现在：（1）增加了核心技术人员的简要情况、兼职情况以及所兼职单位与发行人的关联关系、亲属关系等的披露；（2）要求披露核心技术人员所签订的对投资者做出价值判断和投资决策有重大影响的协议，以及有关协议的履行情况，核心技术人员所持股份发生被质押、冻结或发生诉讼纠纷等情形的，应充分披露产生原因及对发行人可能产生的影响；（3）发行人应披露核心技术人员、研发人员占员工总数的比例，核心技术人员的学历背景构成，取得的专业资质及重要科研成果和获得奖项情况，对公司研发的具体贡献，发行人对核心技术人员实施的约束激励措施，报告期内核心技术人员的主要变动情况及对发行人的影响；（4）要求核心技术人员稳定，最近2年内没有发生重大不利变化是发行人具有直接面向市场独立持续经营能力的必要条件；（5）应披露尚未盈利企业核心技术人员关于减持股票所做的特殊安排或承诺；（6）应披露核心技术人员做出的重要承诺、未能履行承诺的约束措施以及已触发履行条件的承诺事项的履行情况；（7）应披露核心技术人员作为一方当事人可能对发行人产生影响的刑事诉讼、重大诉讼或仲裁事项以及核心技术人员最近3年涉及行政处罚、被司法机关立案侦查、被中国证监会立案调查情况。

此外，《第41号准则》增加了一条“信息披露事项涉及重要性水平判断的，发行人应结合自身业务特点，披露重要性水平的确定标准和依据”。以便于投资者和审核机构判断信息披露事项“重要性”的合理性。《第41号准则》的规定是对招股说明书信息披露的最低要求，不论准则是否有明确规定，凡对投资者做出价值判断和投资决策有重大影响的信息，均应披露。

二、上交所关于信息披露的相关规则

上交所制定的《上海证券交易所科创板股票发行上市审核规则》（以下简称《上市审核规则》）、《上海证券交易所科创板股票上市规则》（以下简称《科创板上市规则》）对发行人、相关信息披露义务人、中介机构等主体的信息披露工作提出了要求。

一是《上市审核规则》对发行人及其相关责任人、保荐人和中介机构都有严格的信息披露要求。第一，发行人及其控股股东、实际控制人、董事、监事和高级管理人员应当依法履行信息披露义务，保荐人、证券服务机构应当依法对发行人的信息披露进行核查把关。第二，发行人是信息披露第一责任人，应当诚实守信，依法充分披露投资者做出价值判断和投资决策所必需的信息，保证发行上市申请文件和信息披露的真实、准确、完整，不得有虚假记载、误导性陈述或者重大遗漏；同时应当为保荐人、证券服务机构及时提供真实、准确、完整的业务运营、财务会计及其他资料，全面配合相关机构开展尽职调查和其他相关工作。第三，发行人的控股股东、实际控制人、董事、监事、高级管理人员等相关主体应当诚实守信，保证发行上市申请文件和信息披露的真实、准确、完整，依法做出并履行相关承诺，不得损害投资者合法权益。第四，保荐人应当诚实守信、勤勉尽责，保证招股说明书及其出具发行保荐书、上市保荐书等文件的真实、准确、完整。第五，会计师事务所、律师事务所等中介机构应当诚实守信、勤勉尽责，保证招股说明书中与其专业职责有关的内容及其出具文件的真实、准确、完整。

二是交易所通过问询提高信息披露的真实性、准确性和完整性。交易所通过提出问题、回答问题等多种方式，督促发行人及其保荐人、证券服务机构完善信息披露，真实、准确、完整地披露信息，提高信息披露质量。重点关注以下内容：第一，发行人的信息披露是否达到真实、准确、完整的要求，是否符合招股说明书内容与格式准则的要求。第二，发行上市申请文件及信息披露内容是否包含对投资者做出投资决策有重大影响的信息，披露程度是否达到投资者做出投资决策所必需的水平，包括但不限于是否充分、全面披露发行人业务、技术、财务、公司治理、投资者保护等方面的信息以及发行的情况，是否充分揭示可能对发行人经营状况、财务状况产生重大不利影响的所有因素。第三，发行上市申请文件及信息披露内容是否一致、合理和具有内在逻辑性，包括但不限于财务数据是否钩稽合理，是否符合发行人实际情况，非财务信息与财务信息是否相互印证，保荐人、证券服务机构核查依据是否充分，能否对财务数据的变动或者与同行业公司存在的差异做出合理解释。第四，发行上市申请文件披露的内容是否简明易懂，是否便于一般投资者阅读和理解，包括但不限于是否使用浅白语言，是否简明扼要、重点突出、逻辑清晰，是否结合企业自身特点进行有针对性的信息披露。

交易所可以视情况在审核问询中对发行人、保荐人及证券服务机构，提出解释和说明相关问题及原因、补充核查相关事项、补充提供新的证据或材料、修改或更新信息披露内容的要求。

三是《科创板上市规则》规定了信息披露的基本原则、一般要求、监管方式等内容，具体如下：

信息披露基本原则。第一，披露所有可能对上市公司股票交易价格产生较大影响或者对投资决策有较大影响的事项。第二，及时、公平地披露信息，保证所披露信息的真实、准确、完整。第三，以客观事实或者具有事实基础的判断和意见为依据，如实反映实际情况，不得有虚假记载。第四，客观，不得夸大其词，不得有误导性陈述。第五，内容完整，充分披露对上市公司有重大影响的信息，揭示可能产生的重大风险，不得有选择地披露部分信息，不得有重大遗漏。第六，确保所有投资者可以平等获取信息，不得向单个或部分投资者透露或泄露。第七，重大事项应当及时披露。

信息披露一般要求。第一，充分反映公司业务、技术、财务、公司治理、竞争优势、行业趋势、产业政策等方面的重大信息，充分揭示上市公司的风险因素和投资价值，便于投资者合理决策。第二，对业绩波动、行业风险、公司治理等相关事项进行针对性信息披露，并持续披露科研水平、科研人员、科研资金投入、募集资金重点投向领域等重大信息。第三，公司筹划重大事项，按照重大性原则，分阶段披露进展情况。第四，自愿披露可能影响公司股票交易价格或者有助于投资者决策的信息。第五，公告文稿应当重点突出、逻辑清晰、语言浅白、简明易懂。第六，其他如财务报表合并、商业秘密、申请调整适用、停复牌、要约收购等的信息披露要求。

信息披露监管方式。交易所是上市信息披露的监管主体，主要通过以下方式监管：第一，通过审阅信息披露文件、提出问询等方式，进行信息披露事中事后监管，督促信息披露义务人履行信息披露义务，督促保荐机构、证券服务机构履行职责，对涉及重大复杂、无先例事项的，可以实施事前审核。第二，对信息披露文件实施形式审核，对其内容的真实性不承担责任。第三，对经审核认为信息披露文件存在重大问题的，可以提出问询，上市公司和相关信息披露义务人应当在规定期限内如实答复，并披露补充或者更正公告。第四，对未按信息披露规则进行公告的，交易所可以以交易所公告形式向市场说明有关情况。第五，上市公司通过交易所上市公司信息披露电子化系统登记公告，相关信息披露义务人应当通过指定信息披露平台办理公告登记。第六，上市公司或者相关信息披露义务人公告屡次出现虚假记载、误导性陈述或者重大遗漏等情形的，交易所可以决定对其暂停适用信息披露直通车业务。

三、上交所审核问询中的信息披露

整体看，问询较关注企业的行业方向是否符合未来国家发展战略。据统计，截至2019年9月末，在科创板申请上市公司中，3家公司被否，其中2家在上交所上市委审议环节被否、1家在证监会注册环节被否；10家公司主动撤回，撤回时点分布在问询环节（尚未回复）到上会前夕。被否企业中，恒安嘉新存在利润调节占比过大以及信息披露不充分的问题，国科环宇存在重大专项承研模式、关联交易、财务数据前后不一致的问题，泰坦科技问题主要集中在核心技术。从财务指标及问询函回复看，10家撤回企业分为三类：第一类是科创含金量不高、科创属性不足；第二类是公司存在未有效解决或未解释清楚的问题，如公司存在因业务模式或业务沿革引起的同业竞争、关联交易、核心技术等问题；第三类是财务方面存在如关联交易、销售收入、应收账款等问题。

局部看，上交所最关心企业的财务和业务方面问题。根据对科创板首批首轮问询统计，15 家企业首轮问询中平均提出问题约 49 个，其中财务会计信息和管理层分析问题 16. 7 个、业务类问题 11 个、基本情况问题 7. 5 个、核心技术问题 4. 3 个、风险揭示问题 1. 2 个。问询问题最多 60 个，最少 33 个；其中，财务会计信息与管理层分析问题最多 25 个，最少 9 个；业务问题最多 18 个，最少 6 个。由此可见，科创板审核过程中，上交所较为关注发行人财务和业务方面情况。

第三节　信息披露制度的比较及政策建议

信息披露制度的比较

他山之石，可以攻玉。进一步完善股票发行注册制，一方面要通过科创板总结经验，另一方面要善于借鉴成熟市场经验。本部分将从职责分工、信息披露要求、审核问询、透明度、中介机构职责等几个角度对美国、我国香港地区资本市场及我国内地科创板信息披露情况进行比较分析。

一、职责分工

我国内地科创板注册制与香港地区、美国现行的注册审核制度有许多相似之处，最为典型的是上交所审核与证监会注册相分离，并且在交易所设置了独立的上市审核部门，负责问询，这与美国的问询制度相同，而上市委员会负责聆讯与港交所的上市委员会发挥的职能相同，可见科创板上市规则在审核主体和审核程序上已经与国际通行做法实现接轨。同时，科创板还设置了预沟通、招股说明书预披露环节，为科技创新企业在科创板上市做足了指导工作。

就证监会在上市发行审核中发挥的作用而言，美国SEC要对申请材料进行深入的审核问询；我国香港地区证监会只做简单的形式审核但保留要求发行人补充材料的权利；我国内地科创板注册制从形式上更接近于香港，上交所是审核的主体，证监会主要审核上交所报送的审核意见，审查上交所审核内容的完整性、审核程序的正当性以及发行人的发行条件和信息披露要求的重大方面是否符合相关规定，如果证监会认为存在问题的，还可以要求交易所对发行人进一步问询，并最终决定是否同意注册。

就衔接机制而言，美国SEC对新股发行进行审核，审核通过后予以注册，上市审核由交易所独立进行，发行和上市界限清晰；我国香港地区证监会几乎不会否决港交所的决定，这有赖于香港证监会的放权和与港交所的密切沟通；而内地A股发行上市二合一，因此上交所审核和证监会注册必须做好衔接工作，一般不应出现审核通过但不予注册的情形，可以借鉴香港做法，成立类似“上市公司政策小组”的机构，承担审核和注册衔接职能，便于双方沟通协调。

二、信息披露要求

科创板信息披露指引主要对披露要求和披露原则、披露主体、披露内容等方面进行了规定，与我国香港地区和美国的信息披露制度相比，有很多共通之处，基本涵盖了信息披露的核心内容，对证券发行相关的信息披露主体范围规定较为广泛，围绕证券发行主体展开。此外，科创板根据发行上市的不同阶段分阶段规定不同的信息披露要求，继承了现行《证券法》中关于发行披露和持续披露制度的长处，有利于信息的及时更新。

针对科技创新企业的特点，科创板在一定程度上建立了具有针对性的信息披露制度，强化了行业信息和经营风险的披露，提升了信息披露制度的弹性和包容度。但与美国、我国香港地区的信息披露制度相比，科创板规定的信息披露还比较粗放，缺少针对不同行业、不同信息披露义务主体的信息披露要求，不利于发行人更有针对性地披露信息、揭示风险。科创板可以探索建立较为综合、系统的信息披露制度，以便更加真实反映有效信息，便于投资者更好了解证券价值、更科学地做出投资决策。

三、审核问询

在审核问询环节，科创板主要学习了美国的做法，从提问数量上看，该环节科创板问询的问题数量普遍在50个以上，与美国相差不大。从问询问题结构看，美国绝大部分问题集中在财务、业务、管理层等方面，而科创板问题较集中在财务、业务、基本情况及核心技术等方面，两者较为相似。从注册结果看，截至2019年9月末，科创板注册环节1家公司被否、上交所审核环节2家公司被否、审核环节要求撤回10家，恒安嘉新被否的理由为会计基础工作薄弱和内控缺失、信息披露不完善；美国同样有被否和撤回的，被否的大多涉及信息披露问题，撤回的则有劝导撤回、不符合要求或市场环境不好等。

科创板在风险因素特别是专业性风险因素的披露、问询上与美国存在差距，部分企业风险披露不够细致深入，对专业性问题的审核问询力度不够。要让科创板风险揭示更为充分，一方面需要加强审核人员专业性培训，在企业申请科创板上市初期就要加大专业性问题问询力度，形成良好震慑和示范；另一方面要细化信息披露规则，增加企业信息披露主动性、专业性、针对性。

四、透明度

科创板借鉴了美国、我国香港地区的做法，对于每一轮的申报文件、问询及回复以及上市委、证监会的审议意见及回复都在交易所网站信息披露栏目进行了公示；通过线上预约排号形式杜绝发行人与审核机构事先直接接触的可能；对于发行人与审核机构会面、上市委审议等全程录音录像；线上相关文件的公开时效性非常强，科创板在强化透明度方面甚至比香港地区的做法还严。

五、中介机构责任

美国的中介机构较为勤勉尽责。在美国，承销商、律师事务所、会计师事务所等会对发行方进行尽职调查，出具尽职调查报告，承销商、律师事务所、会计师事务所等中介机构之间存在着有力的制约，以最大限度促使提交的上市登记注册文件更为真实、完整、准确和及时。中介机构尽职尽责有利于美国 SEC 及证券交易所加强对证券发行的监督，及时高效地对风险进行把控。我国香港地区实行保荐制，保荐人是首要看门人。为保护投资者利益，香港法律规定证券发行方必须有保荐人协助上市，由有资格的保荐人（通常是投资银行）推荐符合条件的公司公开发行和上市，并对所推荐的发行人披露的信息质量和所做承诺进行审慎核查，并做持续训示、督促、辅导、指导和信用担保，以确保保荐人作为市场看门人，为每个拟上市项目进行充分必要的尽职调查。此外，香港法律明确了保荐人对于信息披露、尽职调查等方面的责任，例如，对招股说明书承担民事责任和刑事责任，保荐人如果主观上明知或不顾后果地批准发出载有不实陈述或重大遗漏的招股说明书，且不实陈述或重大遗漏对投资者具有重大负面影响的，则保荐人有可能需要承担民事责任及刑事责任。其他中介机构根据在新股发行中的职责承担相应责任。科创板做法与此类似，保荐人是首要看门人。以保荐人为主的中介机构在发行上市过程中承担把关者、看门人的角色，《注册管理办法》《实施意见》《第 41 号准则》《科创板上市规则》《上市审核规则》等规章制度也更加重视发行上市中中介机构的勤勉尽责义务是否履行，加大了对中介机构证券服务违法行为的惩处力度，确保事中事后监管实现预期效果。

新股发行信息披露制度的优化举措

科创板注册制改革简化了企业发行上市程序，提高了股票发行审核效率和透明度，是我国股票发行市场化改革的重大举措。通过与境外市场注册制信息披露要求的比较，我国新股发行上市注册制可以进一步细化针对不同行业、不同信息披露义务主体的信息披露要求，提高风险披露针对性。

首先，可以借鉴创业板的做法，逐步出台细化行业的信息披露指引。深交所已先后发布了创业板锂离子电池产业链、集成电路、工业机器人产业链、影视、医疗器械、药品生物制品、节能环保服务、互联网营销及数据服务、电子商务、互联网视频、LED（发光二极管）产业链、光伏产业链、互联网游戏13个行业的信息披露指引，同时对早期制定的与实际情况不符的相关指引予以废除。由于这些行业上市公司专业性较强，投资者难以有效地对行业状况和公司情况进行全面了解、分析和比较，科创板可以通过信息披露指引督促发行人完善信息披露，这样有利于投资者更加全面地了解企业的风险因素。从市场反馈来看，创业板信息披露指引的实施效果良好，相关上市公司信息披露的及时性、针对性、有效性、可读性、可比性大幅提升，市场对创业板上市公司的研究分析更加方便和深入。建议科创板借鉴创业板这一经验，根据行业特点制定相应信息披露指引，积极推动行业信息披露规则体系建设。

其次，与美国、我国香港地区的信息披露制度相比，我国内地规定的信息披露还比较粗放，对于公司董事会、监事会、高级管理人员以及核心技术人员的信息披露义务几乎没有区分，可以进一步细化《科创板上市规则》《第41号准则》等的有关规定，针对不同信息披露义务主体制定相应的信息披露指引，对于一些常见问题可以参照港交所做法出台一些诠释、指引等，增强信息披露针对性，以便投资者更好地了解证券价值，更科学地做出投资决策，充分保护投资者的利益。

第四章 金融体系结构优化调整的比较研究[①]

① 本章内容创作于2019年6月。

2019年底的中央经济工作会议提出，要以金融体系结构调整优化为重点深化金融体系改革。为落实中央经济工作会议精神，防范金融市场异常波动和共振，打造一个规范、透明、开放、有活力、有韧性的资本市场，需要借鉴国际上的已有经验，探索符合中国实际的改革发展路径。

第一节　世界主要国家金融体系的演变和调整

在现实中，世界各国具有不同的金融体系，很难运用一个相对统一的模式进行概括。直观来看，发达国家金融制度之间一个较为显著的区别体现在不同的国家金融市场与金融中介的重要性不同上。一个极端是德国，几家大银行起支配作用，金融市场相对来说重要性较低；另一个极端是美国，金融市场作用很大，而银行的集中程度很低。在这两个极端之间是其他一些国家，例如日本、法国，采用传统的以银行为主的体系，但是近年来金融市场发展很快，而且作用越来越大；加拿大与英国的金融市场比德国发达，但是银行部门的集中程度高于美国。

金融体系的概念及内涵

金融体系是一个经济体中资金流动的基本框架，它是资金流动的工具

（金融资产）、市场参与者（中介机构）和交易方式（市场）等各金融要素构成的综合体。由于金融活动具有很强的外部性，在一定程度上可以视为准公共产品，因此，政府的管制框架也是金融体系中一个密不可分的组成部分。一个金融体系包括几个相互关联的组成部分：第一，金融部门（包括各种金融机构、市场，它们为经济中的非金融部门提供金融服务）；第二，融资模式（居民、企业、政府的融资行为以及基本融资工具）与公司治理（协调公司参与者各方利益的组织框架）；第三，监管体制。金融体系不是这些部分的简单相加，而是相互适应与协调。因此，不同金融体系之间的区别，不仅源于其构成部分之间的差别，而且源于不同构成部分相互之间协调关系的不同。

美国哈佛大学著名金融学教授罗伯特·默顿认为，金融体系具有以下六大基本功能：

1. 清算和支付功能，即金融体系提供了便利商品、劳务和资产交易的清算支付手段；

2. 融通资金和股权细化功能，即金融体系通过提供各种机制，汇聚资金并导向大规模的无法分割的投资项目；

3. 为在时间、空间上实现经济资源转移提供渠道，即金融体系提供了促使经济资源跨时间、地域和产业转移的方法和机制；

4. 风险管理功能，即金融体系提供了应付不测和控制风险的手段及途径；

5. 信息提供功能，即金融体系通过提供价格信号，帮助协调不同经济部门的非集中化决策；

6. 解决激励问题，即金融体系解决了金融交易双方存在信息不对称及委托代理行为时的激励问题。

金融体系优化调整的理论研究

一、对金融体系与经济增长的研究

对金融体系优化的研究发端于对金融与经济增长关系的研究。这是一个长期存在争论的问题。而且，在主流经济学分析体系中，金融体系作为一种制度常常被忽视了。下面我们从宏观和微观两个角度进行分析。

从宏观经济学的发展来看，在凯恩斯的产出决定理论框架中，金融体系对实际经济的影响不占主导地位。凯恩斯主义宏观经济理论在很大程度上忽略了信贷市场表现与产出之间的潜在关系。在简单的凯恩斯模型中，货币之所以能够影响实际经济，不仅在于价格刚性，而且在于名义货币存量是固定的，因而不能对货币需求内生地调整。格鲁利和肖（1955）认为后面一个假设忽视了现代金融市场的特点。在金融发展早期，商业银行是最主要的金融中介，货币存量（商业银行负债的主体）可以较好地反映整个金融活动，但是随着金融中介体系的发展，能够提供非货币性质负债的贷款机构不断增加，只关注存款货币就有问题了。因为货币存量已经不能精确反映金融中介的信用流量，而非银行金融中介的负债能够反映不同的持有流动性余额。真正能够影响宏观经济变量的是整个经济的“融资能力”，而正是在这一方面金融中介对经济发展具有重要的意义。

从微观角度看，现代资产定价理论本质上是对套利理论或一价定理的应用，采用的是亚当·斯密“看不见的手”理论或其理论化的模式，这些理论强调价格机制在分权决策的资源配置中的重要作用。莫迪利安尼和米勒（1958）认为，企业的融资结构对企业的资本成本或者企业的价值没有任何影响。将上述理论框架用于比较银行类金融中介与资本市场之间究竟谁更有效率，显然不会有任何结论。这种金融理论的基本逻辑前提是投资决策与融资决策之间完全分离，根据这种理论，融资效率与融资形式之间没有任何关系。

它为金融体系中的金融中介限定了一个纯粹中立的职能，金融体系的重点是在一个近似完全的市场上提供金融资产的价格形成机制。根据这种理论，自然就可以推论出，资本市场比金融中介更具优势，因为它能确保资金由储蓄向投资的有效转化，并且能够衡量风险、分散风险。

20 世纪 90 年代以来，在理论上受内生经济增长理论的影响，在实践中面对曾经被认为非常有活力的东南亚经济的波动和日本经济的长期低迷、美国经济的持续强劲增长，以及计划经济国家在转轨时期金融体系的重建，人们开始对金融与经济增长、金融体系比较这些问题产生了兴趣。金和莱文、拉杰和辛格拉斯等在一系列实证分析研究中，发现金融发展与经济增长存在很强的正相关关系。艾伦和盖尔在一系列规范研究中，系统地考察了金融中介与金融市场的关系。他们在一系列论文和专著中集中研究了不同金融体系的多方面问题，其中比较有代表性的是 2000 年的《比较金融体系》一书。这些研究深化了人们对现代金融体系中市场和金融中介关系的认识，对于金融理论的发展具有重要意义。莱文对不同金融体系的效率做了大量的跨国比较，在实证分析方面有多种尝试；拉杰和辛格拉斯对金融体系中的银行、金融体系与政治体系的关系等进行了历史分析。

金融体系最基本的功能是实现储蓄向投资的转化，古典经济学将这种转化的复杂机制简单化，将金融简单地抽象为“货币”，进而假设“货币中性”，集中研究实际因素对经济增长的影响。因此，对古典经济学来说，金融体系是一个“黑箱”，现代金融理论的发展就是逐步打开这一“黑箱”的过程。但是，由于金融理论在发展过程中，其主流在实践中基本以美国模式为参照，在理论上受古典经济学基本方法和理念的影响，所以在一系列假设的基础上，几乎“先验地”得出金融市场是最佳资金配置模式的结论，而忽视了金融中介的地位。事实上，金融中介和市场都是资金配置的渠道，以银行为主导的金融体系和以市场为主导的金融体系均能实现金融体系的 3 个核心功能，即企业治理、信息处理和传递以及风险分担与管理。金融体系演化研究的核心聚焦在于分析不同类型的金融体系如何处理这3种功能，而且更重要的是考察这3种功能之间的相互关系。

所以下文将分析不同金融体系中企业治理、风险分担与管理以及信息处理这3个核心功能的实现情况。

二、不同金融体系中的企业治理结构

公司治理结构是一个重要的研究领域，英文是 Corporate Governance。该领域的研究边界迄今还缺乏明确的界定，例如美国的学者与德国的学者在此问题上的看法不尽相同，前者主要集中讨论企业中的委托－代理关系，而后者则从更广泛的意义上讨论企业利益相关者对企业管理的影响。这种差异反映了两种金融体系的区别。

在现代经济中，最突出的特点是企业部门资金供应者与需求者相分离，并由此引起利益冲突或委托－代理问题。但是，不管是哪一种金融体系，资金的提供者都必须有一种机制能够监督，乃至在必要时干预资金的使用，因为金融交易伴随着代理成本问题。

首先，董事会是股东用以管控企业、确保企业基于股东利益经营的第一道防线。虽然从经验上看，各国公司的董事会制度与结构相差较大，但是其效率却大致相同。有研究表明，在美国与德国的企业中，相同幅度的股价下跌所导致的经营层更换比率大致相同。其次，曼恩（1965）指出，一个活跃的能够实施企业控制的市场，对于确保资本主义经济的有效运行至关重要。因为它一方面能够使得资源集中在有能力的管理团队手中并得到有效利用，另一方面也能够惩戒经营不善的管理者，防止资源浪费。但是，在这种体系下，投资者“用脚投票”和随时可能出现的敌意收购是主要的企业控制机制，这并不利于管理者进行长期决策；银行主导型体系保证资金提供者对融资企业具有一定的控制权，从而确保其利润。这种权力来自资金提供者或者是企业的大股东，或者是企业的主要贷款者。监督功能可以由单个银行来执行。公司治理不依赖资本市场和外部投资者，以银行为主的金融机构在公司治理结构中发挥重要作用，不但提供融资，而且控制公司的监事会，凭借内部信息优势，发挥实际的控制作用，这种制度有利于企业和银行之间建立长期稳定的联系，从而减少相互之间的信息不对称性，减少监督成本（普瑞格 & 瞿强，2001）。

三、不同金融体系中的风险分担与管理

根据我们的金融体系比较图，金融体系的核心功能之一就是分散风险与管理风险（见表4.1）。

表4.1　几个大国家庭部门金融资产的持有者结构（1994年末）

	金融资产总量（10亿美元）	占GDP比重（%）	居民直接持有（%）	各种基金持有（%）	保险公司持有（%）	养老金持有（%）
美国	20 815	3.00	58	17	13	10
英国	3 107	2.97	40	24	27	7
日本	12 936	2.71	71	10	16	3
法国	2 689	1.90	62	2	17	19
德国	2 900	1.46	67	4	20	5

资料来源：Miles，D.（1996）. “The future of Savings and Wealth Accumulation：Differences Within the Developed Countries ”，Table 4，p. 21. Global Securities Research &Economics Group，ML，London。

从居民家庭资产结构来看，如果我们将资产分为风险相对较小资产（现金、现金等价物、固定收益资产等）和风险相对较大资产（股票、房地产等）两种类型，英美与德、日、法有很大不同。在英美两国，风险性资产比重约为50%，而在德、日、法则一般不足20%。按照标准的金融理论，资本市场

越发达，居民持有金融资产的占比越小，但是从以上的数据可以看出，具有高度发达金融市场的英美两国，居民持有风险金融资产的占比非常大，如何解释这种现象呢？艾伦和盖尔提出了一种理论，他们将金融体系风险分散的功能区分为横向风险分担和跨期风险分散。

很久以来人们就认识到，金融市场的主要功能之一就是提供风险分担的机会（阿罗，1964）。市场允许个人分散投资组合，对冲特殊风险，根据自己的风险承受能力调整资产组合的风险大小。这些做法可以叫作横向风险分担，意指在既定的时点上，不同的人可以进行风险互换。

如前所述，美国金融体系一个显著的特点是，可以为一般投资者提供大量不同的金融产品，因而提供了大量横向分担风险的机会。但是，在德国，分散横向风险的机会很少。股票交易所中股票交易的种类和数量很少，也没有多少类似共同基金这样的市场中介机构提供低成本的直接投资机会。大量的资金是无法对冲风险的银行存款。

从横向分担风险的角度看，市场型的美国模式比银行型的德国模式能够提供更多的选择，因此似乎更加优越。但是，市场本身也有局限，如果市场不够完全，或者市场参与者不够完全，金融中介在提供横向分担风险或跨期平准的功能上，也可能具有某些优势。

戴蒙德和迪布维格（1983）给出了一个例证，指出金融中介可以提供金融市场所无法提供的横向风险分担功能。长期投资（流动性弱）收益比短期投资（流动性强）大，但是投资者可能担心长期投资短期流动性不足，而不愿意接受其较高的长期投资收益。金融中介的优势在于可以将大量具有不确定的短期流动性需求的投资者集中起来，根据大数法则来提供流动性，同时令他们享受长期投资带来的高收益。而金融市场没有能力防止流动性冲击，因为它无法区分哪些投资者确实有流动性需求，哪些投资者纯粹是为了套利。这里，信息的不对称使得金融中介在防止流动性冲击、提供横向风险分担功能方面具有相对的优势。

上述理论为我们比较不同金融体系的风险管理功能提供了一个有益的分析框架。一方面，在德国、日本、法国这样的以银行为主导的金融体系中，风险管理可以借助跨期平准来实现，金融机构可以通过积累风险低、流动性强的资产来降低风险，相形之下，通过资本市场实现跨期分散风险功能自然不太重要。另一方面，在英美以市场为主导的金融体系中，借助金融中介实现跨期分散风险的功能受到市场的抑制，这种体制下，人们越依靠市场进行横向风险管理，越需要一个发达的衍生金融市场。

四、不同金融体系中的信息处理

金融体系中无论是有效的公司治理还是风险管理，均离不开信息的获得和处理。不同的金融体系，在信息的生产和使用方面区别很大。信息处理和传递方式不同，资源的使用效率也不同。

美国有大量的上市公司，美国 SEC 要求它们广泛公开信息，同时还有众多的分析师密切关注企业与市场的动态，分析、处理这些信息。这有助于企业进行投资决策，因为企业可以根据这些信息决定是否进入某个产业。股票市场的这种资源配置功能，是其最重要的特点。因此，在市场主导型金融体系中，信息主要是由资本市场提供的。

相反，在德国，上市公司数量并不多，而且对信息披露的要求也不严，因此有关企业的公共信息较少。如果单纯从市场的角度看，这种体系显然不利于资源有效配置。但是，在德国这种少数大银行占支配地位的金融体系中，金融中介机构有对金融市场的替代功能。在与企业的长期合作中，银行拥有大量相关企业的信息，它们可以直接对相关企业提出建议，也可以间接用于决定是否发放资本性贷款。尽管如此，依赖金融中介还是有一些问题，其中最重要的是，若没有一个活跃的股票市场，便很难决定适当的风险调整贴现率。

从理论上看，分析金融体系中信息的作用主要有两条途径：其一是基于一般均衡和理性预期理论，强调资产定价在资源配置中的作用；其二是基于金融中介理论，强调银行对企业的代理监管功能。戴蒙德（1984）提出的银行代理监管理论认为，企业的股东需要监督管理者，但是，如果股东数量很多，单个股东承担监管成本就不合算。股东可以雇人来监管管理者，但是这个人本身又需要被监管。这个难题可以通过金融中介来解决。假设一家银行向很多企业提供资金，由于企业数量大而且分散，基于大数法则，银行可以降低风险，为存款者提供固定的收益。存款者无须监管银行，因为他们可以得到固定的收益；银行必须监管企业，否则它们就不能为存款者提供固定的收益；由于单个企业是由单个银行监管的，监管成本也实现了最小化。

艾伦（1993）认为，像德国这样的以银行为主导的金融体系，更适合传统产业，在这里人们有很多共识；而美国式的以市场为主导的金融体系更适合动态变化的产业，这里，人们缺少共识。股票市场促使很多人来研究、关注企业的管理行为，投资者研究得出的信息大多是私人性的，因为他们据此买卖股票，获取利益。相反，银行对企业的监管缺乏这样广泛意见的基础。少数负责贷款的银行从业人员监管企业经营，在人们对企业经营规范有较大的共识时，这也许是够用的；但是当新的产业不断出现时，这种监管就不够了。总之，如果美国股票市场实行这样的信息公开制度，就无法形成关于企业经营管理的共同意见。在这种情形下，金融中介可能勉强作为市场的一种替代品。

机构、产品和监管是金融体系的重要组成部分

一、金融机构

金融机构是指从事金融服务业的中介机构，是金融体系的一部分，金融

服务业包括银行、证券、保险、信托、基金等行业，与此相应，金融中介机构也包括银行、证券公司、保险公司、信托投资公司和基金管理公司等。

国内的金融机构按地位和功能分为四大类：

第一类，中央银行，中国的中央银行是中国人民银行。

第二类，银行，包括政策性银行、商业银行。

第三类，非银行金融机构，主要包括国有及股份制的保险公司、城市信用合作社、证券公司（投资银行）、财务公司、第三方理财公司等。

第四类，在中国境内开办的外资、侨资、中外合资金融机构。

二、金融产品

金融产品是指资金融通过程的各种载体，它包括货币、黄金、外汇、有价证券等。也就是说，这些金融产品就是金融市场的买卖对象，供求双方通过市场竞争原则形成金融产品价格，如利率或收益率，最终完成交易，达到融通资金的目的。例如，股票、期货、期权、保单等就是金融资产，也叫金融工具，也叫有价证券。

金融产品可分为基础证券例如股票、债券等，以及衍生（高级）证券例如期货、期权等两大类；另外，根据所有权属性，金融产品又可分为产权产品例如股票、期权、认股权证等，以及债权产品例如国库券、银行信贷产品等两大类。

每一个金融产品通常都应具备至少以下几方面的内容：发行者，认购者，期限，价格和收益，风险，流通性，权利。

三、金融监管

金融监管是金融监督和金融管理的总称。金融监管是指政府通过特定的机构（例如中央银行）对金融交易行为主体进行的某种限制或规定。金融监管本质上是一种具有特定内涵和特征的政府规制行为。综观世界各国，凡是实行市场经济体制的国家，无不客观地存在着政府对金融体系的管制。

金融监管有狭义和广义之分。狭义的金融监管是指中央银行或其他金融监管当局依据国家法律规定对整个金融业（包括金融机构和金融业务）实施的监督管理。广义的金融监管在上述含义之外，还包括了金融机构的内部控制和稽核、同业自律性组织的监管、社会中介组织的监管等内容。

金融监管的发展历史大致可以划分为四个阶段。

（一）20世纪30年代以前——金融监管理论与实践自然发轫

这一阶段金融监管具有自发性、初始性、单一性和滞后性的特点，各方对金融监管的客观要求与主观认识不足，处于金融监管的初级阶段。

后果：自由经营银行业务造成的投机之风盛行，多次金融危机给西方国家的经济发展带来了很大的负面影响。

（二）20世纪30年代至70年代——严格监管，安全优先

这一阶段金融监管的主要特点是全面而严格的限制性，主要表现在对金融机构具体业务活动的限制、对参与国内外金融市场的限制以及对利率的限制等方面。

影响：强有力的金融监管维护了金融业的稳健经营与健康发展，恢复了公众的投资信心，促进了经济的全面复苏与繁荣。并且，金融监管的领域也由国内扩展到国外，开始形成各自不同的金融监管组织体系。

（三）20世纪70年代至80年代末——金融自由化，效率优先

这一时期金融监管的主要特点便是放松管制，效率优先。

客观背景：布雷顿森林体系的崩溃加大了商业银行在开展国际业务过程

中的汇率风险；世界经济增长速度放缓，国际资本出现了相对过剩，银行经营日益国际化，全球性的银行业竞争更加激烈；金融的全球化、自由化及其创新浪潮使建立于20世纪30年代的金融监管体系失灵。

理论背景：货币学派、供给学派、理性预期学派等新自由主义学派从多个方面向凯恩斯主义提出了挑战，尊崇效率优先的金融自由化理论也对20世纪30年代以后出现的金融监管理论提出了挑战。

（四）20世纪90年代至今——安全与效率并重

20世纪90年代以来的金融监管最主要的特征是安全与效率并重。

背景：经济全球化进程加快，金融创新与自由化带来的金融风险更加复杂，并具有国际传染性。有效的金融监管要求政府在安全与效率之间努力寻找一个平衡点。

新时期的金融监管呈现以下趋势：

1. 监管理念方面，发生重心转移。

注重加强监管者与被监管者之间的合作，变“猫鼠对立关系”为“脑与四肢的协同关系”。

2. 监管机制方面，走向多元化。

由偏重于国家监管机制向监管机制多元化转变——国家专门监管机制、银行内控机制及自律机制齐头并举。

多元化监管机制实现的关键在于引入市场约束，强化金融机构的信息披露，便于存款户、投保者、股东等多方市场主体及时掌握金融机构的风险状况。

3. 监管模式方面，向功能型监管转变。

功能型监管是指在一个统一的监督机构内，由专业分工的管理专家通过相应的管理程序对金融机构的不同业务进行监管。其优点主要是：能有效解决混业经营条件下金融创新产品的监管归属问题，避免监管真空和多重监管现象；可使监管机构的注意力不仅限于各行业内部的金融风险，还能更好地适应金融业在今后发展中可能出现的各种新情况。

功能型监管的不足之处在于协调过多，程序复杂，对金融机构经营行为的风险确认速度比不上机构型监管模式。但随着电子计算机的广泛运用、金融信息网的建成完善，功能型监管的不足之处将会降到最小的程度。

4. 监管技术方面，出现了一种激励相容的新方案。

激励相容方案的主要内容是：监管当局设定一个测试期，银行在测试期初向监管当局承诺其资本水平，为该期间内可能出现的损失做准备，在整个期间内，只要累积损失超过承诺水平，监管当局就对其进行惩罚，如交纳额外资本费给中央银行。

5. 监管范围方面，有所扩大。

从单纯的表内业务，扩展到包括表外业务在内的所有业务，还通过并表监督来加强监管。

金融体系演化的一般规律与自身特征

各国金融体系的演进大致遵循类似如下的过程：最早产生的金融机构都是银行，间接金融发展在前，直接金融发展在后；在相当长的历史时期内，间接金融的规模远超直接金融。不过每个国家由于自身的政治、文化背景不同从而导致金融体系出现各自的特征，以间接融资为主导和以直接融资为主导是划分不同金融体系一个重要的维度，第二节将更加详细地去探讨这两种类型金融体系的演化规律。

一个国家金融体系的形成受多种因素的影响，其中非常重要的一项就是，金融体系在很大程度上受到人为政策管制的影响，管制政策如何大多取决于该国监管机构对某次经济金融危机的反应，而体系一旦形成，就会出现路径依赖，因为体系变革的成本通常大于维持原有体系的成本。

现代金融体系最早形成于欧洲，1719—1720 年是金融体系发展史上具有重要意义的两年，因为这两年发生了两个相互关联的事件，一个是英国的“南海泡沫事件”，另一个是法国的“密西西比泡沫事件”。正是这两个事件，以及此后很长时期内英法两国对事件的不同反应，形成了两种差别很大的金融体系，即以市场为主的英美模式和以银行为主的欧洲大陆模式（艾伦和盖尔，2000）。

虽然在泡沫事件发生之后两国都制定了泡沫法，对股票市场严格监管，但是，英国在 19 世纪初废除了该法，而法国直到 20 世纪 80 年代才开始放松对资本市场的管制。德国与英法相比，工业化起步较晚，在 19 世纪大部分时间中，德国在政治上是分裂的，直到 1871 年才统一。此时期德国股份制企业数量很少，资本市场基本不存在，在法兰克福和柏林的市场主要是为政府债券以及为王室和城邦的贷款服务的。这一时期很多德国银行家在法国活动，并受到法国银行模式的影响，而且德国的银行家有很多是从企业家转变来的，因此，德国在工业化时期，银行与工业企业相互持股、相互渗透的现象非常普遍，最终形成了主银行体制，企业与某个特定的银行建立了长期关系，相应地，银行为企业提供全方位的金融服务。在 19 世纪晚期，德国银行的全国体系得到了迅速的发展。二战结束初期，同盟国试图改革德国的大银行体系，但最终没有成功，与以前唯一的区别是德国金融中心从柏林转移到了法兰克福。

与其他工业国家不同，美国的金融体系中，银行不占支配地位。这种差异在很大程度上是由历史因素造成的。首先，汉密尔顿受英国的影响，在独立后不久提议建立大型联邦银行，可以在全国设立分支机构，据此建立了美国第一银行（1791—1811 年），并在此后建立了美国第二银行（1817—1836 年）。但是，美国作为一个移民国家，民众在思想意识上对于权力集中存在根深蒂固的恐惧和反感。1832 年，美国审议是否重新审核美国第二银行的执照，反对之声达到了高潮。虽然国会通过了法案，但是遭到了杰克逊总统的否决，最终未能通过。这一事件是美国银行发展史上的分水岭。从此，建立分散的银行体系、避免金融机构权力过大成为社会的主流意见。其次，对美国银行制度产生重要影响的事件还有 20 世纪 30 年代的大萧条，以及此后的《格拉斯 – 斯蒂格尔法案》。该法案使得商业银行与投资银行彻底分开，商业银行不能持有企业股票。国会通过与银行委员会的听证发现，商业银行证券部有欺诈民众的行为，是推动该项立法的重要原因，同时，也进一步增加了民众对大银行的怀疑。

通过对不同金融体系发展的简单回顾可以看出，不同的金融体系在形成之初，并没有抽象的理论研究，或者是优劣比较，它们一方面受各国工业化初始条件的影响，另一方面在很大程度上是受人为管制因素制约的，并且具有一定的历史偶然性。各国金融体系基本格局形成之后，会随环境的变化产生小幅变化，但基本都能适应各自经济发展的需要。具体关于金融体系（尤其是金融机构）的演化内容，可以见后文的详细论述。

第二节　市场主导与银行主导：金融机构演变的国际经验比较

市场主导型金融体系的机构演变

各国金融体系的演进大致有类似的规律：首先产生的金融机构都是银行，间接金融发展在前，直接金融发展在后；在相当长的历史时期内，间接金融的规模远超直接金融。直接金融的蓬勃发展及其在美国等国家后来居上则有特殊的历史背景。

学术上有针对这两种金融体系的不同定义，从以银行过渡到以市场为主导的金融体系可称为市场主导型金融体系，而将至今仍然以银行为主导的金融体系定义为银行主导型金融体系。市场主导型金融体系中，主要的代表为美国、英国等，而银行主导型金融体系中，主要的代表为德国和日本。

对于金融体系而言，其最根本的功能是引导储蓄向投资的转化，因此，观察金融体系的方法之一就是比较不同国家的储蓄和金融资产结构。

表4.2列举了几个主要工业化国家的银行与资本市场在资金融通中的相对重要性。从中可以看出，德国和美国分别代表了两种不同的类型。在美国，银行资产占GDP的比重为53%，大约只有德国的1/3；相反，美国的股票市值占GDP的比重为82%，是德国的3倍多。因此，美国、英国的金融体系常常被称为“市场主导型”，而德国、法国、日本的则被称为是“银行主导型”。

表4.2　银行与资本市场的国际比较（1993年）

	GDP（10亿美元）	银行资产（BA，10亿美元）	BA/GDP（%）	股票市值（EMC，10亿美元）	EMC/GDP（%）
美国	6 301	3 319	53	5 136	82
英国	824	2 131	259	1 152	140
日本	4 242	6 374	150	2 999	71
法国	1 261	1 904	151	457	36
德国	1 924	2 919	152	464	24

资料来源：文献（艾伦和盖尔，2001，P72）。

本节将着重以美国为例，综述市场主导型金融体系的机构演变。

有研究表明，美国高度分散的、单个力量相对薄弱的银行体系源于民众对于不受限制的权力的恐惧和厌恶。在美国成立之初，美国早期的全国性银行——美国第二银行的经营权限就被杰克逊总统否决了，从此之后，美国再也没有建立起全国性银行。1863年通过的《国民通货法》和1864年颁布的《国民银行法》（这两个法案后来被统称为《国民银行法》）更是限制了银行的权力，禁止银行持股。这项法律的颁布使银行业处于相对弱势的地位，而金融市场则得到强化。而金融证券市场的发展也帮助美国经济实现了腾飞。

华尔街其实为美国做出过巨大的贡献，在南北战争期间，以林肯为代表的北方政府就在华尔街设计、发售的战争国债支持下，通过直接融资方式从民众那里筹得大量资金，使北方政府在南北战争中最终战胜了财政短缺的南方政府。1880—1935 年，美国的工业化进程大大加速，以摩根大通为代表的华尔街从业者为实体经济筹集了所急需的巨额资金，并在金融市场恐慌或银行危机时期，数次充当中央银行的最后贷款人角色。1929—1932 年经济危机后，罗斯福新政登上历史舞台。新政的重要成果之一就是 1933 年制定的《格拉斯 - 斯蒂格尔法案》，它提出分业经营，限制美国银行经营的业务范围，造成了美国银行后来的格局：数量众多，规模狭小，业务单一。

总体来看，20 世纪 30 年代的一系列旨在严格管制银行业和规范股票市场的举措，为市场主导型模式的最终形成奠定了基础。随后，有组织的期权和期货市场创新活动的不断涌现、场外市场纳斯达克的诞生（1971 年）、佣金自由化改革（1975 年）、资产证券化的兴起（20 世纪 70 年代后期），以及 20 世纪 90 年代衍生品市场与债券市场的成长等，都强化了美国金融体系的市场导向，优化了金融结构，大大地推动了美国金融市场的发展。

在 20 世纪的大部分时间中，美国的金融体系处于分业经营、分业管制状态，不同类型的金融机构提供不同的金融产品，受到相应的管制。但是，随着技术的发展、竞争的加剧、管制的变化，社会对不同金融服务的需求、不同金融产品的成本以及管制负担等也发生了相应的变化，最终导致不同金融机构的市场份额发生变化。任何一种类型的金融机构要想在竞争中生存和发展，必须积极开拓新型的、增长型的服务。表 4. 3 显示了美国主要类型的金融机构近半个世纪间所提供的服务产品的变化，从中可以看出，美国金融机构的服务内容与面临的风险日益趋同；表 4. 4 则从资产份额的角度给出了美国一个多世纪间金融机构业务的变化趋势。

表 4.3 美国金融服务业提供的产品（1950 年 v. 1999 年）

机构	支付服务		储蓄产品		信托产品		贷款				承销				保险与风险类产品	
							商业		消费		股票		债券			
存款机构	Y	Y	Y	Y	Y	Y	Y	Y	Y	Y		*		*		Y
保险公司		Y	Y	Y		Y	#	Y		Y		*		*	Y	Y
金融公司		Y		Y		Y	#	Y	Y	Y		*		*		Y
证券公司		Y	Y	Y	Y	Y		Y		Y	Y	Y	Y	Y		Y
养老基金			Y	Y		Y		Y								Y
共同基金		Y	Y	Y		Y										

注：（1）每项业务下的左栏表示 1950 年情况，右栏表示 1999 年情况；（2）Y 表示可以提供，# 表示可以有限涉及，* 表示可以通过附属机构提供。

资料来源：桑德斯（2000，p. 3）。

表 4.4 美国金融机构资产份额的历史变化（1860—1997 年）

	1860	1900	1922	1939	1960	1970	1980	1997
存款金融机构（%）	89.2	81.1	77.2	64.8	57.9	58.3	56.2	46.9
保险公司（%）	10.7	13.8	16.7	27.2	23.8	18.9	16.1	19.3
投资公司（%）	—	—	0.0	1.9	2.9	3.5	3.6	14.3
基金（%）	—	0.0	0.0	2.1	9.7	13.0	17.4	11.6
金融公司（%）	—	0.0	0.0	2.2	4.6	4.8	5.1	5.9
证券公司（%）	0.0	3.8	5.3	1.5	1.1	1.2	1.1	1.5
总量（%）	100	100	100	100	100	100	100	100
总量（万亿美元）	0.001	0.016	0.075	0.129	0.596	1.328	4.025	11.38

注：存款金融机构包括商业银行和储蓄机构；统计中省略了抵押公司和不动产投资信托，因此在百分比加总时略有出入。

资料来源：R. Kroszner, "The Evolution of Universal Banking and Its Regulation In 20th Century America", In A. Saunders etc. Ed. Universal Banking Financial System Design Reconsidered（Irwin, 1996）, and Fed Bulletin。

从表4.4可以看出，美国各类金融机构的资产份额主要变化趋势是：存款性金融机构的资产份额在长期中一直处于下降趋势，在二战以后表现得尤其突出；相反，各种基金和投资公司发展迅速。其原因在于它们与银行和保险公司相比，管制负担较轻，能够为储蓄者提供更接近市场的产品，同时具有规模和分散投资的优势。从历史趋势看，各种基金的增长表面上反映的是投资者对风险—收益偏好的变化，实质上则是直接证券投资成本相对于间接投资成本的下降。近年来，美国金融管制的基本趋势是减少金融机构的管制负担，允许其突破传统的经营界限，因此，美国银行业20世纪90年代后期的盈利状况明显好于90年代初期，但是由于技术的进步，金融市场的变化速度更快，投资成本下降得更多。

20世纪70年代以来，世界各国的金融体系均发生了或正在发生革命性的变化，造成这种变化的主要原因在于：第一，信息技术革命极大地提高了金融体系的效率，降低了融资的交易成本和信息成本，原来在金融体系中处于绝对优势的以银行为主的金融中介越来越多地受到直接市场融资的冲击。第二，二战后一些发达国家对凯恩斯主义政策的运用，导致通货膨胀经常发生，利率风险加大；布雷顿森林体系由于存在难以克服的内在矛盾——特里芬难题，在20世纪70年代初瓦解，国际货币制度进入浮动汇率制时代，汇率风险加剧，贸易和金融领域亟须发展新的金融工具规避风险，这种客观需求在新的金融理论的指导下，刺激了衍生金融工具市场的发展。第三，银行体系在金融市场的压迫下，不断突破政府的各种管制，创造和使用新的金融产品，积极参与市场交易，同时，受自由主义经济思潮的影响，各国政府的管制思想本身也在发生变化，基本趋势是放松管制，为金融创新提供了较为宽松的环境。以上几个因素相互作用，一方面促进了国内金融的竞争，另一方面在经济、金融日趋国际化的背景下，又促进了金融的国际竞争。竞争首先体现在融资效率和成本上，最终则反映为金融机构组织体系的变化，以及金融机构与金融市场关系的重新构造上。

1986年与1990年的两次伦敦金融“大爆炸”

在以市场为主导的金融体系中，美国是一个重要的风向标，但是除此之外，也有别的市场化金融体系值得探讨，这其中最典型的为英国。20世纪初之前伦敦是全球第一金融中心，但是在这之后这种独特的地位逐渐被纽约所取代。二战结束后，英国金融行业缺乏竞争活力，尤其在1979年废除外汇管制之后，英国流向海外的证券投资资金规模不断扩大，作为欧洲霸主的伦敦金融市场地位受到威胁。同时，英国经济陷入停滞状态。因此，为挽救这种趋势，英国在此后进行了两次重大金融改革。第一次是1986年以金融自由化为特征的第一次金融“大爆炸”，第二次是20世纪90年代末以混业监管体系为核心的第二次金融“大爆炸”，这两次改革奠定了目前英国金融业繁荣的坚实基础。随后，一度被认为衰落的伦敦金融中心的功能迅速升级，势力范围也不断扩大，昭示伦敦重新获得并强化了国际金融中心地位，缩小了与美国的差距，在某些方面甚至超过了纽约华尔街。特别是随着伦敦交易所收购事件的演变，伦敦金融城在国际金融市场引起了广泛关注。伦敦金融城的成就，是英国近几十年来对其金融系统不懈改革和开放的结果。

一、英国金融改革与其金融市场发展的演变

许多因素促成了近年来英国金融业的显著发展，这其中包括完善的法律体系、开放竞争的市场环境、适度而有效率的监管、灵活的劳动力市场、具有吸引力的税收安排以及充分利用技术进步的优势等等，其中最重要的是两个基本因素——开放竞争的环境和良好的监管，这两个因素为市场流动性和金融创新提供了根本保证。而这一切，在很大程度上归功于被称为两次“大爆炸”的英国金融体系改革，下文将对此进行简述。

1. 第一次金融“大爆炸”。

1983 年以前，英国证券行业实行分业经营，证券承销、证券经纪和自营等业务是严格分开的，证券经纪实行固定佣金制，金融市场普遍缺乏活力和竞争力。这种状况不仅使伦敦在世界经济金融领域的地位每况愈下，而且不能为英国政府当时大举推动的经济私有化和自由化改革提供金融支持。正是在这个背景下，撒切尔政府实施了第一次金融“大爆炸”。

1986 年英国首相撒切尔主持了金融制度大改革，其基本内容为实施利率、手续费率的自由化，拆除银行业务和证券业务的壁垒，允许生命保险公司、灾害保险公司自由参与各种金融业务，进而把金融市场变成向世界开放的市场。英国期待这次金融改革能成为英国经济再生的起爆剂，所以把它称为“大爆炸”。

这次改革有一个重要的特征，就是同时进行了对内改革和对外开放——在把国内金融企业推向混业竞争的同时，引入了外国金融机构。英国政府和伦敦证券交易所于 1983 年，签订了著名的《帕金森－古迪森改革协议》，交易所会员同意在 3 年之内放弃固定佣金制，同时结束自身的垄断地位，接受外国公司成为交易所的会员。该协议给了证券行业 3 年准备期，于 1986 年正式实施。

在对内放松管制的同时，英国对外开放了金融服务业。对比“大爆炸”前后英国本土证券公司的命运转变，就会发现，这种巨大变革带来的双重冲击非常大，直接导致改革后几年之内，从未形成混业竞争能力的英国本土证券公司毫无抵御能力，几乎全部丧失了控制权。可以想见，对英国这样拥有悠久金融发展史的老牌帝国主义国家来说，当时这种景况带来了多么强烈的震撼。

然而发展至今，改革所创造的开放竞争环境给英国带来的收益也是巨大的，无论从伦敦证券交易所的国际地位、英国在金融产品领域的领先地位来看，还是从英国本土机构的重生来看，都说明了英国金融体系的竞争力发生了根本性变化。

如今，伦敦证券交易所被认为是世界上最国际化的证券交易所之一，它不仅是欧洲债券及外汇交易领域的全球领先者，还受理超过2/3的国际股票承销业务。按市值计算，伦敦交易所是世界第四大证交所。按日均交易额计算，伦敦交易所排名全球第三。

不仅伦敦交易所的地位引人注目，英国在各类金融产品交易领域都取得了或保持着领先地位。英国占跨境银行信贷的市场份额从1992年的16%上升到2014年的20%，同期的外汇市场交投总额份额从27%升至31%。2014年，英国在国际债券二级市场的份额达到70%。在迅速增长的信贷衍生产品市场，英国的份额约为45%。在第一次“大爆炸”后的最初10年间，大型美国证券公司的地位不断加强，但在之后10年里，一些英国本地证券公司又发展起来，为那些不被大银行关注的中小企业提供服务，以满足客户对个性化服务的更高要求。现在的伦敦金融城，是一个更加复杂也更加稳定的金融生态系统。

2. 第二次金融“大爆炸”。

第一次金融“大爆炸”后，英国金融市场恢复了活力，外国金融机构大举进入英国金融市场，市场竞争日益激烈。但是，因为英国的金融监管体系非常复杂，当时有包括英格兰银行在内的9家监管机构对银行、证券公司、保险公司和住房协会等金融机构进行监管。随着金融业混业经营程度的加深，传统的金融监管框架已经不适应新的形势，阻碍了金融创新和金融业效率的进一步提高。于是政府下决心将英格兰银行的金融监管职能分离出来，使其专注于货币政策，同时成立英国金融服务局（FSA），逐步将分散的金融监管职能集中到FSA，FSA成立之初，很多人担心这样一个权力高度集中的单一监管机构会使监管系统更加官僚化，给市场增加不必要的监管成本。但FSA成立后6年的经验证明这些担心是不必要的。一方面，配合FSA的成立，英国颁布了《2000 年金融服务和市场法》，取代了以前一系列金融法律、法规，统一了监管标准，大大提高了金融监管效率；另一方面，FSA 以风险管理为核心的监管资源配置和量体裁衣式的监管风格也对提升英国金融市场的竞争力发挥了推动作用。2003 年，英国一家独立机构向全球 300 家金融机构做了问卷调查，结果显示，这些机构对 FSA 的表现给予了很高的评价，认为“伦敦品牌”与英国监管机构的监管能力极大相关，英国监管者在能力和监管力度方面都强于美国监管者。

英国开放竞争的环境和良好的监管吸引了世界各地的投资者和公司来到英国，1999—2000 年，在美国首次公开发行的外国企业规模超过 800 亿美元，10 倍于伦敦。而到 2005 年，在伦敦首次公开发行的外国企业筹集了 103 亿美元，美国仅有 60 亿美元。欧洲大陆越来越多的金融服务机构都选择常驻伦敦金融城，对冲基金和私人股本基金也在伦敦发展迅速。作为领先的国际基金管理中心，欧洲超过 3/4 的对冲基金资产都在伦敦管理，私人股本资金有将近 50% 在伦敦管理。2002 年，伦敦的基金管理着 6 100 万美元的资产，占全球对冲基金资产的 10%。到 2005 年，伦敦管理的资产达到了 2. 25 亿美元，在全球资产中所占的比例升至 20%。

如果说英国的第一次金融“大爆炸”促进了其开放自由的市场竞争环境，那么英国的第二次金融“大爆炸”奠定了有力而适度的监管基础。而值得注意的是，第二次金融“大爆炸”是在英国政府主导下成立统一监管机构的改革。

二、英国金融服务业成为英国经济比较优势的重要来源

在改革开放中发展壮大的英国金融服务业在英国整体经济中已成为产出、贸易和就业的重要影响因素，是英国经济比较优势和生产率提高的重要支持。2003 年，金融服务业为英国经济总增加值（相当于 GDP 减去税收和补贴）贡

献了5.3%；在对外贸易方面，英国金融服务业出口规模在2003年为200亿英镑，占英国服务业总出口的23%、商品和服务总出口的7.2%，是国际收支经常账户最大的净贡献者，金融服务业已成为英国贸易比较优势的重要来源；英国金融服务业所提供的就业人数超过100万人，占英国就业人数的3.2%；与其他行业相比，金融服务业对英国生产率的提高作用也非常突出，从1997年到2001年，金融服务业每小时劳动生产率提高了3.6%，而同时期英国经济整体只提高了2%。

英国金融业不仅对英国经济的直接贡献很显著，其对英国经济在竞争力和影响力的间接贡献也引人注目。英国财政部曾发表了一份题为《金融服务业：应对全球化的挑战和机遇》的报告，指出具有国际竞争力的英国金融服务业能够帮助英国经济和社会全面应对全球化趋势的挑战：一是利用中国、印度等国的发展机遇，在融资和风险管理方面提供服务；二是在国际竞争越来越激烈的情况下，为英国经济提供前沿的建议、获取资本的最佳渠道和风险管理工具，使英国经济在价值链中保持上游，以增强英国的竞争力；三是为技术进步和创新提供投资，使技术保持领先地位；四是随着老龄化的出现，为全球储蓄提供有效的投资渠道、丰富的金融工具和高效的金融市场。

银行主导型金融体系的机构演变

银行主导型金融体系中，比较典型的有德国、法国、日本、韩国。其中因德国较为典型，所以先对德国进行论述，因韩国、日本与中国的文化背景相像，所以再对韩国、日本依次进行论述。法国金融体系直到20世纪80年代中期还是典型的以银行为主导的，而在此之后就逐渐降低了银行在其中的占比（可参见图4.1），对于法国我们将在本章的后面进行论述。我们先以德国和韩国为例分别回顾各自金融体系的机构演变，其中以与我们文化信用背景较为相似的韩国为重点，阐述银行主导型金融体系的变化。

一、德国金融体系的机构演变

历史上，德国的金融业发展速度较为缓慢，直到19世纪才出现主要经营区域性业务的地方银行。为了应对资本主义经济起步晚、资本积累有限、国内工商企业自有资本比率低的问题，德国推行了金融超前发展战略。政府鼓励银行同工商企业紧密结合，也就是说，鼓励银行积极参与企业的创办、改组和合并。银行资本与产业资本的融合，造就了大型银行在证券市场上的支配地位，被称为“银行交易所化”。

二战爆发后，德国经济遭受了巨大冲击，整个金融体系一片凋敝。1957年，德国《联邦银行法》出台，规定在原有州际银行的基础上成立中央银行——“德意志联邦银行”，并以法律的形式确立了“联邦—州”两级中央银行体系。银行和企业都逐步获得了独立的经济地位和雄厚的经济实力，彼此之间的合作更加深化。这些都标志着德国的金融体系已经成熟。

时至今日，德国的金融体系仍然以全能银行为主导。由于实行混业经营，所以全能银行除典型的银行业务（如存款、贷款、电子银行业务等）之外，还可以从事广泛的非银行金融业务（如经营有价证券、客户理财以及保险业务等）。德国银行制度的综合化导致银行与工商企业相互依赖，关系密切。银行通过透支长期贷款、发行股票债券、股份参与和人事渗透等形式，实现对工商企业的压倒性优势和支配权。

相比之下，德国证券市场不够发达，在很长时间内都没有建立起统一的证券法体系，没有一个对证券市场进行监管的中央机构，市场运作、风险控制和投资者保护等方面的规范大部分属于自律管理性质，不具有法律约束力。直到1994年颁布《关于证券交易和修改交易所法律规定及证券法律规定的法律》（即《第二部金融市场促进法案》），德国才建立证券法体系，并设立联邦证券交易监管局开展证券监管活动。2002年，德国将原联邦银行监管局、联邦保险监管局和联邦证券交易监管局合并为联邦金融监管委员会，内设证券期货及资产管理监督局来负责证券市场的监管工作。

二、韩国金融体系的机构演变

韩国金融制度是从20世纪60年代初开始，为实现经济赶超型发展战略，适应政府主导型经济模式建立起来的。至1997年亚洲金融危机爆发前，韩国金融制度具有“管制金融、间接融资占优”两大明显特征。由于与我国的文化和融资结构较为相像，韩国的金融结构特征值得我们关注。

管制金融是韩国金融制度的基本特征。管制金融即政府主导型金融体系，是指政府直接控制金融体系（尤其是银行体系），并对所有金融机构进行保护，金融部门只是政府为实现产业政策目标的工具而已，它不是遵循金融原则，而是按照行政旨意运行，其形成及演变过程具体如下：

1. 1961年朴正熙发动军事政变，上台后他就修改了《韩国银行法》和《银行法》。前者规定韩国银行（央行）附属于财政部，使中央银行制度有名无实，韩国银行既缺乏独立性，没有制定和实施货币政策的决策自主权，也不能对商业银行和专业银行进行监管。后者通过没收“非法财富”使商业银行的绝大部分股权转移到政府手中，每个商业银行个人股东的股权被限制在总数的10%以内，韩国政府控制着银行主要经理人员的任免和决定银行的预算。20世纪60年代中期，政府对利率进行严格管制，实行存款利率高于贷款利率的政策，旨在将场外贷款市场中流动的私人资金吸引到银行系统，并安排到政府指定的用途上。

2. 20世纪70年代，为实施“重化工业治国”战略，韩国政府加强了对所有银行的控制，同时为吸引场外市场资金成立了数家非银行金融机构，并培育国内资本市场。60年代后期的高利率政策导致许多公司过度举债和超量引进国外资金，致使这些公司背上了沉重的贷款利息负担而面临朝不保夕。

为此，1972 年 8 月，韩国政府颁布“关于稳定救济总统令”，提出所有登记的在无组织场外市场签署的贷款合同均变成低息新合同，允许借方延长原定偿还期限，并规定一些短期银行贷款转为长期低息贷款。该法令在挽救债务沉重的公司的同时，加深了政府对金融部门的控制。

3. 主办银行制度导致产生过于紧密的银企关系。韩国的主办银行制度全称是“主体交易银行制度”。20 世纪 70 年代中期，政府为实施经济赶超型发展战略而通过金融机构刻意培植财阀，采取了“信用控制体系”政策，要求每个企业与某一家银行保持特定的银企关系，该银行即主办银行。主办银行制度使企业与银行有较稳定的信用关系，便于企业融资，便于政府通过银行实施对企业集团的信贷控制。但由于政府的过多干预，主办银行制度导致政府、银行和企业三者之间形成了准内部组织关系，这种关系具有“排他性、封闭性和不透明性”等特点，容易滋生腐败和银行的道德风险。该制度实际上是把企业绑在了银行身上，由于贷款利率相当低，导致了企业的软预算约束和跨行业盲目扩张，一旦企业效益不佳，银行也就可能被拖垮。韩国家族式企业居多，财阀虽然规模庞大、集中程度高、经营范围广，但内部治理结构极不健全，在信息披露、激励约束和决策上易出漏洞，向银行借款多是集团内相互担保，因此，企业的负债率极高而利润率却极低。这样，企业效益低下甚至破产倒闭使银行的呆坏账剧增。

4. 20 世纪 80 年代初开始，政府寻求经济“自由化”并鼓励私营经济体主动参与。1981—1982 年，韩国对全国性商业银行进行了“非国有化”改革，政府将银行的部分普通股转让给私营企业（尤其是财阀），但各银行仍然在政府的控制之下开展业务。因为每个私营企业所持银行股份不能超过银行全部有表决权股份的 8%（现为 4%），政府仍然决定银行主要经理人员的任免，不断通过指导和暗示干预银行的贷款和利率。因此，非国有化只是私有化，而不是银行经营的自由化。

管制金融具有集中筹集和使用资金的特点，发展中国家在经济发展初期，采取这种制度安排有一定积极意义，尤其是与韩国的政府主导型经济模式相适应。但管制金融的缺陷也是显而易见的。第一，中央银行缺乏独立性，缺乏对银行的监管能力，致使金融机构的超负荷经营和金融秩序的混乱得不到有效控制。第二，政府对银行贷款进行直接干预，许多贷款以优惠的条件和利率流向执行产业政策的企业集团，且政府规定央行必须以一定比例对商业银行的这类贷款予以再贴现，这样，商业银行既缺乏对贷款项目进行评估、筛选的权力，也缺乏这样做的能力和动力，在贷款时只需按政府旨意行事，对企业的贷款有求必应，其结果必然是不健全的投资增多和银行运行状况的恶化。第三，银行在受政府直接控制的同时也得到了无限制的保护，一旦银行陷入经营困境也绝无破产倒闭之虞，因为可以从政府及货币当局那里得到无限制的保证，这使得银行经理丧失风险意识，形成道德风险，反过来使银行的自主经营权被进一步剥夺。第四，主办银行制度使银行产生了大量的不良贷款。

5. 20 世纪 70 年代韩国政府就已认识到以“管制金融、间接融资占优”为特征的金融制度存在诸多缺陷，为了纠正金融机构（尤其是银行）发展受阻的状况，以促进产业部门的发展，政府着手研究改革金融机构问题。很多研究都认为，应当放松对金融机构的控制，但是这与当时政府加强对银行的控制这一基础政策相违背而没有被采纳。政府只根据财政部所属“金融制度发展委员会”提出的建议，采取了一些改革措施，如建立一些非银行金融机构，培育资本市场。80 年代韩国政府开始尝试进行金融自由化和国际化改革，措施包括商业银行的非国有化、减少进入银行业的壁垒、对外国银行实行开放、引入新的金融工具、部分放松利率控制以及开放资本市场等。

20 世纪 90 年代初开始至 1998 年亚洲金融危机爆发，韩国继续加大、加深金融自由化改革。1991 年，韩国制定了分四步取消利率管制的方案，并预计于1996年实施第三步，取消除活期存款以外的所有对贷款和存款利率的管制；1992年，外国银行被允许作为一般成员加入银行联合会和韩国预托决济院；1993年，实施了证券市场国际化的第三步，允许外国人无限制地进入国内证券业，允许韩国公民对外国证券市场投资，等等。至90年代中期，韩国基本上实现了金融自由化。

上述改革的目标是改变原有的金融制度安排，方向是正确的，只是由于缺乏强有力的领导和前后一致的规划，以及存在来自政府、银行和企业的强大阻力等原因，所以改革存在一些不足或疏漏，效果不尽如人意，甚至还产生了一些负面影响。

具体来说，商业银行非国有化改革存在不足；自由化改革导致非银行金融机构大量涌现，这些机构大多由财阀所有和控制，从政府政策中获得好处的同时又相对不受政府管制，因而获得了迅猛发展；政府采取措施促进金融国际化时没有扎实、科学的理论根据，且先于国内自由化追求国际化，没有对国际化的后果形成合理的预期，没有建立起“防护栏”对金融机构进行有效监管，毫无防范地放弃了现代市场经济所必需的一些制约，为危机埋下了伏笔。

此外，20世纪80年代初韩国开始放松利率管制，使国内利率水平上升。一方面，扩大了国内与国际市场利率的差距，刺激了国内金融机构和企业举借外债，使并非基于真实需求的短期国际游资大量涌入，形成了大量的外汇风险和助长了泡沫经济；另一方面，在金融机构和企业负债率都很高的情况下，提高了债务融资成本，削弱了金融机构和企业的盈利能力和偿债能力。

6. 金融危机使韩国遭受了巨大打击，也使韩国得以猛醒。在国际社会的援助下，韩国开始采取强有力措施推进金融改革。尽管亡羊补牢，犹未为晚，但值得深思的是：以危机爆发作为推进改革的成本也未免太高昂了。从1997年底开始的新金融改革，其中涉及的机构演变包括：

（1）放弃政府对金融几十年来的直接管制，设立信贷委员会审批贷款；停止保护那些丧失清偿能力的银行和非银行金融机构，关闭或重组破产的商业银行和投资银行；冲减韩国第一银行和汉城银行股东的股本价值（危机爆发后宣布账面价值减少了94%），由政府控制这两家银行，并准备在将来对其实行私有化；要求所有商业银行限期达到国际清算银行资本充足比例8%的要求。

（2）依据巴塞尔核心原理加强对金融业（尤其是银行业）的监管，对商业银行、投资银行和专业银行进行统一的审慎管理。议会正式通过了新的银行监管法规，把所有监管部门合并成一个直属总理办公室的独立机构（即金融监管署），统一金融监管权。政府还着手调查存款保险政策，准备用一个有限制的保险体系取代原有的一般保险制度。

（3）对外资开放国内金融部门，推动金融部门的结构性重组，改善行业效率。措施是取消与商业银行有关的外国投资限制，大幅度提高商业银行中外资持股份额的最高限（达55%）。

（4）发展非银行金融机构和资本市场，为企业提供新的筹资渠道，特别强调发展股票市场，放宽了外资对国内企业股权投资份额的限制。

2001年东京金融“大爆炸”

在以银行为主导的金融体系中，日本是一个重要的样本，它曾经的战时金融体系以银行为主导，主要实行财政投融资模式，这样的体系帮助它成就了过去的辉煌。但是随着体系的僵化，以及僵化体系长久积累下来的问题的冲击，日本最终迎来了一次泡沫出清。在这之后，日本开始进行改革，然而日本的改革设计初衷良好，但并未取得成功，这其中的原因值得我们深究和探讨。

20世纪90年代后期，随着日本经济泡沫破灭、亚洲金融危机的爆发以及全球金融自由化程度的不断加深，日本经济走向成熟并越来越国际化，日本金融制度缺乏透明度、对金融机构监管不严等弊端逐步显露出来。此外，因巨额不良债权、股价大幅下跌、政经丑闻频繁曝光、经济陷入长期萧条，专家们认为，日本经济问题是结构性的，主要集中在财政金融领域，其原因是日本在二战后实行保护性政策最终限制了经济的自由化发展，官僚体制造成了企业对政府的过度依赖，同时经营上缺乏监督和透明度。为了重振日本经济，1996 年 11 月 11 日，日本首相和藏相会谈，决定在 2001 年之前推行金融自由化，并冠以日本版“大爆炸”的名称，向国内外宣布要进行金融体系的全面改革，改革主要由金融体系改革、大藏省改革和公的金融改革这三大改革组成。所谓公的金融（政策金融）是指一种政府金融活动，即由邮政储蓄、政府金融机构及资金运用机构构成的金融中介机构进行的金融活动，或称为日本的财政投融资模式，是民间金融的一种补充方式。

大藏省的改革，是于 1996 年末开始的，该年日本出台了以金融检查、监督机能从藏省分离为中心的改革方案。公的金融改革，被誉为日本版“大爆炸”的画龙点睛之笔，1997 年 2 月，在资金运用审议会上，日本对财政投融资改革进行了深入探讨。此外，以邮政储蓄事业民营化为中心的中央省厅再编计划由政府行政改革会议向各省厅进行了传达。

作为“大爆炸”主流的金融体系改革，其大框架已经形成，主要内容是要在 2001 年之前把日本金融市场建设成为“自由的市场”“透明而公正的市场”和“国际化市场”。

自由的市场——实现金融机构业务自由化和资产交易自由化，主要包括修改不同业态公司的业务范围，允许银行、保险公司、证券公司进入对方的市场，允许银行和其他金融机构进行更多品种的交易以满足投资者的需要，实现证券交易手续费的自由化，内外资本交易自由化及外汇业务的全面自由化。

透明而公正的市场——各类金融机构须提高信息资料透明度，严惩市场违规者。

国际化市场——完善日本会计制度及相关法律，使日本会计制度符合国际标准化，建立全球性的监管系统。

具体而言，改革涉及以下四个方面：

一是修改1942年通过的《日本银行法》，加强银行独立性和决策的透明度。在大藏省下设立金融监管局，专门负责对金融市场和机构的监管。

二是金融组织形态的自由化，改革原有的分业管理体制，废除外汇银行制度。

三是市场制度与交易规则的改革，如股票交易手续费的自由化等。

四是推动金融产品的创新，如允许设立私募基金和公司型基金，允许开设私人银行业务，为个人提供资产运营管理服务等。

这次改革较日本20世纪80年代的渐进式改革有明显不同，主要表现在：（1）改革时间明显缩短。从1997年改革计划正式出台到预计的2001年完成既定改革目标不过5年左右的时间。（2）改革的深度和广度超过前一次，改革更彻底。此次改革的主要内容包括各类机构间相互渗透、内外资本交易自由化、健全金融法规等，触及金融体系的方方面面。（3）注重金融体系各制度间的互补性，加强了对金融机构的监督。它不但力促日本金融体系由间接金融为主向直接金融为主的转变，彻底改变了企业对银行的依赖关系，取消主银行制度，而且大幅度减少甚至取消了各种金融规制，彻底打破银行、证券公司、保险公司间的相互进入壁垒，引入竞争机制，促进金融自由化的发展。同时，还大幅度削减了大藏省的管理权限，由直属于内阁的金融监督厅行使金融监管职能，以提高监管效率。

但日本“大爆炸”式的金融改革也存在一些不利于其推进的因素。其一，持续十多年的经济萧条没有为金融改革提供一个良好的国内环境，同时亚洲金融危机的爆发又使本不景气的日本经济雪上加霜。其二，“金融大爆炸”缺乏广泛的社会基础，触动了各利益集团的经济利益。计划没有充分地权衡社会各个主体之间的眼前利益和长远利益，所以，政策一出台就遭到了民间金融机构、企业、个人的抵制，政府内的许多官员也持反对态度。其三，国际金融风险的防范问题。改革会使金融环境发生变化，也会使金融风险更加复杂。这种趋于复杂的风险既来自国内，也将来自国外。随着日本金融市场的国际化取得更大进展，防范国际金融风险的难度将增加。

由于这些原因，“金融大爆炸”计划事实上很难得到推行。随着大藏省官员涉嫌受贿被捕，计划策划者大藏省大臣二土家博具的引咎下台，“金融大爆炸”改革计划彻底流产。当然，“金融大爆炸”计划的一些改革内容，依然被延续了下来，只不过不再以“金融大爆炸”的形式出现而已。

在日本经济低速增长时期，企业资金短缺逐渐成为公共部门的资金短缺。日本政府为刺激经济回升，采取了凯恩斯主义的扩张性财政政策，大量发行国债，直接融资在日本逐渐兴起，带动企业发行股票、债券的资本市场融资比例上升，间接融资中的银行贷款比重才有所下降。

金融体系向市场主导型过渡的趋势

上文简述了市场主导型金融体系和银行主导型金融体系，以及各自的演进过程。可以看出，一些在过去以银行为主导的金融体系正在逐渐向市场主导型过渡，这个趋势还是值得关注的。本部分将以德国和法国为例进行阐述。

一、德国资本市场的发展

20 世纪 90 年代以来，德国上市公司的数量急剧增加，1980 年德国上市公司只有 2 147 家，1995 年增加到 3 780 家，到 2001 年 4 月进一步增加到 11 753家。

从表 4. 5、表 4. 6 可以看出，20 世纪 90 年代以来德国的资本市场取得了巨大的发展。其主要原因在于：

首先，在二战以后欧洲经济一体化不断发展的背景下，欧洲的金融市场也在不断整合。欧盟成员国除英国以外，基本都采用全能银行制，而且是单一核准制度，即在一个国家获得银行执照，在另一欧盟成员国开设分行无须另行申请执照。同时，欧盟通过了以投资服务法为核心的证券市场法律法规，促进了资金在欧盟成员国间的自由流动。欧盟要求各成员国的年度财政赤字不得超过本国 GDP 的 3%，国债余额不得超过本国 GDP 的 60%，从而为高福利的德国进行财政改革提供了必要的外在压力，也减少了内部的阻力。对银行来说，货币统一虽然减少了来自外汇兑换的收益，但是扩大了经营范围，增加了机会；对企业来说，经济统一加剧了竞争，各国企业为了确保自己的经营安全，纷纷通过并购扩大规模。总之，经济金融的一体化促进了企业和金融部门的竞争。

其次，为了促进资本市场的发展，德国政府分别在 1990 年、1994 年、1998 年和 2001 年颁布了 4 次“资本市场振兴法案”，第一次法案废除了有价证券交易税，促进了证券市场信息系统等基础设施的建设；第二次法案强化证券结算功能，并对内部交易等做出明确的法律规定，从而提高了市场的透明度；第三次法案对公司的组织形式进行改革，修订了公司治理的法律；第四次法案强调投资者保护和市场交易的效率，旨在从根本上增强德国在国际资本市场的竞争力。与此同时，对证券交易投资者大幅提高了税收优惠。

表 4.5　德国股票市场的发展　（单位：亿马克）

年份	发行额	交易额
1995	236	17 332
1996	342	24 418
1997	222	37 226
1998	488	53 975
1999	704	57 830
2000	445	90 403

资料来源：相泽幸悦（2000），p. 5。

表 4.6　20 世纪德国个人金融资产结构的长期变化趋势　（单位：%）

	50 年代	60 年代	70 年代	80 年代	90 年代
银行存款	67.0	65.1	61.3	39.9	26.4
保险	14.4	15.9	16.9	27.6	35.9
证券	6.7	13.7	14.6	23.2	31.6
债券	4.7	9.5	13.8	22.3	5.1
股票	2.0	4.1	0.8	0.9	3.6
基金	—	—	—	—	20.1

资料来源：相泽幸悦（2000），p.6。

从机构角度看，德国最大的商业银行德意志银行为了与美国的投资银行竞争，逐步将零售业务转交给附属子公司，将自己持有的公司股票转交给附属资产管理公司，而德意志银行本身则逐步向专业化的投资银行转变。

二、法国金融体系的机构演变

法国的金融体系直到 20 世纪 80 年代中期还是一个典型的银行主导型金融体系，这一点和德国、日本一样，尽管各自的业务范围、银企关系等不尽相同。信贷机构的国有化程度很高，为了服务不同的政策目的，专业分工很细，分散的金融机构经常处于超贷或超借的状态，因而短期同业拆借市场非常发达。从企业资金来源看，法国资本市场融资比重与其他发达国家相比非常小，银行在金融体系中处于绝对优势地位，而且银行业的垄断程度很高，1986 年，法国共有约 2 000 家银行机构，其中前 10 家总资产占银行总资产的 60%。同一时期，美国 14 000 家银行中，前 10 位资产占比只有 25%（贝尔泰罗，1994，p.72）。因此，法国的金融体系与德国模式相比，更能称得上是与美国模式相对立的“银行主导型金融体系”。

事实上，从 20 世纪 70 年代末开始，法国的金融体系就已经开始发生变化。二战以后，法国的银行体系是基于专业化分工的原则形成的，主要有存款银行、投资银行、中长期银行和一些专门性的金融机构。为了对金融机构进行统一立法和管理，法国1984年制定了新的银行法，同时放松了对金融机构业务的限制，允许银行进入资本市场和保险市场，成为全能型的银行，并在金融市场上处于主导地位。与此同时，进行了利率自由化改革，并废除了贷款配给和大量的贷款补贴。从80年代中期开始，在大规模的私有化背景下，政府大量退出国有银行部门。这些改革都加剧了金融机构之间的竞争。

在资本市场方面，1980—1992年，一系列的金融措施促进了资本市场的发展（见表4.7），主要体现在以下几个方面：第一，引入新的计算机报价系统和交易网络，简化交易程序，放松对交易费用的管制，增加了证券交易的信息透明度和效率；第二，结束了券商的垄断地位，允许券商开展银行业务，同时也允许银行等金融机构逐步收购证券公司，从而加剧了证券交易商之间的竞争（其结果是大量的交易商成了法国新型全能银行的附属机构）；第三，引入新的金融工具，开设新的市场，例如1986年开设期货市场，1987年开设期权市场以及风险资本市场。这些改革极大刺激了市场结构、规模的变化。有价证券的市值与GDP的比值，从80年代初的5%上升到1987年的20%（贝尔泰罗，1994）。

表4.7 法国资本市场的发展（1980—1992年）

	1980年（10亿法郎）	1986年（10亿法郎）	1990年（10亿法郎）	1992年（10亿法郎）	实际增长（%）
证券发行	136	494	567	640	292
股票	24	144	228	274	794
债券	112	350	339	366	185
证券交易	124	2 142	3 806	4 964	2 787
股票	60	424	716	642	1 022

续表

	1980 年（10 亿法郎）	1986 年（10 亿法郎）	1990 年（10 亿法郎）	1992 年（10 亿法郎）	实际增长（%）
债券	64	1 718	3 090	4 322	4 442
市值	843	3 127	4 333	5 126	383
股票	258	1 150	1 738	1 932	534
债券	585	1 977	2 595	3 194	317
投资基金资产	67	1 009	1 943		2 061

资料来源：《货币与金融统计年报》，法国中央银行；转引自文献（贝尔泰罗），1994，p. 74。

总之，法国20世纪80年代中期以来的金融改革，极大地促进了资本市场的发展，但是，值得注意的是，从金融机构角度看，银行在各类业务上积极介入市场，并且在市场上仍然处于优势地位，法国银行拥有大部分股票交易公司，很多风险资本公司是银行的附属机构，1985年新成立的93家投资基金中，有75家是银行设立的（金融时报调查，1989）。

第三节　混业经营与分业经营：金融产品演变的国际经验比较

金融业两种经营模式概述

金融业经营模式是指对银行业、证券业、保险业、信托业的经营范围及其相互间关系进行处理的制度，金融经营模式的创设和发展，深深植根于本国所固有的经济、历史、政治与文化环境之中。因国情的差异，各国的金融经营模式多种多样，各有千秋。在处理银行业、证券业、保险业、信托业的关系上，由于各国工业化进程、发展程度不同，以及商业银行产生和发展所处的宏观体制及微观运行基础的差异，两种不同金融经营模式融合和置换，并经历了一个不断发展变迁的历程。纵观各国金融业，主要存在以下两种经营模式：

一、混业经营

混业经营模式核心在于银行不仅可以经营传统的商业银行业务，如存、贷款等业务，还可以经营投资银行业务，包括证券承销交易、保险代理等。实行这种制度的主要是一些欧洲大陆法系国家，如德国、奥地利、瑞士等。德国是实行全能银行制度的典型代表。德国的银行可以提供全面的金融服务，包括存款、贷款、证券投资，参与企业决策和管理，支付交易结算和经营进出口业务及外汇买卖等，而且上述服务几乎能以任意一种货币形式提供给国内外客户或项目。全能银行在为私人存款者提供全面投资选择范围的同时，还能满足公共机构投资的要求。它的融资范围从传统的营业资金贷款到私人债券或国际债券的发行，服务面向社会所有行业、个人及公共部门。德国这种全能银行制度的产生是有一定历史原因的：因为德国的工业化开始较迟于英国，资本市场也较英、美落后，所以工商企业不仅在短期资金方面而且在长期资金方面都高度依赖银行，银行与企业之间一开始就建立了密切联系，并在业务上采取多样化经营（见图4.1）。

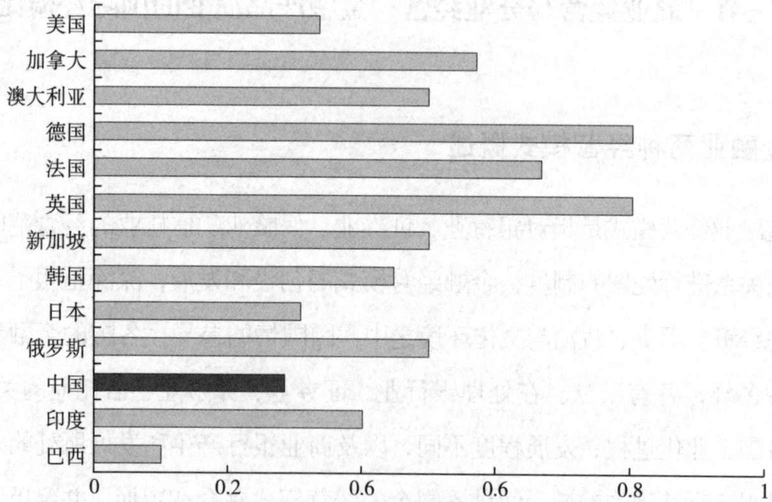

图4.1　各国混业经营指数

资料来源：陈雨露，马勇．大金融论纲［J］．北京：中国人民大学出版社，2013年3月．

二、分业经营

分业经营模式核心在于银行、证券、保险、信托分业经营、分业管理，各行业之间有严格的业务界限，在这种制度下，银行业务与证券业务、保险业务等相分离，商业银行不得兼营证券业务、保险业务等，其业务主要集中于自偿性贷款。自偿性贷款以真实票据为担保，同商业行为、企业产销活动相结合，期限较短、流动性较高，商业银行可以实现其安全性目标，并能获取一定利润。此模式过去以美、日、英等国为代表，并曾一度成为全球主要的金融业经营模式，现在中国仍采取此模式。英国曾是实行分离银行制度的代表，英格兰银行对金融体系管理严格，未经批准，银行不得办理存款业务。英国的存款银行以吸收短期存款为主要业务，六大清算银行的英镑存款中，几乎70%以上是活期存款。英国存款银行的资产业务则主要集中于自偿性贷款。美国在此模式推广中起了重要作用。1929—1933年，西方世界发生经济大危机，这场由证券市场大崩溃而带来的大衰退，严重地打击了整个西方世界的资本主义经济，当时许多人，包括经济学家和金融从业人士，都认为证券市场的崩溃和银行的大量倒闭与混业经营模式密切相关。美国政府为了加强对资本市场的控制，进行了彻底反省并采取了一系列补救措施，出台了一系列金融法案。例如，1933年通过的著名的《格拉斯－斯蒂格尔法案》最先在法律上确立了商业银行与投资银行的分离。商业银行只能从事中短期贷款、存款和买卖政府公债等银行业务，不能从事发行、买卖有价证券等投资银行业务，投资银行不得经营银行存款业务。这是一部具有历史意义的法案，它不仅标志着现代商业银行和现代投资银行的分离，也标志着纯粹意义的商业银行和投资银行的诞生，而且还为其他国家商业银行与投资银行的管理提供了借鉴。美国1934年颁布的《证券交易法》及1939年颁布的《信托契约法》，进一步确立了分业经营模式的框架。美国许多间接经营投资银行业务的商业银行，例如花旗银行、大通银行等，不得不甩掉其证券附属公司而退回到其商业银行领域，一些直接经营投资银行和商业银行业务的公司也不得不分成几个各自独立的部分，例如，摩根公司把投资银行业务专门交由摩根士丹利公司经营并独立出去，而商业银行业务则专门由 J. P 摩根公司来经营。但值得一提的是：美国尽管实现了严格的分业经营制，但还是在法律中为银行开展证券业务留下了一定的空间。《格拉斯－斯蒂格尔法案》明确规定，商业银行可以从事以下证券业务：第一，商业银行可以对美国政府和其他联邦政府发行的债券进行证券投资和买卖，经批准，也可投资于一些州、市政府发行的债券。第二，在不超过银行自有资本和盈余总额 10% 的数量范围内，商业银行可用自有资金对股票、债券进行投资、买卖。但这些证券必须是质量可靠的高等级证券，即不低于证券评级中的 BBB 级证券。第三，商业银行可通过信托业务，作为客户的投资代理，帮助客户进行证券投资和证券交易，在客户缴纳了足够保证金的情况下，商业银行可以发放证券抵押贷款。第四，该法案不适用于美国商业银行机构的海外证券业务，以确保其在海外可以从事比在国内更广泛的证券活动，提高国际竞争力。

西方金融经营模式的发展历程及原因剖析

一、西方国家金融经营模式的发展历程

如前所述，无论分离银行制度和全能银行制度本身的得失如何，事实上，最近 30 年来，所谓英国式的分离银行和德国式的全能银行的区别已逐渐消失，实行业务分离制银行的国家都在向全能制银行过渡。20 世纪 90 年代末以前，商业银行这两种类型的唯一区别，就是除德国以外的多数国家对商业银行直接投资企业及经营证券仍有限制。特别是美国，1999 年以前，在法律上仍将商业银行和投资银行的业务严格区别。

（一）美国金融经营模式的变迁发展情况

谈到美国金融经营模式的变迁发展情况（见表4.8），很有必要先说明一下所谓的“格拉斯－斯蒂格尔墙”。“格拉斯－斯蒂格尔墙”的设立与美国1929年证券市场大崩溃密切相关。20世纪30年代以前，美国对银证兼营并无严格限制，商业银行由此大肆涉足证券领域，利益冲突十分严重，银行经营违背信用义务，损害客户利益。以国家城市银行案为例，1927年该银行的证券关系公司国家城市公司（National City Company）发行了9 000万美元的秘鲁政府公债，银行当时已得知秘鲁政府财政困难，国债偿还无望，但仍放任证券关系公司兜售这批债券并且获取巨额承销利润，而客户则遭受了重大损失。银行参与证券市场投机和利益冲突被视作1929年证券市场崩溃的根源，针对银证混业经营的弊端，1933年美国国会通过了《银行法》，该法由国会议员格拉斯和斯蒂格尔促成，故又称《格拉斯－斯蒂格尔法案》。法案第16、20、21条因规定银行分业经营而被形象地喻为“格拉斯－斯蒂格尔墙”（以下简称“GS墙”），其主要内容包括：（1）商业银行可以进行投资代理，经营指定的政府债券，以自有资本和盈余的10%购买投资等级较高的证券，但不得进行证券发行、承销等属于投资银行的业务。同时，这些限制仅针对国内而不适用于美国在海外的商业银行活动，以保证国际竞争力。（2）禁止美联储系统的会员银行与“从事证券业务为主的机构”成为关系公司。（3）禁止投资银行开展支票存款、存单存款等商业银行业务。（4）商业银行职员不得同时在投资银行任职，禁止商业银行和投资银行之间成立联席董事会。GS墙不仅确立起此后美国60余年的金融管制原则，而且被英国、日本和中国的金融立法界所借鉴。

由于GS墙限制了银行的业务范围，降低了银行的竞争力，美国银行业一直在寻求规避管制的途径，于是银行控股公司开始出现。这种依各州公司法成立的控股公司不受银行法管制，从法律上讲，是控股公司管理银行，但实际上控股公司皆由银行设立并受银行操控，银行由此得以将业务渗透到证券市场。20世纪60年代以后，银行控股公司的数量在美国飞速增长，GS墙开始受到冲击。同时，金融创新也在逐步侵蚀GS墙。

表4.8　美国禁止银行混业经营的金融法律变革

年份	法案	主要内容
1933年	格拉斯－斯蒂格尔法案	禁止银行与证券公司形成关联企业
1956年	银行控股公司法	规范单一或多元银行控股公司，限制其从事保险业务
1970—1986年	Y规则修正案	美联储允许银行控股公司拥有投资顾问与经纪附属公司
1987—1989年	美联储行政命令	美联储允许银行控股公司设立“第20条附属公司”，对证券业务收入比重限制由5%提高到10%
1996—1997年	Y规则修正案与美联储行政命令	将“第20条附属公司”证券业务收入比重提高到25%
1999年	金融服务现代化法案	允许银行、证券公司、保险公司形成关联企业

资料来源：The Economist，“The wall falls”，Oct.，30th，1999。

美国的分业经营模式逐渐瓦解可以从下列变革中体现出来：（1）20世纪60年代，美国花旗银行率先发行具有显著证券性质的大额可转化存单（CD）；1977年5月，美联储准许银行作为私人的证券代理人发展业务，美林公司创办现金管理账户（CMA）；20世纪70年代，美国商业银行成功地对住房抵押贷款实行证券化，此后资产证券化范围不断拓展；而投资银行则创立证券回购市场，通过资产抵押渗透到商业银行领域。传统银行业与证券业的界限越来越模糊。（2）1987年4月，美联储批准银行通过银行控股公司的证券子公司经营票据、抵押担保证券、特定财源地方债、消费者信用担保证券的承销、分销及买卖业务。此后，花旗、信孚、摩根等22家银行开始经营有关的业务。(3) 1989 年 1 月，美联储批准大银行控股公司的证券子公司可以经营公司债券承销、买卖业务。(4) 1987年，美联储允许银行不超过 5% 的收益可来自证券承销；1989 年 9 月，美联储将银行证券子公司以上证券业务的收入限制由 5% 放宽到 10%。(5) 1990 年，美联储准许 . J. P 摩根银行经销企业股票。(6) 1994 年 11 月，修改《格拉斯 – 斯蒂格尔法案》，美国从此也向着全能银行制度迈进。通货监理署允许商业银行设立子公司，经营任何"经营附属于银行业务或在银行业务范围内"的活动，1997 年放开跨州经营限制。(7) 1996 年 12 月20 日，美联储决定将商业银行经营股票债券所得收入在银行总收入中可占比例由 20% 提高到 25%。(8) 1998 年 9 月，花旗银行与旅行者集团的合并被美联储批准，同年 12 月，德国德意志银行收购了在美国投资银行业颇具实力的信孚银行。(9) 美国国会于 1999 年 11 月通过《金融服务现代化法案》。其核心内容是废止《格拉斯 – 斯蒂格尔法案》以及其他一些相关的法律中有关限制商业银行、证券公司和保险公司三者跨业经营的条款，但仍禁止非金融公司从事储蓄贷款业务，GS 墙以倒塌告终。

(二) 西方其他国家金融经营模式的变迁发展情况

英国的存款银行在 20 世纪 70 年代开始发行储蓄存款，吸收和利用定期存款，发放中长期贷款。1986 年，英国以激进方式实现银证兼营。

1996 年以后，日本银行业也不断合并。1998 年 6 月 5 日，日本国会通过了金融体系改革等一揽子方案，包括证券交易法、投资信托法、银行法、保险法等 24 个与金融改革相关的法律，新法律的最大特点是放松了对银行业、证券业、保险业的行业限制，打破了日本银行自二战后长达 50 年的分业经营格局。

20 世纪 90 年代以来，曾经追随美国实行过分业经营的加拿大、澳大利亚、新西兰和韩国等也已经全部废止分业经营相关法律法规。

二、西方国家采用金融混业经营模式的现实原因

（一）制度保证及技术支持

1. 金融放松管制。

从伦敦金融“大爆炸”到美国1999年《金融服务现代化法案》的正式出台，从东南亚国家金融体系的重整到日本金融改革方案的推出，许多国家都在进行自己的金融改革。这场改革以放松甚至取消管制、实现金融业的自由化为基本特征，旨在使金融业不仅实现业务管理上的自由，而且实现业务范围上的自由。

近几年，随着国际货币基金的急速积累和经济发展的一体化，各国政府和有关金融监管当局，逐步对金融体系的法令、规则、条例以及行政管制采取放松管制和取消限制措施，扩大银行的经营活动领域，主要包括：扩大有价证券的业务范围；取消银行开展证券交易的限制；以灵活汇率政策取代固定汇率制度；以间接的货币政策代之直接限制银行信贷数量；逐步减少对银行存款利率的限制等。在美国，自20世纪80年代以来，监管当局逐渐放松对金融机构跨行业和跨地域经营的限制。1994年，美国国会通过《州际银行法》，允许商业银行主要以收购的方式在全国范围内设立分支机构。1999年10月4日，美国参议院和众议院分别以压倒性多数通过了《金融服务现代化法案》的最后文本。该法取代了30年代大萧条时期实行的限制商业银行、证券公司和保险公司跨行业经营的法律，从而使美国金融业跨入一个新的时代。此项法案直接导致美国金融领域一些集商业银行、证券业务和保险业务于一身的金融财团的诞生，企业和消费者在一家金融机构内就能办妥所有的金融交易。

2. 金融创新。

金融创新是指新金融产品的推出，新金融组织体系的创立，新金融市场的形成和新金融资源的利用。它是各种金融要素的全新组合，是金融行业为避免或减少金融交易风险，追求利润最大化而不断进行的金融改革。国际金融创新始于20世纪60年代中后期。进入80年代后期，随着科学技术的迅猛发展，特别是电子计算机在金融业的普及，越来越多的新技术成果被广泛应用于金融业。金融业的竞争日趋激烈，金融创新逐步成为商业银行竞争的主要手段，并成为现代商业银行利润持续增长的重要源泉。

进入20世纪90年代后期，金融创新在深度和广度上得到了空前发展，它改变了世界经济格局，促进了全球经济一体化的发展。它的发展趋势大体可概括为：金融产品的多样化、金融制度的自由化、金融市场的国际化、金融体系的网络化、金融资源的多元化。

由于金融创新，金融业内彼此的界限已经模糊不清，分业经营失去了意义。当今各国金融机构为了提高国际竞争力，争夺客户，不断进行金融创新，新的金融产品不断涌现。而许多新的金融产品都是银行业、证券业和保险业的杂交产品，要进行金融创新就必须冲破分业经营。

保险证券化就是根据不同的保险险种，借助股票、债券、金融衍生产品等工具将保险业务同证券业务结合起来的过程。首先，金融创新使银行产品和保险产品日益趋同。现在保险产品具有储蓄功能而银行产品又具有保险功能，监管部门很难像从前那样对银行产品和保险产品进行区分，从而很难规定这些业务是银行的，那些业务是保险公司的。这在年金、人寿保险、健康保险上表现得特别明显。年金、人寿保险、财产和意外保险以及健康保险这4种传统的保险产品出现了新的发展趋势。这些新型的保险合约与共同基金和银行的大额可转让存单并无差别。现在许多银行存款的支付结构也是证券和年金产品收益结构的翻版。退休存单的发明，使银行可以把任何递延利息支付存款变成传统的年金产品。其次，金融衍生工具诞生。例如，期货、期权和套期，对银行、保险相分离的原则提出了根本性挑战。金融衍生工具作为风险管理、避免或减少财产损失的工具能够直接取代许多保险产品。例如，1992年在芝加哥问世的灾害期货是传统灾害保险的替代产品。虽然使用这些金融衍生工具得到的赔偿额，可能不如购买灾害保险获得的多，但由于前者不存在道德风险问题，这使交易成本大幅降低。

此外，随着金融创新而逐渐趋同的信贷市场与资本市场也使银行、证券业分离的规定落后于时代。从公司借款人的角度看，是通过银团贷款还是依靠发行债券来筹集资金，二者之间没有实质性差别。如果不让银行进入证券业，借款人就难以充分利用信贷市场与资本市场一体化的好处。从金融机构的角度讲也是这样，承销债券发行和银团贷款承诺之间没有大的区别。分析借款人的资信状况，衡量其他市场参与者的意愿，给票据定价，每一步的程序都基本相同。无论是投资银行还是商业银行都有责任就不同融资手段的差别向客户提供不带偏见的专业建议，为此，他们必须是各种市场的积极参与者。

（二）消费者的理性选择及金融业对利润最大化的追求

1. 客户的需求。

金融业早就从卖方市场转向竞争激烈的买方市场。在买方市场中，客户的需求对金融机构而言，比以往任何时候都重要。以市场为导向，以客户为中心，建立营销模式，满足客户需求，全面提高自身的经营效益，这应是金融机构的经营理念。客户是金融机构利润的创造者，没有客户，金融商品的营销就无从进行，金融商品也就无法实现其价值。客户对金融商品的需求是多种多样的，客户需要存款、贷款、结算等，也需要买保险、买基金、买债券、炒股票和使用信用卡。以往，客户存款、贷款要到银行，炒股票要通过证券公司，买保险要到保险公司，费时费力，除了效率低，也极易贻误商机。因此，客户都希望得到“一站式”全过程金融服务，即在任何一家金融机构都能得到各种各样的金融服务，就如同在金融超市选购金融商品。而这一切，在分业经营下是很难做到的，只有在金融业实行混业经营的情况下才能做到。

2. 风险最小化及利润最大化。

商业银行的经营原则是效益性、安全性和流动性，规避风险、提高经济效益是其追逐的目标。但是20世纪90年代的金融动荡与银行的衰落，使人们认识到传统的商业银行业务已使商业银行生存与发展日益艰难，利润下降、竞争力减弱，分业经营模式承受着严峻考验。商业银行只有通过向保险和证券投资领域渗透，增加其市场份额，进入有吸引力的新市场，成为全能的超级金融集团，从而降低金融业发展的风险和成本，才能最终实现服务多样化、资产多元化和利润最大化的目标。

3. 银行自身的扩张机制。

经理人扩张理论认为，在银行所有权与控制权分离后，银行的控制权主要掌握在代理人手中，特别是大银行的管理人员将成为经济生活中最有力的决策者。商业银行的经营者作为所有者的代理人，有扩大规模的内在冲动，而混业经营是其进行低成本、低风险扩张的有效途径之一。代理人可以此来提高自己的权利、收入、社会声望和职业的稳定性，代理人的扩张动机在某种意义上推动了混业经营的实现。

三种金融混业经营模式：全能银行、银行母公司和金融控股

一、德国模式——全能银行制

德国模式是指将银行业务和非银行业务组合在一起，管理者在一个公司实体内对所有的业务进行管理。德国模式具有开放性和自由性，银行本身在

一个公司实体内设置业务部门，全面经营银行业务和证券业务，并控股保险、住宅抵押信用及其他包括工商领域的子公司。类似德国模式的银行结构还存在于欧洲的西班牙、瑞士、法国、挪威等国。对金融机构而言，德国模式可能是最具吸引力的。在这种模式下，公司内部可以共享资源，使资源得以充分利用，增加信息资源的流动性，发挥信息优势，节约信息搜集成本和金融交易成本，实现规模经济与范围经济，从而产生较高的运营效率。此外，这种模式可以在企业的整个生命周期内为企业提供全方位服务，满足其融资需求，提高企业的经营业绩，有利于提升银企关系，而银企关系的提升又是银行获取收益的重要影响因素。但是，这种模式不利于调解利益集团之间的利益冲突，也不利于加强金融安全网的建设。在这种模式下，金融集团各种业务之间没有制度障碍，一笔交易的损失可能直接对整个集团造成损失，引起内部风险的传递。同时，人员、机构、资金混在一起，监管难度较大，监管当局要对多种产品进行了解和管理，这会导致较高的监管成本和不完全监管。采用这种模式，公司没有法律义务在各个部门之间建立防火墙，但是为了加强本公司的品牌价值，公司经理人应当采取一定的风险防范措施，应当鼓励各子公司建立“防火墙”。监管部门在审批金融机构组织模式过程中，可以提出相应的“防火墙”要求。

二、英国模式——银行母公司、非银行子公司制

在英国模式下，商业银行不能直接拥有工商企业的股票，银行与非银行子公司之间有严格的法律限制，银行只从事商业银行业务，证券业务、保险业务或其他金融业务分别由银行控股的证券公司、保险公司或经营其他金融业务的子公司开展。这种模式由于在银行与证券公司、保险公司等子公司之间建有“防火墙”，因此银行与其他种类业务部门的一体化目标只能部分实现。与德国模式相比，这种模式的规模经济和范围经济效益受到限制。但是

这种模式仍能通过多元化经营分散风险，能利用金融部门各自主营业务的特长，通过业务的交叉销售获得较高的收入，实现优势互补，提高银行的品牌价值。同时由于“防火墙”的存在，有助于减少利益冲突，避免风险的传递，扩展银行证券活动的安全网，便于监督管理。但实际上如果子公司出现问题，银行的声誉也会由于风险的传递效应而受到影响。此外，在这种模式下，非银行机构由于处于被控股地位，所以其独立性较小，有可能影响外方与其合作的稳定性和可靠性。

三、美国模式——纯粹型金融控股公司制

在美国模式下，控股公司同时拥有银行、证券、保险等金融业务子公司，用明显的“防火墙”把各金融业务子公司的管理和运行分开，限制商业银行与证券等业务部门的一体化程度。控股公司并不直接从事业务经营，由不同的子公司从事不同种类的金融业务，每个子公司都有自己独立的资本金管理团队、会计记录等，各自相对独立运作，但在诸如风险管理和投资决策等方面以控股公司为中心，商业银行、证券公司、保险公司等通过控股公司相互进行业务渗透。在该模式中，商业银行不能直接拥有工商企业的股票，不能直接从其他金融机构获得利润，只能通过业务关系或关联交易与其他金融机构实现利益共享。因此这种模式限制了信息、人力资源或其他投入要素在集团内各个部门的流动，降低了规模经济和范围经济效应，削弱了银行开发和利用信息时获得协同效应的能力。此外，在这种模式下，母子公司之间、子公司之间在经营管理中的关系协调有一定难度，处理不好将会妨碍整体发展。但是，在这种模式下，投资主体明确，产权制度清晰，在市场和分销网络上可以实现协同效应，运作效率较高。证券子公司的资本由控股公司控制，控股公司对资本投资的责任是有限的，因此，控股公司旗下的银行部门受证券部门经营不利的影响不大。同时，这种模式在各金融业务之间建有“防火

墙”，减少了不同业务部门之间的利益冲突，扩展了证券部门的安全网，可以有效地减少内部风险的传递。由于这种模式透明度比较高，因此很受各国监管当局的欢迎。从对效率（成本节约）与风险传递的均衡来看，德国模式把重点放在了效率上，而美国模式更重视稳定。由于以上3种模式（见表4.9）都有潜在的信誉传递风险，因此，很难判断哪种模式更优，这主要依一国的具体环境而定。

表4.9　混业经营的基本模式

模式	法人情况		特点	实例
全能模式	一个法人； 多块执照； 多种业务		职能部门分别提供银行、证券、保险等服务，甚至渗透产业资本	以德国、西班牙、瑞士为代表，如德意志银行、瑞士信贷
相对独立模式	事业型控股模式	多块执照； 多种业务； 集团混业； 多个法人； 分业经营	以银行（或证券公司、保险公司）为子公司的控股母公司。母公司从事某项金融业务，还控股其他金融行业的公司，也称为银行（证券/保险）控股公司	英国：巴克莱银行、劳埃德银行 美国金融控股公司发展的前身
控股模式	纯粹型控股模式		银行、证券公司、保险公司为集团公司的子公司，组成金融集团。母公司通过股权控股银行、证券公司和保险公司各子公司，不从事具体业务，只负责战略管理	以美、日为主要代表，如花旗银行、日本三菱联合集团、瑞德集团、英国汇丰集团及中国台湾的14家金融控股公司
	产融结合模式		母公司为实业企业，直接控股银行、证券公司等金融机构	日本索尼公司（索尼银行、索尼保险、索尼人寿）

资料来源：王自力（2005）

金融混业经营与分业经营的优劣比较——成本收益分析

一、金融分业经营的成本收益分析

（一）金融分业经营的收益分析

1. 金融分业经营的社会收益分析。

金融分业经营模式的社会效益主要体现在控制风险、便于监管、保证金融体系的安全等方面。由于规定了严格的业务范围，分业经营模式可以有效地降低整个金融体系运行中的风险，并且，将资金实力雄厚的商业银行排除出证券市场，有益于保障证券市场的公正与合理，防止产生金融混业经营中的利益冲突从而避免损害存款人或投资人的利益。实施严格的业务划分，各金融机构的业务都相对单一化、简单化，这样就更有利于政府根据不同金融机构的特点，实施有效的监督和管理，并使其经营风险得到有效控制。金融分业经营所设置的金融防火墙可以帮助切断风险的传递链条。业务分离有利于减少垄断，弱化了金融机构之间的竞争，客观上降低了金融机构因竞争被淘汰的概率，从而有利于金融体系的稳定。

2. 从微观层面看金融分业经营的收益。

金融分业经营模式可以促进金融行业的专业化分工。从一定程度上说，投资银行和商业银行分离促成了金融行业的专业化分工，两者分别可以利用有限的资源，各司其职，拓展自己的业务天地。金融分业经营能够使各金融机构更加专注于自己所擅长的业务，充分发挥自己的优势，避免盲目开发新产品、新服务，这样可以降低金融机构（主要指商业银行）的风险并使其收益更加稳定和有保障。然而在现实生活中，金融分业经营在客观上并未达到预想的效果，这与社会、经济的发展状况以及分业经营立法规定本身的局限性都有着十分重要的关系。

（二）金融分业经营的成本分析

1. 金融分业经营的社会成本分析。

金融分业经营在一定程度上损害了客户的利益。严格的业务划分使客户失去了获得方便快捷而又综合化的服务的机会，客户不得不与多家不同的金融机构往来以满足其多种金融服务需要。金融分业经营使银行市场范围缩小，丧失了许多盈利机会，经营逐渐困难，削弱了银行的实力，从而影响了整个市场经济环境。由于世界经济贸易迅速发展，对金融服务业也提出了更高的要求。经济的全球化必然要求金融的全球化，而金融业务的分业经营状态无疑不能适应金融全球化的发展趋势。

2. 从微观层面看金融分业经营的成本。

一是机会成本上升和规模不经济。机会成本是指相对于其他投资和未来收益而言实际支付或发生的各项成本费用，它包括实际成本费用支出以及因放弃其他项目投资而丧失的收益。从经济学角度看，将一种资源用于某种用途就意味着它不能用于其他用途。因此，在我们考虑将一种资源用于某种用途时，我们应当考察可供选择的次优用途。这种次优用途就是对机会成本的正式度量。尽管机会成本是隐性的，但在经济决策时必须予以考虑。在金融分业经营条件下，经营一种业务意味着要放弃别的业务，机会成本上升。另外，金融分业经营存在经营成本偏高、难以形成规模效益的缺陷。

二是竞争力下降。在现行金融分业经营制度下，对银行业务经营的严格限制不利于银行业的发展及国际竞争力的提高。当今世界企业筹资渠道的多样化以及越来越依靠资本市场直接筹资，使得银行传统的存贷款间接融资业务比重越来越小，表外业务和中间业务成为银行收入的主要来源，金融混业经营证券、保险、信托及衍生金融业务成为国际银行业发展的方向。同时，分业经营制度对证券业、保险业的严格限制，现实中融资及投资渠道的缺乏以及传统业务品种较单调，不仅加剧了同业之间的恶性竞争，而且严重制约了证券、保险行业整体水平及竞争力的提高。

三是不利于金融创新。在金融分业经营制度下，商业银行的业务范围受到很多限制，一些具有转移风险及套期保值功能的金融产品和金融工具无法在市场立足，这不仅直接影响了商业银行自身的盈利能力和风险控制能力，而且还间接影响到证券机构的市场运作行为及策略，表现出很强的短期投机性和不稳定性。银行在资产业务和负债业务两方面都受到证券公司、保险公司等非银行金融机构的挤压，业务空间日益萎缩，创新活动难以开展。银行业的长期安全须由新的利润增长点和多元化的资产组合来支持，而不应以损失效率为代价。

二、金融混业经营的成本收益分析

（一）金融混业经营的收益分析

支持金融混业经营的观点包括：一是金融混业经营可实现银行业务多元化，降低银行经营风险；二是金融混业经营可实现不同业务之间的资源共享，有利于提高效率，能实现规模效益；三是能发挥电子信息技术的优势，为客户提供全面的金融服务，满足金融消费的多元化需求；四是金融混业经营具有“内在稳定性”，使银行和整个金融制度趋于稳定，并促进金融机构间的竞争，使金融业的服务效率提高。

1. 西方国家采用金融混业经营方式的理论寻源。

（1）金融混业经营与规模经济。

规模经济也称规模的经济性，指的是经济组织因生产经营规模的变动而引起的收益变动，它反映了生产经营能力扩大使产品单位成本下降的趋势。

通俗地说，规模经济就是大规模的生产经营所带来的好处。规模经济通常用长期平均成本曲线来表示。长期平均成本曲线描述了随着经济组织规模和生产经营能力的扩大平均成本变化的规律，在理论上，它是短期平均成本曲线的包络线。一般而言，规模与效率之间的关系，关键是看随着产出的增加，单位成本是上升还是下降，但通过观察平均成本是否大于边际成本则将进一步揭示规模变动与成本变动之间的 3 种形态。当边际成本曲线位于平均成本曲线之下时，完成额外一个单位产出增加的成本将低于单位产出的平均成本，这说明大规模生产的经济性。但随着产出的不断扩大，平均成本曲线会不断趋于下降，最终当产出达到一定水平时，边际成本曲线与平均成本曲线相交或重合，这时边际成本等于平均成本。如果这种情况在一定的产出范围内不变，该产出范围就属于规模收益不变。假如产出继续扩大，以至于边际成本曲线位于平均成本曲线之上，则意味着规模不经济出现。

（2）形成规模经济的基本原因。

规模经济因不可分性而产生。任何生产设备和生产经营活动都在产出达到相当数量时才有可能进行。不能想象，数千立方米容积的高炉仅为生产数吨钢铁而开工。同样，银行作为金融服务企业，其提供一项金融服务需要配置相关人员、设备，并且发生一系列管理费用等，当这些费用分摊到较大单位的服务对象中去时，则减少了单位服务成本，相应提高了银行的利润。例如，大额存贷款对管理费用和其他固定费用形成了摊薄效应。

成本具有劣加性。在某一区域内的金融业务分别由商业银行、投资银行及保险公司独立经营时，每家金融机构必须在信息收集、电子数据处理设备以及员工管理上分别进行投资。但是当一家金融机构可涉足多领域的金融业务时，其中大部分经营成本可以通过人员和设备的共享而减少，此时的成本将低于各金融机构分业经营时的成本，这就是成本的劣加性。

金融业的行业特殊性决定了金融业更容易形成规模经济。第一，金融机构经营的商品是货币或有价证券，具有同质性和稀缺性。这决定了它具有广阔的需求市场，为金融业的规模扩张奠定了基础。第二，金融业很少涉及生产成本，更具规模经济的特点。金融业的经营一般需要较多先进的技术装备和基础设施投资，由此产生的成本在一定时期内相对稳定，并随着可变成本的增加会降低单位资产的平均成本。另外，表外业务，尤其是金融衍生工具交易业务在整个金融业务中所占的比重日益突出，扩大该业务量的边际成本很小甚至为零，规模经济效应更加明显。第三，全能型银行从事证券、保险、基金管理等多种金融服务，会产生业务范围广泛的规模经济。

(3) 金融混业经营的规模经济效应。

规模经济对金融集团，尤其是全能银行的效率发挥至关重要。因为随着金融业日益自由化和国际化，加上网络技术及信息技术不断发展，金融业适度规模边界也在不断向外推移，而金融业分业经营时，经营活动水平一般达不到适度规模边界不断外移的潜在要求，因此金融业要求混业经营的一个主要动因就在于获取不断向外扩张的规模经济。

规模经济可以从金融服务的生产中产生，也可以从对金融服务的消费中产生。从服务的生产来看，一般认为，当某一机构提供特定服务组合的成本低于多家专业机构提供同样种类服务的成本时，即存在规模经济。

全能银行能从常规技术规模经济中获得效益，其原因在于：首先，它们可以将管理与某一客户关系的固定成本（物资和人力）分摊到更广泛的产品上；其次，它们可以利用自身的分支机构和已有的其他全部销售渠道以较低的边际成本销售附加产品；再次，由于全能银行可以通过调整系统的内部财务结构做出反应，因而更容易面对产品需求状况的变化（金融机构提供的部分产品，在某种程度上是近似的替代品）；最后，由于在某些领域建立信誉比在其他领域要容易，以及信誉外溢效应的存在，全能银行可以利用在提供一种服务时获得的信誉向客户推荐它们的其他服务。

规模经济也可从对金融服务的消费中产生。与向不同服务的提供者分别购买相比，向单个提供者购买一定数量的服务组合，可以使购买者节省研究、谈判和监管成本。

从理论的角度看，人们较一致的观点是全能银行具有巨大的潜在规模经济。但是，目前所进行的实证研究还不能印证这种一致性，一部分原因在于其结论的含混，另一部分原因在于其所采用的方法中存在的问题。

（4）金融混业经营与范围经济。

范围经济是研究经济组织的生产或经营范围与经济效益关系的一个基本概念，指的是由于经济组织的生产或经营范围的扩张和收缩，导致平均成本改变的状况。当企业通过扩大经营范围，增加产品种类，生产两种或两种以上的产品而引起单位成本降低的情况时，就说明存在范围经济。

（5）形成范围经济的基本原因。

假设有两个技术单位甲和乙，甲的产出就是乙的投入，甲的产品向乙的转移既可采取市场交易方式，也可采取企业内部交易的方式。在一般情况下，企业内部交易方式的交易成本比市场交易方式的交易成本低。这种由于扩大生产和经营范围导致平均成本降低的经济，就称为具有范围经济性。范围经济的决定因素是交易费用。

（6）金融混业经营的范围经济性。

金融业的范围经济可被界定为随着各金融机构业务领域的扩张或经营品种的增加，所引起的边际收益增加或边际费用下降的情况。如果各金融机构业务范围扩大后，交易费用下降引起边际收益增加或边际成本下降，就表明金融业实现了范围经济。

举例来说，商业银行是决定维持其原有业务品种，还是决定开展其他业务品种而转换成全能银行，取决于商业银行专业化经营的交易费用与综合化经营的交易费用的比较。如果专业化的交易费用大于综合化的交易费用，商业银行就会采取措施，开展其他业务，进行由专业化经营向综合化经营的转化，换言之，商业银行就会决定涉足投资银行业务及保险业务等。商业银行开展投资银行业务等具有以下范围经济性：一是银行可以为用户提供“一条龙”服务，满足客户多方面的需求，提高服务水平，降低交易成本，从而降低平均成本，有利于金融商品的丰富与发展，有利于活跃金融市场。二是商业银行开展投资银行业务等可以降低经营的风险。在能力允许的条件下，商业银行涉足投资银行业务等，使其业务多样化、综合化，可使银行的非系统性风险降低，同时，银行的一部分亏损业务也可通过其他的业务盈余来弥补，这样就大大增强了银行抵御外部经济因素冲击的能力，稳定了银行的利润，从而有利于金融系统的稳定和金融危机的消除。三是商业银行拓展投资银行业务还有利于银行的盈利和成本的分摊。由于银行业竞争加剧，银行的存贷利差越来越小，但是各项成本开支却无法减少，银行只好依靠金融创新，设计新的金融工具，绕过法律的限制进入证券业、投资业和保险业，以求开辟新的盈利渠道。四是商业银行通过开展投资银行业务，持有贷款企业的股权，可以作为股东掌握企业的内部信息，解决了信息不对称的问题，降低了银行自身贷款的风险，避免了借款人的逆选择行为，节省了资信调查费用和监督费用，进而降低了贷款管理成本。银行管理贷款的成本降低了，就可以降低对客户贷款的利率并根据客户的需要在贷款的金额、期限、偿还方式、有无抵押品等方面做出灵活的规定，从而有利于资金的配置。同时，银行作为企业经营的监管人，可以克服企业行为的短期化问题，在一定程度上保证企业的行为符合长远利益。商业银行混业经营后，会使经营的业务种类增加，负债成本率降低，有利于增强银行资产的流动性，使银行资产结构趋向合理，资产收益相应提高。

2. 金融混业经营与学习曲线。

（1）学习曲线的一般原理。

如果企业“学会”如何更有效地生产，企业的平均生产成本就会逐渐下降。学习曲线描绘了当企业的累计产出增加时，企业生产既定数量产品所需投入的减少数量。这种成本随经验下降的现象对那些劳动力素质有较高要求的公司最有意义。

（2）金融业的学习曲线效应。

经验的积累可以大幅提高员工的劳动熟练程度，使学习曲线效果格外显著。当金融机构实施混业经营时，尤其是当商业银行以控股或并购方式从事投资银行业务及保险业务时，商业银行不但获得了投资银行业务、保险业务和各种资产，而且还获得了原投资银行及保险公司的经验。一般地说，金融业是对员工素质要求较高的行业，经验便成为一种有效的进入障碍。通过混业经营，不同业务部门可以实现经验分享，形成一种有力的竞争优势，这就是金融业的学习曲线效应。

（二）金融混业经营的市场效益分析

1. 金融混业经营对消费者利益的影响。

金融混业经营是有代价的，它会导致市场力量的集中甚至造成垄断。从客观上讲，全能银行可以凭借市场力量提高金融服务的价格，从而获得超额利润。这对消费者是不利的，因为价格的提高会给消费者的福利产生不利的影响。

2. 金融混业经营的市场净效应分析。

混业经营常常带来经济效益。由于存在规模经济，混业经营会带来平均成本下降，这种成本节省效应使得混业经营带来效率的增长。但是混业经营会导致市场力量的集中，使得银行可能通过提高价格攫取超额利润，从而对消费者产生不利的影响。评价金融混业经营的净效应，就要对混业经营的利弊进行综合比较。混业经营所带来的效率方面的好处由成本节省表示；而混业经营使得市场支配力增长从而给消费者造成的损失，则由消费者剩余的净损失度量。两者之和即为混业经营产生的净效应。如果结果大于零，则混业经营利大于弊，反之，则弊大于利。

如果混业经营获得了一定程度的实质性经济效益，则为使净配置效应为负，混业经营必须产生显著的市场支配力并导致相对较大的价格上涨。但从现在已实行混业经营的国家看，金融业的竞争依然激烈，大型金融集团或全能银行不能任意操纵市场价格攫取超额利润，金融服务产品的价格不会发生很大变化，因此，我们可以进一步得出，混业经营实现市场净效应的可能性是非常大的。

（三）从微观层面看金融混业经营的收益

1. 以多样化经营战略，实现收益多元化。

金融业层面的多样化经营或分散化经营与股东证券组合的分散化不同。股东可以有效地在各个行业、各种股票间分散其投资风险，因而金融机构没有必要为了其股东而分散经营。但若金融机构经营仅限于某一业务领域，一旦该产业失败，管理者和其他雇员就面临很大的风险：因为金融从业人员的大部分知识和能力都是在为金融机构工作的过程中获得的，这些知识和能力只对金融业甚至只对专属岗位有价值，也就是说，他们专属于金融业的人力资本是无法转移的。这时通过多样化经营就可以给雇员以安全感，可以鼓励雇员进行专属于金融业的人力资本投资，而这种投资可以使其更有价值和产生更高的劳动生产率。此外，在银行传统业务衰败时，分散化经营还可以通过向其涉足的其他业务领域的转移来提高组织资本和声誉资本受保护的可能性。尤其在银行管理能力有余的情况下，通过外部的分散化经营，获取扩充其现有管理能力的空间，迅速而便捷地提高了金融业的经营效率。

2. 获得纳税优惠，合理避税。

根据西方国家的税法规定，当一个公司遭受无法抗拒的经营损失时，可以依据“移后挪前法”，将亏损在若干年中分摊到税前列支，也就是说，可以在规定年度内享受税款减免的优惠。按照这项规定，一家全能银行的投资银行业务盈余可以抵补其传统商业银行业务的亏损，从而减少其每年的纳税额，达到合理避税的目的。分业经营的银行就不能享受此项优惠，会因盈余存在而负担高额所得税。

3. 具备互补优势，获取经济协同效应。

经济协同效应理论认为，通过业务互补和产品的交叉销售，可获得管理层面、财务层面等的协同效应，节约交易成本，降低交易费用，减少学习成本，达到管理资源和现金流量的充分利用，提高资产回报率。互补优势，实现协同效应。

若利用并购方式实现金融混业经营，产品交叉销售后，合并各方可以互相利用对方的客户基础、经销渠道扩大经销网络，增加销售收入。比如花旗银行在商业银行业务领域拥有广大的客户基础，旅行者集团可以利用这些客户，推销其共同基金、退休基金、人寿基金、物业保险、资产管理、投资咨询等方面的金融产品或服务，扩大销售额；同样，花旗银行可以利用旅行者集团的客户群推销自己的消费信贷、信托、外汇买卖、债券服务等。

4. 具备信息优势，巩固银企关系。

企业往往有一些关乎自身信誉和投资计划的信息是不对外公开的，他们一般通过与独立机构（评级机构）订立合同，由后者向外界传递有关信息，并为企业的资信状况提供担保。为了维持自身的信誉，评级机构会尽量提供准确的信息，同时由于这种做法使企业能够进入资本市场并省去与银行接洽的费用，企业也乐意为之进行投资。而另有一些企业则不适合利用评级机构，因为这些企业的信息生产成本可能过高或者无法与评级机构保持持久而深入的联系。在这样的情况下，这些企业通过将一些工作委托给金融中介（银行），也可以大大节约成本。金融中介通过避免功能的重复，如收集借款者的相关信息等，使成本得以降低。

在与企业建立联系的过程中，在决定贷款之前，银行收集与企业及其投资机会有关的信息要花费成本。在决定贷款以后，银企关系进入了一个新的阶段：银行对企业进行监督，确信后者遵守贷款合同条款，同时进一步收集与该企业有关的信息。这样做的结果是，企业通过银行筹资的成本要高于公开筹资的成本，从而使企业倾向于绕开银行进行筹资。而且，一些企业会避免通过银行进行筹资以避免随之而来的监督。因此，信誉较好的企业（通常是大企业）倾向于到资本市场上直接筹资，而较小的和成立时间较短的企业则对银行有较大的依赖。

在这种体制下，人们通常认为全能银行比专业银行有优势，因为全能银行可以提供比专业银行更多的金融产品，从而在自己与企业之间建立起更为广泛和长期的联系。这种银企关系的加强可能给双方带来极大的利益。“广泛”的银企关系可能成为规模经济的源泉。它使银行通过观察企业与更多种金融业务的合作行为，对企业有更深入的了解；同时，使银行能够利用收集到的信息，以多种业务形式而不仅仅是贷款的形式对企业进行监督。而且，由于提供的服务种类更多，在设计金融合同时，全能银行可以使用更多的工具，对企业的管理决策施加更多的影响，从而节约代理成本。

只有当银行想延长与企业的业务联系时，才会与企业签订长期合同。由于银企合作中产生的一部分信息为银行所有，企业不能轻易地将其传递给其他各方，如果企业决定更换银行，就必须付出成本，即银企关系转换成本。这种成本增加了长期银企合同的可信度，从而会带来积极的影响。银企关系中产生转换成本的关键是，全能银行体制下的转换成本是高于还是低于专业银行体制下的转换成本。一般认为，全能银行体制中企业的转换成本更高，原因如下：一是全能银行可以采取优先购买行动以阻止其他银行跟自己抢客户。由于在信息上占有优势，全能银行可以更准确估计企业的资金需求，并预先做好必要的准备工作从而比潜在竞争对手具有更多的优势。二是当企业离开一家全能银行时，会产生新的“旧车市场”难题。在专业银行体系中，当企业为了在市场上发行证券而从商业银行转向投资银行时，除了认为该企业试图通过别的渠道筹集资金之外，人们不会对这一行动产生别的想法。投资银行知道与该企业合作的商业银行没有资格为其发行证券。而在全能银行体系中，当企业转向一家投资银行时，投资银行会奇怪为什么与该企业合作的原来银行不提供承销服务。这种怀疑会导致“旧车市场”溢价问题的产生，从而增加企业的转换成本。

总之，全能银行体系存在重要的信息优势，这使银企双方之间的附加合同条款得以存在，并为双方提供了发展长期关系的可能，从而使银企关系得以巩固。

（四）金融混业经营的成本分析

金融混业经营也存在如下缺陷：

首先，金融混业经营使商业银行经营风险加大。商业银行业务与投资银行业务的交叉融合主要表现在两个方面：一是商业银行拥有自己的证券公司，直接参与证券的承销业务，拥有企业股票；二是商业银行向客户办理借贷业务，造成大量信贷资金涌入证券市场。当商业银行几乎倾其所有资金（包括储户存款）用于高风险的证券投资时，银行的经营风险大大增加，银行的安全将受到挑战。一方面，若银行自行承销、买卖而持有的证券数额较大，在证券市场波动频繁时，将使银行的清偿能力及经营结构处于不稳定的状态；另一方面，大量信贷资金涌入证券市场，将给股市造成巨大泡沫，一旦股市暴跌，便会危及银行的安全，从而波及整个信用体系，引发金融危机。

其次，金融透明度不足，投资者的利益易受损害。在混业经营条件下很容易通过内部交易的方式绕过监管，道德风险由此增加。由于银行能提供全面的金融业务，其信息披露程度日渐弱化，出于追求利益最大化的需要，银行常能利用其所掌握的内幕信息在证券市场上从事证券交易，造成证券市场事实上的不平等，增加了证券市场风险，损害了投资人或存款者的利益。

最后，金融混业经营会导致金融寡头的产生，使金融市场竞争性减弱。商业银行业务与投资银行的业务交错，为了争夺企业发行债券、股票的主承销权，金融机构各自通过信贷、投资等部门向产业资本渗透，导致资本高度集中，产生了金融寡头对产业的控制，从而使整个金融市场竞争性相对减弱。

1. 混业经营的外部负效应，亦即社会成本。

过分垄断可能损害消费者的利益，超大规模会带来经营风险并给金融监管带来困难。在坚持应将商业银行业务与证券业务分开进行的观点中，人们最经常提到的是，将这些业务联合起来会带来严重的利益冲突，并威胁整个金融系统的安全性和稳定性。这种观点是美国国会在 1933 年施行《格拉斯－斯蒂格尔法案》时的主要依据。

利益冲突是金融领域常见的一种现象。在客户与金融机构的“委托一代理”关系中，由于金融机构获得信息的机会和能力远胜于普通客户，使得金融领域存在明显的信息不对称，客户不得不依赖金融机构提供的信息进行决策，进而引发金融机构产生道德风险的可能性。金融机构往往滥用信息优势，为谋求自身或第三方利益而损害客户利益，这便是金融领域产生利益冲突的根源所在。当金融机构被允许从事多元化金融业务时，利益主体也随之多元化，利益冲突就更加激烈。

在商业银行向证券业扩展的问题上，首先，利益冲突可能由于银行对储蓄者的咨询顾问作用（银行可能向客户推荐它所承销的证券，而不管市场上是否有更好的投资机会）和其扮演的信托基金经理角色（银行可能将其承销的证券的未售出部分“抛售”给它所管理的信托账户）而产生。其次，利益冲突也可能源于银行拥有向客户搭配销售的机会（银行可以利用其与企业的借贷关系，以提高融资成本或不再续定贷款限额要挟企业购买它所承销的证券)，以及银行能够设计将破产风险转嫁给外部的投资者的交易（银行可以向处于财务困境中的借款人施加压力，要求后者发行银行想要承销并向公众出售的证券，在此条件下，发行收益用于归还贷款)。最后，利益冲突的产生也可能源于“内部信息”的传递（即银行可以以企业无法预料的方式对在承销企业证券时了解到的秘密信息加以利用，如直接或间接向企业的竞争对手公开这些信息等)。

2. 从微观层面看金融混业经营的成本。

金融业由分业经营转向混业经营包含一系列的工作，因此其成本不只是一个普通的财务成本概念，而应该是由此发生的一系列代价的总和。这些成本包括金融业实现由分业经营到混业经营转变的成本、整合及营运成本。

（1）金融业实现由分业经营到混业经营转变的成本。

金融业实现由分业经营到混业经营转变的成本指的是实施这种转变的直接成本和间接成本。

直接成本。金融业实现由分业经营到混业经营转变的方式一般有 3 种：直接开办其他金融机构经营的业务，收购合并经营其他业务的金融机构，通过金融创新绕过管制提供新的金融服务。这 3 种方式都会带来直接的支出。直接开办其他金融机构经营的业务的支出是不言而喻的，最起码在人力资源及网点设置方面都要加大投入；而在完成并购时，无论采用现金收购、换股收购还是综合证券收购方式，都会带来直接的并购支出；至于金融创新更是需要大量的研究基金来作为后盾的。

间接成本。金融业实现由分业经营到混业经营转变的间接费用包括各种中介费用和其他费用。如直接开办其他金融机构经营的业务后会发生重新注册费、工商管理费等费用，并购过程中会发生搜寻、策划、谈判、文本制定、资产评估、法律鉴定、公证等中介费用，并购完成后会发生菜单成本，金融创新时会发生与金融监管当局的谈判及沟通费用。

（2）整合和营运成本。

整合成本。整合成本中最值得关注的是计算机软件整合所带来的风险，商业银行、投资银行和保险公司业务交叉，要有效地进行现有资源的配置，就必须先解决计算机网络和不同技术的衔接困难。另外，商业银行、投资银行和保险公司的管理模式、企业文化、财务资料等方面都会有显著不同，进行混业经营后，就得对这些相异点进行整合，显然，企业文化的重建、财务资料的更换、管理模式的相应变化均会产生一笔不小的开支。

银行并购作为实现由分业经营转向混业经营的一种方式，它既是一种经济行为，即通过并购达到资本、市场、人才、技术、产品等的积聚和集中，实现社会资源、金融资源的流动与重组，又是一种法律行为，即通过并购实现银行法人产权转移或转让。一般情况下，银行并购是以合并的方式完成的，是两个或两个以上的银行通过法定的方式重组之后归并为一个银行的法律行为。

参与并购的两家或多家银行要实现相互融合、结为一体开展业务极不易。在并购前期设计与准备阶段、并购中的谈判和实施阶段以及并购完成后的整合阶段都会遇到极大的风险。其中，整合风险的化解程度将直接影响并购的绩效，这需要合理解决两方面问题：一是如何恰当处理相关利益主体的相互关系。这些利益主体包括银行的投资人、债权人和债务人、金融管理当局、经理人员和银行职工等。这些方方面面的利益如果不能得到兼顾和合理维持，就会引起被并购银行的混乱与无序，不同利益方会采取某些措施对抗银行的顺利经营，他们各自的维权行动会产生极大的离心力，不利于银行重组目标的实现；二是如何实现不同银行企业文化和管理体制的相互整合。银行并购的实质是并购双方银行的企业文化和管理机制的扩张和融合过程。企业文化作为企业长期运营过程中所形成的经营理念和文化传统，是一种无形的凝聚力，它会渗透到企业的管理体制中，形成各个企业不同的分配制度、激励制度、反应机制、管理理念等，具有一定的稳定性和抗干扰性。某家银行的企业文化在向另一家银行渗透过程中，会形成强烈的冲击波，导致许多矛盾和冲突，越大的银行所形成的企业文化越深厚，对外来文化的排斥性越强，它们之间的并购越不易。讲求交易导向的投资银行家历来无法与讲求客户关系导向的商业银行家并肩合作就是明显的例子。以花旗银行收购所罗门美邦为例，花旗银行是典型的商业银行文化代表，作风保守，注重行政程序及内部控制；所罗门美邦则是标准的投资银行文化风格，作风积极热情、自由放任，重视业绩表现及奖金分红。由于集团的营运委员会中，来自花旗银行与所罗门美邦的代表旗鼓相当，因此当一方企业文化无法凌驾另一方时，常导致对立与冲突。

营运成本。为实现混业经营的目标而向新的业务领域注入优质资产，拨入启动资金，为新银行集团打开市场而需要增加市场调研费、广告费、网点设置费，都需要资金。上述诸项均属于营运成本范畴。

金融混业经营是金融业的发展趋势

一、现阶段实行分业经营的必要性

“九五”期间，我国相继颁布了《商业银行法》《证券法》《保险法》，确立了金融业分业经营的体制框架。实践证明，这样做是符合当前我国国情的。目前我国金融业仍有必要实行分业经营体制，其原因主要体现在以下几个方面：

（一）商业银行

内部风险控制机制不完善，分业经营有利于降低商业银行的经营风险。

我国商业银行特别是四大国有银行的现状是，一方面存在一定的不良贷款，另一方面却又吸收着高额的居民储蓄。近年来央行连续降息，投资工具越来越多样化，投资者开始积极寻求其他的投资保值方法，若不良贷款得不到妥善解决，一旦储蓄的增量弥补不了不良贷款的增量，金融危机就可能爆发。只有在分业经营的管理体制下，才能够有效保护投资人存款人的利益，分业经营模式在现阶段是必需的。此外，如果允许银行从事证券、保险等非银行业务，四大国有商业银行会因其资金优势而形成金融寡头，不利于中小商业银行的发展。

（二）证券业

市场发育尚不成熟，相关法律法规不健全，银行业与证券业的融合将会助长证券市场的投机活动，造成证券市场虚假繁荣。而采取分业经营和分业管理模式，有利于证券市场的规范和稳定发展。

（三）保险业

近年来，保险业虽取得了长足的进步，但仍存在保险经营手段不够规范，理赔机制不够健全，保险公司自身缺乏有效的自律手段，险种不够丰富等隐患，一旦发生动荡性的事件，容易产生金融风险。

（四）金融监管

目前监管水平不高，有关金融监管方面的法律法规不完善，监管手段措施也比较落后，专业人员和高质量信息缺乏，金融监控资源和经验都不足。因此我国目前还不具备混业经营的监管环境和能力，金融监管体制和监管水平还远未达到混业监管的要求。

由此可见，在我国金融机构风险意识不强、内控机制不完善，法律法规不健全、监管水平相对落后的情况下，在现阶段实行分业经营制度是符合我国国情的，也是金融体系安全的保证。但是安全并不等于有效率，混业经营体现了金融市场内部沟通的基本要求，有利于提高金融市场配置资源的效率；混业经营是适应跨国公司和大型企业集团实施多元化经营和大规模资产重组的要求而出现的一种主流趋势，有利于金融资本更好地服务于产业资本；发展混业经营，允许金融企业和非金融企业相互持股，可优化金融企业的资产负债结构，改善金融服务，增强综合竞争力。从发展趋势看，我国金融业必然会走向混业经营。

二、走向金融混业经营的必然性

（一）金融混业经营是国际银行业发展的趋势

全球金融市场一体化和金融自由化发展趋势，改变了金融业的市场环境，金融业传统的行业分工和业务界限日趋模糊，金融市场的条块分割格局已被打破。20 世纪 90 年代，日本、美国相继立法肯定了金融业混业经营。随着竞争的加剧，世界范围内的金融集团并购有愈演愈烈之势。我国融入国际金融市场体系程度日益加深，待条件成熟时选择混业经营模式是一种必然（见图 4.2）。

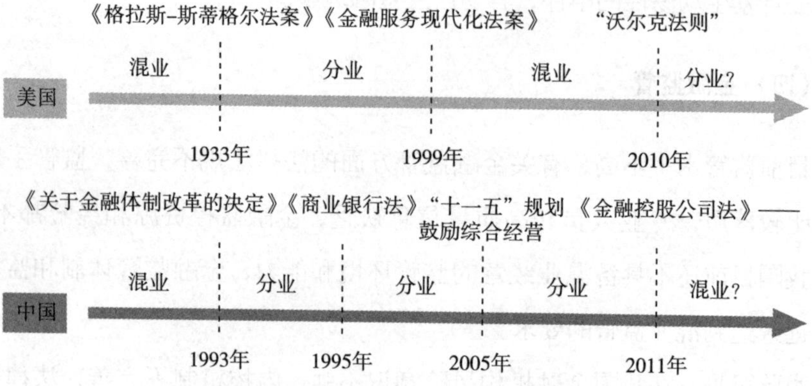

图 4.2 中美金融经营模式发展

（二）金融创新和外资银行的进入为混业监管提出了客观要求

传统赚取存贷利差的经营手段获利空间有限，金融机构愈发重视金融创新。例如，扩充各种代理业务，拓宽传统结算领域，增加信用卡功能，开展信息咨询，创新金融产品等。随着金融产品和交易技术的不断创新，银行、证券、保险业务相互代理、相互渗透的特征愈来愈明显，从而使分业经营流于形式，这就为混业监管提出了客观要求。

（三）信息科技的发展为金融监管提供了强大的技术支撑

随着我国信息产业的迅速发展，大规模信息的共享和处理能力的加强，为金融监管提供了良好的技术环境。2002 年中国工商银行完成了数据集中的跨世纪工程，同年，中国银联公司的成立，以及中国建设银行、中国农业银行、中国银行完成数据集中工程的决心，都说明金融行业自身信息化建设呈现跨越式的发展。

（四）为增强中资银行的竞争力，必须走混业经营之路

2001 年我国加入 WTO 后，金融业面临全方位对外开放的新格局，现已逐步取消对外资银行的限制。面对竞争实力强大的外资银行，中资金融机构如果固守传统商业银行发展模式，其结果只能是在日益激烈的竞争中处于不利地位。因此，我国商业银行要提高自身的竞争力，必须最大限度地实行综合化经营，根据市场、客户需求的变化和规避风险的要求，不断开拓新的业务领域和业务品种，采取新的交易方式和交易手段，利用各种金融创新工具发展自己。从长远看，我国国有商业银行应逐步介入证券市场和保险市场，积极稳妥地推进国有商业银行建立混业经营的模式，实行全能制，增加利润增长点，以降低经营成本和经营风险，提高国有商业银行

的金融效率和国际竞争力。

（五）我国具有推行金融混业经营的现实要求和可行性

事实上，目前我国银行、证券、保险三业已出现了相互渗透、共同发展的态势。保险资金进入股票市场。商业银行也越来越多地参与证券资金的清算服务，推出银行转账等新型业务；2002 年 12 月中信控股亦正式挂牌，其旗下有中信实业银行（现中信银行）、中信证券、中信信托、信诚人寿保险（现中信保诚人寿保险）、中信资产管理有限公司、中信期货以及香港的中信国际金融控股有限公司等多家金融机构，亦在事实上证明了混业经营的可操作性。

第四节　机构监管与功能监管：金融监管演变的国际比较

机构监管与功能监管的基本理念

传统上，“金融市场”包括银行、证券和保险部门。但从功能上看，由于不同机构、工具和市场之间有着清楚划分的界限，因此可以在不同类别的金融中介内部做进一步区分。具体来说，银行专长于存款、短期和中长期贷款以及支付结算业务，证券机构负责经纪—自营业务、资产管理以及咨询活动，保险公司则提供寿险及其他保险。但随着不同种类金融机构的界限日趋模糊，现在将金融市场理解为各种各样的经营者——银行、证券机构、共同基金、保险公司、养老基金等——提供金融产品和服务的经济空间，可能更为适当。

金融市场监管既没有独一无二的理论模式，也没有只此一家的实践方法，相关文献对于监管模式和方法的定义和分类也各有不同。以设置监管机构和划分监管权限的依据为标准，可以大致分为两种监管方法或者说监管模式，即机构监管和功能监管。

机构监管是指将金融机构类型作为划分监管权限的依据，即同一类型金融机构均由特定的监管者监管：银行监管由银行监管者负责，证券公司监管由证券监管者负责，保险公司监管由保险监管者负责。这是历史上金融监管的主要方式。在机构监管体制下，特定类型金融机构的所有监管事项由相应机构监管者统一负责，而不论其涉及何种金融业务。机构监管有其合理性，原因如下：一方面，在金融机构业务单一的传统环境下，金融机构之间界限清晰，业务重叠或交叉较少发生，按机构监管和按业务监管（即下文将要讨论的“功能监管”）并无本质区别，不至于产生混乱；另一方面，机构监管的理念对于审慎监管非常重要，因为审慎监管要求集中考虑某个机构整体上的风险和清偿能力，而业务监管并不能很好地达到这个效果。但是，随着金融机构业务日益多元化，尤其是金融集团的出现，机构监管方法逐渐不能适应现实发展需要。最突出的表现就是，银行、证券公司、保险公司等往往提供功能相似的金融产品，而这些产品却受到不同监管机构按照不同标准监管，形成监管差别；监管上的差别会导致激励方面的差异，在其他市场条件不变的情况下，会使得市场竞争条件出现差别，不利于公平竞争。同时，负责监管某类金融机构的监管者通常在监管该类机构的传统业务上有所专长，而并不擅长业务多元化后金融机构新业务的监管，从而使监管效率和有效性受到影响。功能监管正是在此背景下产生的。

功能监管的基本理念是，相似的功能应当受到相同的监管，而不论这种功能由何种性质的机构行使。在金融监管领域，功能监管概念最早出现在 20 世纪 80 年代早期的美国。当时美国财政部建议立法规定，商业银行的所有证券业务均需通过独立的子公司开展，并归属 SEC 和 NASD 监管，以防止商业银行的证券业务较证券公司拥有不公平的竞争优势。SEC 将此种监管安排概括为“功能监管”，并表示肯定和支持。尽管 SEC 的主要动机是借此将监管权扩展至银行的证券业务，但这并不影响功能监管理念本身的合理性和价值。

20世纪90年代，美国学者罗伯特·默顿（Robert Merton）和兹维·博迪（Zvi Bodie）系统地提出了基于功能观点的金融体系改革理论。在默顿和博迪看来，金融体系最基本的功能是在不确定的环境中跨时空配置经济资源，而这一最基本的功能又可进一步细分为六大核心功能：（1）为促进商品、劳务和资产的交换提供支付方式；（2）为大企业筹集资金提供资源集聚机制；（3）为经济资源的跨时空、跨行业转移提供便利；（4）提供应付不确定性和控制风险的方法；（5）为协调各经济部门的分散化决策提供价格信息，如利率和证券价格；（6）为解决信息不对称和激励问题提供方法。这些功能中的每个功能都满足一个基本需求，而且很少发生变化。但是这些功能的实现方式，即为实现基本功能所做的制度安排却因国家的不同而不同。这些不同取决于传统的经验、规章、技术水平及其他因素。概而言之就是两点：第一，金融体系的功能相对于金融机构来说更具稳定性；第二，金融体系的制度安排随功能而变化，发现新的更有效率的功能实现方式是金融创新、金融体系制度安排发生变化的主要动力。

在此之后，功能监管成为美国历次金融改革法案讨论的必备话题，并最终在1999年的《金融服务现代化法案》（以下简称GLBA）中得以确立。按照提案人之一、国会众议院金融服务委员会主席詹姆斯·利奇的概括，GLBA规定了功能监管，“由州和联邦银行监管者监督银行业务，州和联邦证券监管者统辖证券业务，州保险委员会负责保险经营和销售……将最有经验的监管者置于其最熟悉的金融业务监管领域”。为了体现功能监管理念，GLBA废除了联邦证券法对于商业银行的适用豁免，要求商业银行将大部分证券业务转交给单独的关联机构或子公司负责，并接受SEC的监管。同时，为了解决功能监管下金融创新产品在监管归属上的潜在争议，GLBA第205节专门规定了对“新混合产品”的监管权：原则上新混合产品归属SEC监管，但SEC在制定规则之前，应就与新混合产品有关的证券商注册要求与美联储协商并取得一致。若美联储对SEC出台的最终规则有异议，可以在该规则公布后60日内向哥伦比亚特区联邦巡回上诉法院提出审查请求，要求推翻该规则；在法院最终审结之前，该规则中止实施。此外，为减少功能监管可能带来的监管分割和监管对象负担加重的问题，GLBA还对功能监管者之间的信息共享义务和相互利用既有报表的义务做出了专门规定。

在适应金融机构业务多元化、强化业务监管方面，功能监管优势明显。但是，在涉及整体风险和清偿能力的审慎性监管方面，功能监管并不能完全满足需要。这一点在金融集团的监管上体现得尤为突出：在各功能监管机构对金融集团各种业务实施功能监管的同时，还需要有一个机构从整体上把握金融集团的风险和清偿能力，实施审慎监管。作为应对，英国在20世纪80年代对从事投资业务的银行进行监管时首创了“牵头监管”，即由金融集团主要业务的监管机构作为“牵头监管者”，负责集团整体上的风险监管，并主导各监管机构之间的信息交流与合作。我国目前对金融集团实行的非正式的“主监管制度”，实质上也就是一种牵头监管（尽管并非建立在功能监管基础上）。与此相似而又有所强化的是GLBA所确立的“伞形监管”体制。与牵头监管中牵头监管者根据集团业务的实际情况具体确定不同，GLBA明确规定美联储作为金融控股公司的总监管者，或所谓“伞形监管者”，对于金融控股公司及其子公司拥有法定监管权，有权基于审慎原则，对其财务、风险和合规情况等进行检查，并随时要求其提交有关报告。但是，美联储的总体监管权受到功能监管的限制：美联储应尽量将其检查权限制在控股公司层面，对于已经受到其他机构功能监管的子公司（美联储本身享有功能监管权时除外），只有在有理由怀疑其业务活动造成了关联存款机构的实质风险或有其他特殊情况时，才能对其行使检查权；同时，美联储应对其他监管机构的检查给予尊重，尽量利用其检查结果，并尽量利用监管对象已经向功能监管机构提交的报告。

功能监管与机构监管的优势和劣势比较

相较于传统的机构监管方法，功能监管的优势主要体现在以下几个方面：

第一，功能监管更有利于确保金融监管的专业性和针对性。现代金融市场瞬息万变，金融产品纷繁复杂，没有哪个金融监管机构拥有全面监管所有金融业务和金融活动所需要的人才、资源和专业知识。在此情况下，让特定类型的金融业务置于对该业务最熟悉、最有经验的监管机构的监管之下就极为必要。例如，对于被允许从事证券投资基金管理业务的商业银行而言，按照功能监管原则将基金管理业务置于证券监管机构监管之下，要比按照机构监管原则由银行监管机构来监管这些业务更为适当。在金融机构跨业经营广泛存在的情况下，功能监管无疑比机构监管更能确保监管的专业性和针对性。

第二，功能监管更有利于确保监管理念的一致性。在金融混业经营的背景下，同一金融机构可能会从事在性质和特点上大相径庭的不同金融业务，而与这些业务相关的监管理念也可能大为不同。例如，储蓄业务中更为强调存款人对银行的信心，倾向于保密性，而投资业务中则以信息充分披露为监管基石。在此情况下，依据功能原则将同类业务置于同一监管机构之下，更有利于保持监管理念的一致性。

第三，功能监管更有利于实现监管公平，促进竞争。相同或者至少是基本相同的激励和约束条件是公平竞争的前提，而银行、保险公司、证券公司等不同种类金融机构在监管方面的激励和约束条件不尽相同，有些方面甚至大相径庭。因此，将不同金融机构体系的相同或相近的金融产品按照机构原则归属不同的监管机构监管，无疑会造成监管差异，使得所受监管较为宽松的金融机构获得制度优势，不利于公平竞争，乃至诱发监管套利（即把特定金融业务置于所受监管最为宽松的机构之中）。在此情况下，以业务而非机构作为监管基础更有利于促进金融市场上的公平竞争。

第四，功能监管更有利于金融市场的统一和发展。在有多种金融机构共同参与的特定类型（或功能）的金融市场，如银行间债券市场，按照功能原则由特定监管机构在市场运行方面实施统一监管，无疑比按照机构原则由不同监管机构各行其是实施条块分割式的监管更有利于市场自身的规范运行和发展壮大。在这个意义上，功能监管显然更符合金融市场自身运行的逻辑。

第五，功能监管模式更有利于推动金融创新。由于机构监管模式很难对跨行业的金融创新产品实施有效监管，因此管理层为了实施有效监管很可能通过行政手段来限制金融创新的发展。功能监管关注金融产品与服务的基本功能，并且据此设立相应的监管机构和监管规则，能够更为有效地解决有关金融创新产品的监管权责归属问题。

但同时应当看到，功能监管也有其固有的局限，主要体现在如下方面：

第一，功能监管的基本假定是不同金融产品可以依据其功能进行清晰划分，并在此基础上确定监管归属。这一假定在不同金融业务之间泾渭分明的传统场景下不难成立，但金融创新和金融工程的发展已经并且正在创造出大量难以准确划归任何既定传统类别的边缘性金融产品。在此情况下，功能监管就面临一个潜在困境：如何判定特定金融产品属于何种功能类别？例如在美国，一个颇为棘手的监管问题就是如何区分可以开具支票的共同基金账户和纳入存款保险体系的银行存款。尽管联邦保险公司并不为共同基金提供保障，因此不存在存款保险基金的风险问题，但通过互助基金账户所开具的支票却能影响支付系统，而这正是一个传统的银行监管问题。同时，这一账户还会引起投资者保护问题，这又是一个传统的证券监管问题。在难以识别和区分特定金融产品功能类别的情况下，就很有可能出现监管权的积极冲突（重复监管）和消极冲突（监管真空）。

第二，功能监管会在一定程度上增加合规成本，加重监管负担。在功能监管原则下，提供不同功能性产品的金融机构可能需要频繁接受不同金融机构的监管。即使这些机构之间权限划分得非常清晰，但同时接受多个机构监管也还是会在很大程度上增加合规成本，加重被监管者的监管负担，况且如上所述，实践中还完全可能出现因产品功能归属不明（从而权限划分不明）而产生的重复监管。仅就这一点而言，一刀切式的机构监管反而有其优越性。

第三，功能监管难以良好实现审慎监管目标。以风险防范和控制为核心的审慎监管要求集中考虑特定金融机构整体上的风险和清偿能力，在面对金融集团的情况下还要求集中考虑集团层面的整体风险状况。由于功能监管是以金融机构提供的不同金融业务作为监管的出发点和依据，关注的是特定金融机构的各种业务和产品，而不是机构本身，因此难免出现庖丁所说的“目无全牛”的状态，无法从整体上把握金融机构所面临的审慎性风险。在这方面，恰恰是以机构本身作为着眼点的传统机构监管在监管整体性和完整性方面更具优势，更能适应审慎监管的要求。

大体上，功能监管的优势所在便是机构监管的局限所在，反之亦然。总体而言，机构监管的优势主要在于其整体性和相对而言的清晰性（可操作性），而功能监管的优势则在于其专业性、公平性、统一性、前瞻性和创新包容性。

矩阵式管理：金融监管思想演变新方向

近年来，金融业综合经营发展趋势和金融分业监管体制机制之间矛盾突出。鉴于金融业综合经营趋势不可逆转，改革的方向应是建立适应综合经营发展趋势的现代金融监管体制。

第五次全国金融工作会议决定设立国务院金融稳定发展委员会（以下简称“金融委”），旨在避免机构整合的体制震动和成效不确定性的前提下，增强金融监管协调权威性和有效性，强化金融监管统一性和穿透性。会议同时明确金融委办公室设在人民银行，并强化了人民银行宏观审慎管理和系统性风险防范的职责。

从监管协调的国内经验看，我国建立了金融监管协调联席机制和应对危机小组等议事机构；从国外经验看，金融危机前主要经济体也设立了类似的顶层协调议事机制，例如在英国，财政部、英格兰银行与金融服务局之间建立了“三方委员会”。这些协调机制应对金融风险的经验教训表明，金融委如果只实现单纯的顶层协调，无法解决现行体制下分业监管不适应综合经营的根本矛盾，金融风险防控仍然无力无效，理由有如下三点：

一是单纯的顶层协调不能及时地应对处置风险。现代金融市场金融风险呈现出速生性、蔓延性、频度高、烈度强的特点，单纯的顶层协调以叠床架屋延长决策链条，信息的层层传递降低了决策效率，与及时决策、果断执行的风险防范要求不适应。同时，责任上移导致管理成本和失误由顶层机构承担，势必加剧监管机构的责任推诿。英国在2007年金融危机前，采取“三龙治水”的监管体制，也曾在财政部、英格兰银行与金融服务局之间建立“三方委员会”作为单纯的顶层协调机制，试图加强信息沟通与协调。然而事与愿违，2007年，英国爆发北岩银行挤兑，一个重要的原因就是英格兰银行作为最后贷款人，未能通过“三方委员会”获得及时准确的日常监管信息，无法及时介入和救助，错过危机救助的“黄金时间”，市场信心受到冲击最终危及金融稳定。

二是单纯的顶层协调缺乏贴近市场的专业支持，无法保证决策科学有效。在单纯的顶层协调机制下，顶层机构缺乏对金融市场、机构、产品、业务的专业与综合评判能力，仍然会依赖现有监管机构提供必要信息与政策判断依据，监管机构意见不一时势必成为更高层次的扯皮平台，相关信息“层层加工”之后，最终决策往往缺乏贴近市场的专业支持，科学性、有效性难以保证。比如，2015年中国股市发生异常波动期间，我国综合出台了若干救市措施，“眉毛胡子一把抓”，一部分举措明显缺乏专业性，与市场实际情况不符，对市场反应预期错误，不仅无法实现稳定市场的目标，还对市场流动性和信心造成了负面影响，加剧了救市难度。

三是单纯的顶层协调机制下，监管执行仍缺乏统筹。金融委如果没有执行层面的实际抓手，一些关键领域的决策仍无法协调落实。比如，在处置非法集资实际工作中，如何实现金融消费者权益保护（行为监管）与维护金融机构和金融体系安全（审慎监管）二元目标的统筹；如何实现宏观审慎与微观审慎工具层面的协调配合，既加强监管又避免冲击宏观流动性环境导致“处置风险的风险”；在跨市场、跨行业的金融产品监管上，如何加强分业监管部门的统筹协调，真正实现“穿透式监管”等。此外，监管执行层面缺乏统筹协调也必然延续分业监管体制下监管资源分散分裂状态，加剧专业人才“供不应求”的矛盾，制约监管的有效性。

因此，在机构保持基本稳定条件下，要达到改革目标，需要有业务线上的实质整合，使金融委发挥比金融监管协调联席机制和应对危机小组等议事机构更重要的作用，具体如下：首先，为金融委顶层决策提供贴近市场的专业意见支持；其次，为金融委提供执行层面统筹协调的重要抓手，通过业务线的充分整合真正实现功能监管和综合监管；最后，集中整合监管资源，充分发挥监管专业人才的专业能力。

矩阵式管理是在纵向组织管理结构上搭建横向组织管理系统，形成纵横交错、纵向为主、横向为辅、结构紧凑、问责有效的矩阵式管理体系，便于信息共享、统筹决策和协调落实。矩阵式管理始自20世纪50年代，早先在大型国际集团（例如高盛、摩根等）内部被广泛应用。垂直线上，这类机构通过设立若干地区总部对区域行政、人事、考核、激励进行管理，以求业务开展充分适应当地需求，激发当地团队积极性，并对属地市场情况快速反应。业务线上，这类机构则以总部业务部门为主进行指挥，比如高盛集团根据业务性质不同，设立了投资银行业务、机构客户服务、长期投资和类贷款业务、投资管理业务四大条线，各业务条线下又分设若干子条线，分别负责不同业务的统筹，实现各类业务的专业化、标准化，并集中公司资源统一管理。矩阵式管理也在政府治理（包括金融治理）中得到了广泛应用。作为多边国际组织，金融稳定理事会（FSB）在垂直线上，设立了金融稳定理事会全会，作为最高决策层。成员包括各成员经济体财政部门、中央银行、监管机构负责人，主要国际金融标准制定机构主席，以及国际金融组织高级代表。具体金融稳定工作仍由各国负责。业务线上，FSB在全会常设若干跨国专业子委员会，明确分工，各自履职，包括监管合作委员会（SRC）、脆弱性评估委员会（SCAV）、标准执行委员会（SCSI）、预算与资源委员会（SCBR）等。同时，还在横向纬度抽调成员经济体人员成立专题工作组，具体负责某一领域或专项工作。

充分借鉴国内外相关经验，初步考虑可如下构建矩阵式管理框架。

一是主要经济体建立跨部门委员会负责顶层协调，并强化中央银行的金融监管职能，明确中央银行在宏观审慎管理和系统性金融风险防范中的核心地位，这与矩阵式管理加强统筹协调的理念一致。

英国在英格兰银行下设了金融政策委员会（FPC），美国设立了囊括主要金融监管部门的金融稳定监督委员会（FSOC），欧盟设立了欧盟系统性风险委员会（ESRB），成员主要来自欧洲中央银行系统。各国中央银行不仅作为重要成员参与顶层协调，还普遍统筹负责宏观审慎管理和系统性金融风险防范。

英国彻底否定了其1997年将微观审慎监管职能从英格兰银行剥离的做法，将英格兰银行打造成集货币政策、宏观审慎、微观审慎于一身的“超级央行”。英格兰银行下设相对独立又紧密配合的货币政策委员会、金融政策委员会、审慎监管委员会，分别承担货币政策制定、宏观审慎监管、微观审慎监管职责。

《多德－弗兰克华尔街改革和消费者保护法案》明确强化了美联储的金融监管职能：金融稳定监督委员会的宏观审慎建议主要由美联储决策执行；美联储统筹监管系统重要性金融机构和系统重要性金融基础设施，并与联邦存款保险公司等共同负责系统性风险处置；美联储作为伞形监管者直接监管银行控股公司，并有权直接监管其子公司，同时主要监管州成员银行和外国银行；美联储下设的消费者保护局统筹负责并加强金融消费者保护。欧盟建立了单一监管机制（涵盖全部欧元区成员国和自愿加入的非欧元区欧盟成员国），赋予了欧洲央行银行业最高监管人角色，统揽宏观审慎与微观审慎监管，直接监管系统重要性银行。目前，约有129家系统重要性银行由欧洲央行直接监管，资产规模约占欧元区银行总资产的82%。欧洲央行还有权随时对这些银行机构进行直接监管。

二是主要经济体普遍加强业务线的跨部门统筹协调，类似于矩阵式管理的横向维度。以英国为例，在金融政策委员会统筹宏观审慎监管之外，又以英格兰银行内设的审慎监管局（PRA）负责微观审慎监管，以金融行为局（FCA）负责行为监管，构成“双峰”。其中，负责宏观审慎监管的金融政策委员会是指挥官和决策者，“双峰”是执行者，均听从金融政策委员会的建议，并接受其指令。同时，“双峰”之间签订了多份合作备忘录，建立联合数据管理委员会、监管联席会、争端解决会议等横向业务线的统筹协调机制，负责“双峰”在数据共享、双重监管、争端解决等方面的常态化协调配合。

三是主要经济体普遍重视金融监管资源的集中统筹使用，与矩阵式管理横向维度的资源整合异曲同工。英国“双峰”监管没有机械僵化地执行“双峰”理念，一刀切地实施双重监管，而是从统筹使用监管资源的角度出发，对不具系统性影响的中小金融机构由行为监管局实施事实上的统一监管。原因在于审慎监管“抓大放小”，对系统性影响较小的金融机构很难保证足够的监管关注和资源投入；而行为监管局对中小机构的资源配置相对均衡，可一并实施微观审慎监管与行为监管。德国央行长期受相关金融监管部门委托，承担银行的日常监管、现场检查、信息收集，原因在于相关监管部门缺乏足够的人力和分支机构设置，需要从全局视角统筹可利用的监管资源，借助德国央行的人力和网点优势开展相关工作。

第五节　中国金融体系结构优化调整的沿革与发展

我国金融体系结构优化调整的历史实践

改革开放之前，中国按照苏联模式建立了高度集中统一的金融体系，取消了多种金融机构，悉数并入中国人民银行。“大一统”的银行体制下，中国人民银行既是中央银行，又是商业银行，占据绝对领导地位。中国人民银行附属于财政系统，不具有独立性，“文革”期间甚至一度被并入财政部。在高度集中的计划管理体制下，一切信贷、货币管理，都由计划控制，社会信用在计划管理下进行，人、财、物由总行统一核算。因此信用结构高度单一，不允许存在计划外的“民间信用”。

党的十一届三中全会后，中国掀起改革开放的浪潮，经济发展进入新局面，原有高度集中统一的国家银行体制不能适应经济发展的需要，金融体系逐步优化调整。至今，金融体系的优化调整大致经历5个阶段。

一、1978—1984年：金融功能的逐步恢复

（一）恢复银行职能，重建金融系统

1978年，中国人民银行从财政部独立出来，银行的系统、职能和规章制度逐步恢复。改革开放后，国民经济快速发展，企业和个人在国民收入分配

中的比重迅速上升，激发了经济各部门对货币资金、社会信用和金融服务的强烈需求。在此背景下，金融机构乃至整个金融业逐步恢复发展，社会上出现了一系列民间金融形式，金融体系的功能开始恢复。

（二）扩大银行业务，恢复社会信用

计划经济体制下，资金由财政渠道经国家计划配置，主要以银行贷款形式支持国有企业发展，集体经济则以自力更生为主。1979 年后，银行开始尝试发放技术改造贷款和固定资产投资贷款，支持企业扩大再生产，并加大流动资金贷款发放力度。随着多种所有制经济的发展，银行贷款限制逐步放松，惠及城镇集体工业、个体手工业等其他所有制经济。

（三）发展多元机构，拓展多样业务

为适应经济多样化发展需求，1979 年先后恢复、组建了多元金融机构。当年 1 月，恢复中国农业银行以支持“三农”经济发展；3 月，为适应对外开放和国际金融业务发展，指定中国银行为外汇专业银行，同时设立外汇管理局；8 月，另设中国人民建设银行；11 月，恢复国内保险业务；当年相继成立了信托投资公司，形成了多元机构和多样业务的初步金融格局。

二、1984—1992 年：金融体系的雏形构建

随着经济体制改革的不断推进，1984 年后金融体系改革进入新的历史阶段。原先由财政主导的资源配置模式逐渐退出，转由以银行为主导提供信贷资源和资金支持，确立了中央银行制度后，逐步建设股份制商业银行体系，非银金融机构得到发展。同时，经济的快速发展和社会活力的复苏，催生了民间对融资的巨大需求，金融市场的雏形逐渐形成，发展迅速。

（一）确立中央银行制度

1983 年 9 月 17 日，《国务院关于中国人民银行专门行使中央银行职能的决定》发布，正式确立了中央银行制度，明确中国人民银行是国务院领导和管理全国金融事业的国家机关，行使职能为“集中力量研究和做好全国金融的宏观决策，加强信贷资金管理，保持货币稳定”。中国人民银行不再对企业和个人办理信贷业务，同时设立中国工商银行，承接工商信贷和储蓄业务。中国人民银行设立理事会作为决策机构。分支机构“原则上按经济区划设置”，中国人民银行“对其分支机构，在银行业务和干部管理上实行垂直领导、统一管理”，对专业银行和其他金融机构（包括保险公司）“主要采取经济办法进行管理”。上述措施的旅行逐步确立了我国中央银行的制度框架。

（二）发展股份制商业银行

为适应经济体制改革和社会发展的需要，1986 年后，我国相继成立了一批股份制商业银行。1986 年，国务院批准重新组建交通银行，这是第一家以股份制形式成立的商业银行。1987 年，中信实业银行成立，这是第一家由企业发起的银行。同年，深圳发展银行成立，这是第一家由地方金融机构和企业共同出资成立的区域性商业银行。股份制商业银行的不同所有权是多种所有制经济的具体体现，和业已存在的国有商业银行共同形成了中国商业银行的多层次格局。

（三）发展非银行金融机构

随着经济的蓬勃发展，社会各界不再满足于银行的储蓄信贷的基本需求，第一批信托投资公司（中国国际信托投资公司，1979 年 10 月成立）、融资租赁公司（中国东方租赁有限公司，1981 年 4 月成立）、财务公司（以企业财务集团为依托，1987 年开始出现）和投资基金（中国投资基金，1987 年由中国银行和中国国际信托投资公司联合首创）陆续出现。在这之后，非银行金融机构正式登上经济舞台。

（四）初步建立金融市场

经济发展和社会活力的释放催生了民间对多种融资方式的需求，金融市场开始出现萌芽并发展起来。商业信用的扩大促进了票据承兑贴现市场的出现，专业银行的发展促进了同业拆借市场的出现，对外开放的推进促进了外汇市场的出现，国家信用的规范促进了国债市场的出现。

更重要的是，随着企业所有制改革的深化，民间自发出现了企业股份制，最初是地方集体企业和乡镇企业独自进行不规范的股票集资，进而产生了改革开放后最早的股票发行和流通，企业债券也应时出现。一时间，全国各地都跃跃欲试地进行股份制和股票发行试点，并先后成立了上海证券交易所和深圳证券交易所。资本市场产品的丰富和交易的发展进一步催生了资本市场中介机构，证券公司（第一家证券公司深圳经济特区证券公司，1987 年 9 月 27 日成立）和证券投资基金相继出现。

但是，这一阶段的股份制和股票发行并不规范，没有合理的股票发行制度，既保底又分红，也没有严格的招股说明书和必要的信息披露，更没有法律制度的保障，投资人的合法权益易受到损害。就这样，伴随着狂热的投机情绪，资本市场的雏形出现了。

三、1993—2002 年：治理整顿和改革优化

经历了 15 年的发展，我国金融体系的结构雏形初步确立，银行、证券公司、信托公司、保险公司等金融机构逐步出现，金融市场从无到有，金融产品逐渐丰富，金融业务逐步扩大。但是上一阶段（1984—1992 年）的快速发

展伴随着狂热投机情绪和组织无序，出现了经济过热推高通货膨胀、货币政策传导机制低效、经济环境恶化催生三角债、社会信用观念淡薄、银行体系积累大量不良贷款、金融市场发展狂热无序等问题。更突出的是，当时的金融体系缺乏系统有效的金融政策体系和金融监管框架。在吸取了许多教训并积累了丰富的治理经验后，这一阶段的金融体系建设围绕着治理整顿和改革优化全面铺开，从立法层面保证金融体系的健康运行，逐步完善基础设施建设。

1993 年 12 月颁布的《国务院关于金融体系改革的决定》，对于上一阶段金融改革与发展遇到的问题进行了系统性梳理，明确了金融体系改革的目标是：建立在国务院领导下，独立执行货币政策的中央银行宏观调控体系；建立政策性金融与商业性金融分离且以国有商业银行为主体、多种金融机构并存的金融组织体系；建立统一开放、有序竞争、严格管理的金融市场体系。

（一）强化中央银行地位

1995 年，《中国人民银行法》的颁布实施，从法律上明确了中央银行的职责与权限，保证了中国人民银行的权威性、独立性和专业性，设立货币政策委员会，为更好履行制定和实施货币政策、加强金融监管、保障金融体系安全有效运行等职能提供了法律保障。1997 年 4 月 15 日，国务院颁布《中国人民银行货币政策委员会条例》，明确了货币政策委员会作为货币政策咨询议事机构的职责。

（二）设立政策性银行

1994 年，为顺利剥离中国人民银行原有的政策性金融业务，区分与商业银行的业务重叠，国家开发银行、中国进出口银行和中国农业发展银行 3 家政策性银行先后成立。这样既能切断政策性贷款与基础货币投放的联系，提高货币政策的执行效率；又能分离政策性金融与商业性业务，推动专业银行商业化，适应经济发展总体需要。

（三）国有专业银行转型商业银行

1993 年 12 月，《国务院关于金融体系改革的决定》提出要把国有专业银行办成真正的商业银行。1995 年 5 月，《中华人民共和国商业银行法》（以下简称《商业银行法》）获得通过，以法律形式确立了四大国有专业银行的平等地位及其商业银行性质。1998 年，财政部发行 2 700 亿元特别国债，使国有商业银行资本充足率达到 8%，以满足巴塞尔协议要求。

（四）成立资产管理公司

由于政企不分、管理机制不健全，银行体系积累了大量不良贷款，严重威胁金融体系稳定。《商业银行法》出台和财政部注资等一系列措施取得了一定成效，但不良贷款比例居高不下。1999 年，借鉴国际经验后，信达、东方、长城、华融 4 家金融资产管理公司先后成立，分别收购处置 4 家国有商业银行的部分不良贷款，化解潜在风险。

（五）发展、规范金融市场

建立全国统一的银行间拆借市场，禁止乱拆借。中国人民银行颁布《商业汇票办法》，推动化解“三角债”问题。配合汇率改革，建立银行间外汇市场。规范资本市场发展，禁止银行资金违规流入股票市场。

（六）立法保障货币政策与金融监管

1995 年，《中国人民银行法》明确了货币政策的最终目标是“保持币值稳定，并以此促进经济增长”，初步形成最终目标、中介目标、政策工具构成的货币政策框架。同年，《商业银行法》《保险法》《证券法》获得通过，从法律形式上明确了中国金融业分业经营的原则。与之相适应，中国人民银行全面负责金融监管的局面结束了。1992 年，国务院证券委员会和中国证券监督管理委员会成立，1997 年起中国人民银行不再监管证券业。1998 年，中国保险监督管理委员会成立。至此，中国人民银行剥离了证券、保险监管职能，仅保留银行监管职能。

四、2003—2015 年：改革、开放和分业监管

2003 年 10 月，党的十六届三中全会通过了《中共中央关于完善社会主义市场经济体制若干问题的决定》，经济体制改革进入新的历史阶段。中国经济保持较快发展态势，农业基础巩固、工业体系健全、服务业比重增大，人民生活水平进一步提高，经济增长方式正在转变，加入世贸组织后，进一步开放更加凸显对内改革的需求迫切，这一切都对金融体系结构的优化调整提出了更高水平的要求。

（一）金融机构的重组和股份制改革

2004—2009 年，中国银行、中国建设银行、中国工商银行、中国农业银行四大国有商业银行先后完成财务重组和股份制改革，同期，交通银行通过财务重组改制为国有股份制商业银行。股份制银行的重组与改革取得重大进展，中国光大银行、广东发展银行顺利完成财务重组。证券公司重组和风险处置取得明显成效，中国银河证券有限责任公司、华夏证券股份有限公司等重组工作完成，风险得到有效控制。保险业改革取得进展，国有保险公司股份制改革稳步推进，中国人保、中国人寿完成重组改制。多元化的金融机构改革取得积极成效，积累了宝贵的治理经验。

（二）金融市场的业务、产品、功能快速发展

金融市场的快速发展极大地推动了业务产品的创新，监管部门为适应金融业务功能的快速发展，推行了一系列监管举措：批准商业银行发行次级债，建立银行间债券市场做市商制度，推出短期融资券，试点资产证券化，开发金融衍生品，推动股权分置改革，完善基础设施法制建设等。金融创新取得了显著成效，市场活力进一步激发，规模进一步扩大。债券市场发行量、存量稳步增加，股票市场筹资功能不断完善，证券投资基金发展较快，交易主体、品种快速增长，交易规模不断扩大，金融业务、产品、功能快速发展。

（三）利率市场化与汇率形成机制改革

货币衡量金融体系中所有产品的价值，利率是货币对内价格，汇率是货币对外价格，所以利率市场化和汇率形成机制改革是金融体系结构优化调整中的重要环节。

2004 年 10 月，中国人民银行决定不再设定金融机构（不含城乡信用社）人民币贷款利率上限，允许金融机构人民币存款利率下浮，基本实现对存、贷款利率进行上下限管理的利率市场化既定目标。2007 年 1 月，上海银行间同业拆放利率正式运行，启动货币市场基准利率培育工作。金融机构定价效率提高，利率敏感性不断增强，利率在优化资源配置和货币政策传导中作用进一步显现。

2005 年 7 月，按照主动性、可控性和渐进性原则，我国开始了人民币汇率形成机制改革：建立健全以市场供求为基础、参考一揽子货币进行调节、有管理的浮动汇率体制，保持人民币汇率在合理、均衡水平上的基本稳定。这为人民币国际化和经济进一步对外开放提供了货币准备。

（四）金融对外进一步开放

中国加入世贸组织后，金融对外开放的步伐进一步加快。经常账户管理改革深化，进出口更加便利；资本账户流通渠道拓宽，限制进一步减少；人民币区域化稳步推进。

（五）金融分业监管格局确立

2003 年，中共中央、国务院印发《关于深化行政管理体制和机构改革的意见》，第十届全国人大一次会议批准了国务院机构改革方案，将银行业金融机构的监管职能从中国人民银行剥离，整合中央金融工委相关职能，成立中国银行业监督管理委员会。同年 12 月，全国人大常委会通过《中国人民银行法》和《商业银行法》的修改决定，通过《中华人民共和国银行业监督管理法》。至此，中国金融体系中的监管框架形成了分业经营、机构管理的制度框架。中国人民银行在国务院的领导下，制定和执行货币政策，防范和化解金融风险，维护金融稳定。银监会、证监会、保监会分别按照机构属性和市场业务不同进行分业监管。

五、2016 年至今：新形势、新变化、新思路

改革开放 40 余年来，中国金融体系逐渐成形，具体表现为多元化的金融机构体系，多功能的金融市场体系，多样性的金融产品体系，以及成体系的金融监管框架。金融业已经成为国民经济的核心产业。

（一）多元化的金融机构体系

中国金融体系由改革开放前高度集中统一的体制向多元化方向发展，形成了以银行、证券公司、保险公司、信托公司、金融租赁公司等机构构成的

功能齐全、形式多样、分工协作、互为补充的多元化、多层次金融机构体系。

银行是金融机构体系中最重要的组成部分。经过多年发展，该领域形成了以中国人民银行为中央银行，商业银行和政策性银行并存，大型国有商业银行和中小型商业银行并存，城市商业银行和农村信用社并存，中资行和外资行并存的格局。其中，大型国有商业银行是中国银行业的主体。

证券机构发展迅速，形成了以证券公司、基金管理公司、期货公司为主体的结构图谱。近年来，市场上也出现了大批私募基金管理机构，填补了社会投融资需求缺口。

其他金融机构发展迅速。保险公司、资产管理公司、信托投资公司、金融租赁公司等共同组成了金融机构体系的一部分。

（二）多层次的金融市场体系

中国金融市场体系不断发展完善，金融市场功能不断深化，市场主体参与程度不断提高，金融产品和工具逐渐丰富。货币市场、资本市场、外汇市场、黄金市场、期货市场和保险市场等形成一定规模，逐渐形成多功能、全方位的金融市场体系，市场深度和广度不断扩展。

金融市场层次结构日益丰富，功能不断年深化。多层次资本市场体系建设稳步推进，交易所主板市场进一步完善，创业板持续发展，科创板业已推出，场外市场建设工作稳步推进。

金融产品与交易日益丰富，市场创新不断发展。参与交易的产品主要包括票据、债券、股票、黄金、外汇和黄金等，基本涵盖了现货、回购、远期和期货等重要交易机制。

（三）间接融资仍占主导地位

由于历史原因，银行一直在中国金融体系中占主导地位，社会资金的配置以间接金融为主。随着金融市场的发展，直接融资比例总体上有所提高。但是，自2008年以来，因受国际金融危机影响，国内经济不确定性增加，直接融资比例有所下降。从总体看，中国融资结构仍然以间接融资为主，直接融资比例较低。

（四）金融开放的高水平和新局面

中国金融对外开放水平进一步提高。在华外资金融机构不断增加，成为金融机构体系的重要组成部分。外资银行经营范围逐步扩大，取消对外资银行经营人民币业务的地域和客户限制，以及非审慎性限制。外资在金融市场上的参与程度不断提高。中资金融机构纷纷引入境外机构投资者，加快海外发展步伐。

（五）金融混业经营和功能监管的雏形

自2003年中国银监会成立后，我国金融监管正式形成由中国人民银行负责货币政策制定，银监会、证监会和保监会实施分业监管的“一行三会”格局。近年来，随着金融行业快速发展，机构综合化经营趋势明显，新金融业态层出不穷。同时，金融风险跨行业、跨市场的传染性逐步暴露，监管体制对业务模糊地带无法覆盖。统一和完善金融监管框架的呼声渐高。2017年，为适应中国金融发展新局面，国务院成立金融稳定发展委员会。2018年，国务院组建中国银行保险监督管理委员会。配合原有的中国人民银行和中国证券监督管理委员会，最终形成“一委一行两会”的监管格局。这一整合打破了存在15年之久的“一行三会”格局，金融监管进入新时代。

（六）金融基础设施建设不断加强

经过40多年的改革与发展，金融基础设施建设不断加强与完善，金融法制形成了包括法律、法规和部门规章在内的一整套金融法律体系。金融信息化水平不断提高，征信体系逐步完善，反洗钱制度等取得重大进展，有效地促进了金融业的规范发展和高效运营。

金融体系结构优化调整的内部形势

一、GDP 增速放缓，经济面临下行压力

首先，内需放缓的势头不容忽视。近两年，我国消费增速放缓。其中，消费的结构发生重大变化，服务类消费超过了商品类消费，而且服务消费的弹性系数往往大于普通商品消费。从发达国家经济增速下行阶段经验看，经济增长放缓一段时期后，居民消费也将台阶式放缓。另外，当前我国的居民储蓄率也出现下降态势，储蓄下降而消费增速放缓正在叠加。

其次，投资回落。房地产投资增速回落、制造业投资不景气、“去杠杆”等信贷政策趋紧等，都构成了投资回落的重要原因。

再次，企业经营困难。原材料成本的上升，资金成本的上升，劳动力成本的上升，市场需求的下降等是企业经营困难的主要原因。减税降费的拉动效应尚未显现，内外需剧烈变化都给企业经营增加了困难。

最后，就业压力突显不容小觑。要警惕结构性失业转化为总量性失业。由于中美贸易摩擦、新兴部门增长放缓等原因，结构性失业问题压力有所显现。国家正在采取积极的就业政策，避免结构性失业向总量性失业转变，稳定经济基本盘，兜住民生底线。

二、供给侧结构性改革持续推进，经济结构调整势在必行

对标经济高质量发展要求，我国应以供给侧结构性改革为主线，以制造业为核心大力振兴实体经济。

首先，继续降低实体企业成本。一方面，继续落实已出台的减税降费政

策，让企业有实实在在的获得感，同时研究新的减税降费空间，支持企业加快改造升级，对受经贸摩擦影响较大的企业给予特别援助，帮助企业渡过难关；另一方面，加大要素市场改革力度，着力降低企业土地、用能、物流和制度性成本。

其次，着力提高我国科技创新能力。围绕世界科学前沿和我国战略需求，努力攻克一批关系发展全局的战略前沿技术和核心技术。确立企业在科技创新中的主体地位，培育一批具有全球竞争力的创新型领军企业。改革科研管理体制，构建有利于创新资源高效配置和创新潜能充分释放的体制环境，构建营造良好创新生态。

最后，加快培育形成强大的国内市场。庞大的国内需求潜力，是我们应对中美经贸摩擦的重要底牌。要着力调整收入分配结构，努力提高中低收入人群的收入水平，不断完善养老、医疗、失业等社会保障制度，让广大居民敢于消费、有钱消费。

三、资本市场发展不足，对实体经济支持力度不够

从几十个国家上百年的发展历史来看，大多数经济体虽然发展阶段和增长速度各异，但金融发展道路基本遵循共同的发展规律，即在经济发展初期，银行体系占据非常突出的地位，随着经济的发展、社会财富的积累以及产业结构的升级，资本市场的优势会逐步显现，金融机构呈现多样化趋势。世界银行通过比较150个国家或地区的金融结构发现：第一，相对于经济落后国家，较富裕国家或地区的金融系统，包括银行和资本市场都更发达；第二，随着富裕国家或地区收入的进一步提高，相对于银行，资本市场变得更活跃和更有效率。

（一）股市未能成为经济的晴雨表，资本市场发展不足

一些上市公司存在财务报表造假行为。有些上市公司被大股东掏空，财

务报表不能真实地反映上市公司的情况，甚至导致股市不能反映真实的经济情况。市场缺乏有效的惩戒措施。

股票市场缺乏有效的退出机制。资本市场没有一个优胜劣汰的淘汰机制，整体质量难上台阶，更难以反映中国经济的实际情况。

散户投机氛围严重。股市剧烈波动，不仅无法显示晴雨表的功能，也很难反映公司长期价值。在A股中，散户占比70%，只有30%是机构投资者。而美国股市中70%是机构投资者，30%是散户，说明美国以机构投资者为主，他们在投资风格上比较理性，注重长期投资、价值投资，跟随经济运行方向操作。中国股市投机氛围较重，投资者投机赚快钱，所以股市筹码也不能长期保持稳定。

因此，中国金融体系结构优化调整面临着资本市场发展不足的问题。发展资本市场是中国的改革方向，发挥好资本市场枢纽功能，突出加强制度建设，继续积极培育公开透明、长期稳定健康发展的多层次资本市场是金融体系结构的优化调整反向。

（二）技术革新需要充足的资金支持，资本市场支持力度不够

现阶段资本市场服务实体经济的重要内容之一是“支持关键核心技术创新”，这是今后资本市场改革发展的重要着力点。资本市场应当为“一带一路”、战略性新兴产业、重点区域的建设等领域提供金融支持，为国家战略的推进服务。

未来，中国经济发展的新动力一定来自高科技、创新性行业，不能走依赖房地产强拉经济的老路。因此，务必增强资本市场对科技创新企业的包容性，着力支持关键核心技术创新，提高其服务实体经济的能力。“围绕建设现代化经济的产业体系”提供精准金融服务是股票市场必须做好的事情。

当前，科创板已正式开板，并在试点注册制。这项重大改革举措，要牢牢把握改革的总体要求，坚持服务关键核心技术创新的改革定位，尊重市场

规律，强化市场约束，形成可复制、可推广的制度、机制。

（三）中小企业融资困难，资本市场支持力度不足

国内中小企业融资难、融资贵，存在“玻璃天花板”，经营活动容易受到简单粗暴的处置，严重影响中小企业的健康运营，反映出资本市场对中小企业支持力度严重不足。应当支持资本市场直接融资，加快中小企业收发上市进度，为主业突出、规范运作的中小企业上市提供便利。中小企业发展起来了，社会经济才能活跃。资本市场为中小企业解决融资难题，是为中国经济兜底。

金融体系结构优化调整的外部环境

一、中美关系面临转折，贸易摩擦或将长期持续

当今世界正经历百年未有之大变局，这也是以习近平同志为核心的党中央从战略高度对世界形势做出的重大判定。

首先，中美关系出现了大的变化。

特朗普在上台后发布的首份《国家安全战略报告》里，将中国视为“战略竞争者”。美国对中国战略定位的转变，实际上是从2018年的一系列变化而来的。1918年，美国提出了威尔逊主义，除在1929年前后的大萧条时期有一段时间没有采用之外，美国对外战略实际上都是一贯的。明确来讲，包括3个理念：美国责任、自由主义、多边主义。在这些理念的主导下，二战之后以美国为首建立了新的世界格局，形成了包括现在的联合国，以及布雷顿森林体系等国际组织与机制。

但是，现在美国发生变化了，从“美国责任”变成了“美国优先”，从自由主义转向进攻型的保护主义，从多边主义转向单边主义。实际上，美国这种对外战略的转向也是百年来从未出现过的。它是国内政治经济结构深刻

变化的产物，绝不是一时的权宜之计。这种变革不仅是美国自身的变革，还与中国的崛起相叠加，形成了全球治理理念的不同。

现在，美国对中国的认知发生了变化。基辛格博士说中美关系“再不会回到从前”，不要认为这只是一句简单的话，这是他的一个战略判断。当然，中美之间的博弈不仅限于经贸领域，在政治、军事、外交、科技、人文领域的摩擦必然成为常态。中国关键是要把自己的文章写好，“以内稳来预备外变”。

其次，美方的遏制和打压成为我国最大的外部风险。

中美之间不可能再回到那种合作与竞争并存，合作先于竞争的关系。今后中美在经贸方面边打边谈、打打停停，可能会是家常便饭。

二、聚焦“一带一路”建设

2013 年，中国提出“一带一路”倡议，目的是坚持共商共建共享的原则，动员更多资源，通过互联互通，实现市场对接，释放增长动力，让更多国家和地区融入经济全球化（见图 4.3）。2019 年 4 月 25—27 日举办的第二届“一带一路”高峰论坛，标志着已经走过 6 年的“一带一路”倡议将进入新的阶段，即第二阶段。这一阶段将被定义为多边倡议而非单一由中国主导项目的阶段，并强调民间互通交流。

（一）“一带一路”的第二阶段

不同于第一阶段的“一带一路”项目大多集中于东南亚国家，中国在新的阶段将更多寻求与欧洲和其他地区发达国家的合作，以弥补在专业知识和资金上的重大差距。过去的“一带一路”建设都是围绕基建、硬件的建设展开，而在新阶段，“一带一路”建设将更注重文化交流、社会影响和商业合作，包括为当地社区带来更加正面的社会影响和更好的环境，寻求更多跨领域的伙伴关系等。

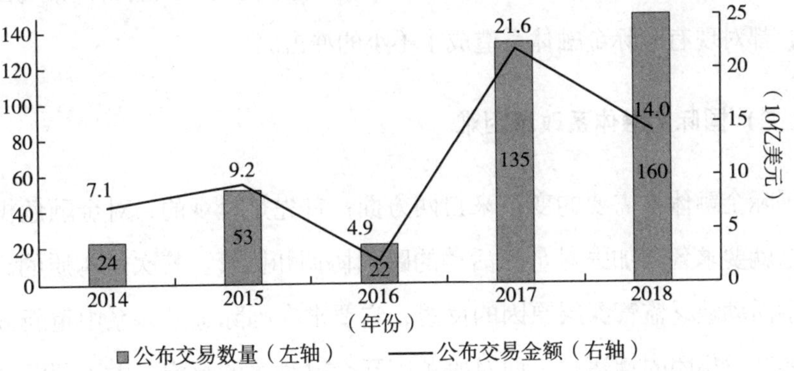

图 4.3　2014—2018 年中国“一带一路”境外交易数量和金额

注：“一带一路”项目涵盖了 3 个大洲的 66 个国家。

数据来源：Thomson Reuters，China Venture，普华永道分析。

（二）“一带一路”的成绩

2013 年 9 月—2019 年 4 月，中国与“一带一路”沿线国家货物贸易额超过 6 万亿美元，对“一带一路”沿线国家非金融类直接投资额超过 900 亿美元；同沿线国家共同建设 82 个境外合作园区，向东道国上缴税收 20 多亿美元，为当地创造近 30 万个就业岗位。“一带一路”沿线国家跨越亚洲、欧洲和非洲，根据国际货币基金组织数据，“一带一路”沿线国家占全球国内生产总值和贸易额的 32%，且这一数字将在未来 5 年上升至 36%。

三、中国与国际金融体系：从参与到重塑

（一）现有国际金融体系

现有国际金融体系发源于 1944 年至 1973 年间主导国际社会的“布雷顿森林体系”，直至如今，仍以世界银行和国际货币基金组织（IMF）为首的一系列制度规范主导世界金融秩序，并使西方发达国家掌握了主流话语权。

2007 年至 2008 年起源于美国随即席卷全球的金融危机，以及新兴市场国家的崛起，都对现有国际金融体系造成了不小的冲击。

（二）国际金融体系改革困难

国际金融体系需要的变革来自两方面：首先是直观的、对金融危机的反思，这就要求各国加强对金融活动的跨国协调和监管。其次是本质的、对以往金融活动缺乏监管深层原因的反思，它要求在国际金融体系中重新分配各国、各利益集团的话语权。面对改革国际金融秩序的呼声，主流国际金融体系试图在体系内进行改良，但由于存在来自既得利益集团与国家的阻力，这些改革方案往往进展缓慢。

面对体系内僵局，中国等发展中国家也在积极探索另一条道路，即在 IMF 主导的现有国际金融体系之外建设新的国际机制，自主解决相关国家的经济发展需求。

（三）中国是发展中国家间合作的积极倡导者

中国在现有国际金融体系中处于话语权弱势地位，属于国际金融体系的“后来者”。但中国将是未来国际金融体系的积极参与者。中国一方面需要向国际金融体系的资深玩家学习经验，另一方面也要借助目前国际上的变革诉求，努力争取对中国有利的外部环境。

近年来，中国在国际领域新金融秩序的建立方面主要进展包括领导建立金砖国家开发银行、亚投行等。同时，中国也致力于扩大自身影响力，以适应国力增长带来的新需求。一方面，中国积极树立金融领域“负责任大国”的形象，在国际上积极援助受到灾难性经济冲击的国家。另一方面，中国通过一系列双边协定积极推进人民币国际化进程。

系统性金融风险来源

一、宏观杠杆居高不下，放大金融脆弱性

宏观杠杆率是债务余额与GDP之比。高杠杆是宏观金融脆弱性的总根源，因为：一方面，它加剧经济金融风险积累，提高危机爆发可能性，例如，美国的房地产泡沫和随后的次贷危机；另一方面，它制约微观主体理性决策，干扰经济正常运行，例如，日本“失去的二十年”。2016 年，为缓解中国经济总体杠杆水平过高的风险，中央部署了一系列“去杠杆”政策。

但是，2019 年一季度中国非金融部门总体杠杆率同比增速一反 2016 年年中以来的下降趋势，大幅反弹。一是名义 GDP 增速快速下滑，实际 GDP 增速逐步放缓，经济下行压力增大。二是债务上升再次加快，社会融资规模存量同比增速出现反弹。政策支持与监管放松推动贷款和非标融资改善，积极的财政政策继续实施，地方债发行前置。

如果经济下行压力继续加大，政府为维护经济社会稳定而加大逆周期调控力度，在积极财政政策下政府部门大幅加杠杆，在宽松货币政策下非金融企业部门和居民部门也有举债冲动，宏观杠杆率可能重回上升通道。宏观杠杆率过高将产生一系列负面影响。一是干扰经济正常运行，经济复苏疲弱。二是增加宏观调控难度，削弱政策效果。

二、微观杠杆过度投机，加剧股市波动风险

2015 年中国股市异常波动期间，高杠杆和外资扰动对中国股市造成冲击。层层叠加的杠杆使得银行、保险、信托资金流入股票市场，金融机构间的业务界限逐渐模糊，进一步放大了金融脆弱性。2019 年初以来，股市经历了一轮快速上涨，10 倍场外配资卷土重来。

从表面上看，配资业务有诸多便利，刺激了市场繁荣，助推“高价股王”出现，实际上这种繁荣是“虚假繁荣”，存在较大系统性风险，具体如下：

首先，是杠杆比例过高的风险。2015 年 6 月至 2016 年 1 月的半年时间里，A 股市场出现了 3 次大幅回调，很多投资者损失惨重。在此过程中，除相对规范的融资融券资金、信托产品等形式之外，场外配资是增加资金杠杆、助推股市短期“疯涨”的主要暗道。这些从事配资业务的公司大都打着投资顾问、资产管理公司的幌子，配资杠杆比例一般是1∶3，有些甚至可达1∶10。如果采取配资的股票连续大跌，则极易引发配资账户的大规模强制平仓，导致股价闪崩，甚至引发整个市场的系统性风险。

其次，是关联市场的风险。资本市场具有枢纽功能，关联度高，对市场预期影响大，对稳经济、稳金融、稳预期发挥着关键作用。看似不起眼的配资公司可能背后关联着网贷公司、民间钱庄以及所谓的金融科技公司，进而可能与银行、保险公司、证券公司等持牌金融机构发生联系，一旦对配资公司处置不当，可能引发链式反应。

再次，是劣币驱逐良币的风险。违法违规配资机构长期存在，必然对正规的持牌金融机构开展相关业务带来影响，甚至衍生出资金池、自融业务、非法集资等诸多变种的违法业态，增加防控风险成本。

三、经济下行背景下，股票暴雷和债券违约风险加剧

经济增长放缓，下行压力增大，企业股票暴雷和债券违约风险加剧。其中，民营企业股票暴雷和债券违约占八成以上。首先，经济下行背景下，企业业绩增长困难，盈利能力弱是股票暴雷和债券违约的最重要原因。其次，民营企业再融资困难，制约了企业债券偿付能力，资金链断裂引爆债券违约和股票暴雷风险。再次，公司治理不当、财务弄虚造假和信息披露问题都有可能对公司债券和股票造成致命打击，进而引发一系列风险。

四、金融开放条件下，境外资本冲击和风险传导加剧

金融开放是当前中国面临的必然选择。部分国家的经验表明，金融开放不当将会引起系统性金融风险，对一国经济产生毁灭性冲击。我国经济体量大，与外部市场联系紧密；金融市场培育时间较短，发展不完善；国内金融主体普遍风险防范意识不强；当前贸易形势恶化，外部形势急剧变化，种种因素都有可能放大金融脆弱性，导致产生系统性风险。因此，我国在金融开放的条件下如何防范系统性金融风险成为亟须解决的问题。

第六节　中国金融体系结构优化调整的路径

金融体系结构优化调整的指导思想

改革开放40多年的发展为中国经济打下了坚实基础。但是应当清楚地看到，中国国内形势在过去40余年发生了质变，我国实体经济已进入新的发展阶段，正在从过去重规模、重速度的粗放型发展向追求更高质量、更高效率的发展模式转变。同时，我国面临着内部经济增长趋缓、外部环境剧烈变化的新局面，系统性金融风险仍未消除，金融体系结构优化调整必须充分考虑金融业目标与方向。金融是为实体经济服务的，通过资金、信用、利率等手段实现资源配置，并实现金融价值。因此，金融体系结构的优化调整，首先要保证金融体系自身的健康与稳健，并且不断适应内外部经济条件的变化，抵御系统性风险，实现对实体经济的发展促进。同时，金融业要积极适应发展要求，进一步调整优化相关体系结构，把更多金融资源配置到经济社会发展的重点领域和薄弱环节，守住风险底线，为经济社会持续健康稳定发展助力。

在此背景下，中国金融体系结构优化调整的目标应当如下：

一是以充分市场化为导向，发挥金融的资源配置作用，实现金融对实体经济不断输血。

实现金融机构、金融产品（股票、债券等金融工具及衍生品）的市场化准入和退出，减少不必要的行政审批和政府保护。在市场化进入和退出基础上，逐步降低银行存贷业务在我国融资体系中的重要性。在不引起市场重大波动的情况下，逐渐推进利率市场化。大力发展债券市场，加大国债市场活跃程度，形成以国债收益率曲线为市场的基准利率，在此基础上理顺中央银行利率、商业银行利率和市场利率的关系，逐步完善、统一金融市场，增强金融产品流动性，消除现有的市场分割，提高社会资金使用效率，进而提高整体市场效率。为高科技、创新企业、行业进行资金输血，提供增长新动力；解决中小企业融资难问题，为经济发展兜底。真正实现金融为实体经济输血的根本目标。

二是以有限全球化为原则，积极参与外部游戏，抵御外部风险，捍卫金融主权。

持续关注国际形势的变化，主动适应国际金融局势的调整，在更高水平上实现金融对外开放，增强中国金融机构的国际竞争力，积极参与世界游戏，抵御外部风险，捍卫金融主权。必要时，扛起责任，主动参与调整国际金融体系结构优化调整，在百年未有之大变局中发出中国声音。

三是防范金融市场异常波动和共振，打造一个规范、透明、开放、有活力、有韧性的资本市场。

资本市场在金融运行中具有牵一发而动全身的作用，建立健全多层次资本市场对中国金融体系结构优化调整有着至关重要的意义。要实现经济新动能的转换，高科技、创新企业的发展，中小企业的持续发展，我国需要规范、透明的资本市场；面对国际形势剧烈变化，我国需要更高水平对外开放的资本市场；

要防范系统性金融风险发生，我国需要更具活力、更有韧性的资本市场。

中国金融体系结构优化调整的路径选择

世界各国的金融体系发展经验表明，金融体系的资源配置方式正由银行主导向市场主导转变，由间接融资向直接融资转变；金融产品体系正由分业经营向混业经营转变；相应地，金融监管体系正由机构监管向功能监管转变，矩阵式监管成为金融监管的新思路。中国正在经历新一轮的改革开放，为了适应内外经济的新局面、金融产品创新的新变化和金融监管面临的新问题，中国金融体系结构优化调整可以沿着以下路径开展。

一、进一步深化金融机构改革，完善金融组织体系

金融机构是金融体系结构优化调整的载体。金融机构的健康、可持续发展是金融体系结构优化调整的根本保障。因此，金融机构的深化改革是完善金融机构体系、优化调整金融体系结构的第一步。

（一）深化大型国有银行等金融机构的改革

不断强化内部控制和风险防范机制，继续完善公司治理，改进决策机制。推动国家开发银行改革，完善其金融服务组织体系。推进政策性金融机构改革发展，明确职能定位，加快推进内部改革，转换经营机制，加强风险管理。推动国有商业银行改革，完善公司治理，强化市场化业务职能，严控风险。对接金融资产管理公司改革发展，促进市场化转型，充分发挥处置金融机构不良资产的职能。

（二）增强证券公司竞争力，培养头部券商

完善公司治理结构，进一步明晰和强化出资人职能，充分发挥公司治理在

证券公司发展和经营中的作用。鼓励符合条件的证券公司通过公开发行上市和重组并购等多种方式做大做强，不断提高行业竞争力。培养一批具有国际竞争力、能够与世界一流投行相抗衡的证券公司，积极应对更高水平的金融对外开放。

（三）发展民营银行和社区银行

大力发展民营银行和社区银行，鼓励银行服务和产品灵活创新，以服务民生、便民惠民为主旨，真正做到存贷款等基础性银行产品深入社区，方便居民就近办理业务，发挥社区金融普惠性优势，提高资金融通效率。

（四）完善中小金融机构体系

推动城商行、农商行、农信社业务回归本源，鼓励支持城乡资金需求，建立健全多层次、广覆盖、可持续的城乡金融体系。在加强监管和保持资本金充足的前提下，鼓励社会资金参与中小金融机构的重组改造，稳步发展各种所有制下的金融企业，完善金融组织结构。

二、完善多层次金融市场体系，扩大直接融资规模

2015—2018 年，由于受外部因素的影响，股市有一定异常震荡，但从长期看，决定市场成色和发展走势的，还是经济基本面和上市公司质量。资本市场是实体经济的“晴雨表”，这个功能主要是通过上市公司质量来体现的。资本市场是连接实体和资本、融资方和投资方的纽带，而上市公司质量是支撑这个市场的支柱和基石，是促进金融和实体经济良性循环的微观基础。没有好的上市公司，就不可能有好的资本市场。

（一）提高上市公司质量

提高上市公司质量是一项宏大的系统工程，离不开上市公司、监管者、

投资者等市场参与主体的同心同向、众智众力。

作为市场主体，上市公司担负着自我规范、自我提高、自我完善的直接责任、第一责任。推进资本市场持续健康发展，监管部门要做到“四个敬畏”，对上市公司来讲，也必须谨记和坚持“四个敬畏”，尤其是大股东和上市公司董监高要常怀敬畏之心。一要敬畏市场，尊重规律，走稳健合规的发展之路。二要敬畏法治，遵守规则，强化诚信契约精神。对任何一家企业而言，守法经营、合规经营都是不可逾越的底线。三要敬畏专业，突出主业，自觉远离市场乱象。四要敬畏投资者，回报投资者，积极践行股权文化。

提高上市公司质量是上市公司监管的首要目标。给投资者一个真实、透明、合规的上市公司，提高上市公司质量，是保护投资者合法权益的根本手段。监管部门对上市公司的监管力度必须加大，不能削弱。监管的重点在于公司治理，包含信息披露和内部控制。通过公司治理的强化，促进经营管理水平的提升。要通过持续监管、精准监管，提高上市公司信息披露质量，督促上市公司和大股东讲真话、做真账，提倡真和实，不搞虚和假，拒绝蒙和骗，不做违法违规之事。加强上市公司监管，必须坚持辩证思维和底线思维，尊重规律，保持定力，统筹把握多元监管目标的内在统一。一是坚持监管与服务并举。二是坚持规范与发展并重。三是坚持信披与治理并行。

提高上市公司质量需要营造良好生态。众人拾柴火焰高。资本市场是一个生态体系，提高上市公司质量需要各方共同努力，共建良好生态。一是优化发展生态。二是优化中介生态。三是优化舆论生态。

（二）完善交易制度，提高资本市场定价效率

完善交易制度，提高资本市场定价效率，有利于促进市场的流动性，帮助市场实现资源的配置，可从交易层面和投资者保护层面着手：一是建立和

完善做空机制。此举有利于市场价格发现，充分发挥市场在资源配置中的决定性作用，进而完善市场的定价功能，同时，以投机遏制投机比通过加强监管遏制投机更有效。二是推出集体诉讼制度。此举对于防范利益输送和操纵市场等行为意义重大，可以起到保障中小投资者利益的作用。

（三）引导更多中长期资金进入，增加市场活力

资本市场健康发展需要吸引中长期资金，企业年金、养老基金等长期资金需要通过资本市场保值增值。吸引这些中长期资金入市，需要资本市场不忘初心，认真借鉴国际通行做法，把保护投资者权益作为不可动摇的基石，依法保护各类股东知情权、监督权、参与决策权、选择管理权、资产收益权等各项权利。唯有如此，才能为各类资金搭建公平公正的平台，吸引中长期资金源源不断地进入资本市场。

进一步对外开放，在沪港通、深港通、沪伦通的基础上，进一步向其他国家和地区开放资本市场，引导境外中长期资金进入境内资本市场。

（四）完善上交所科创板，推动试点注册制尽快落地

科创板最大的特征是试点注册制，以信息披露为核心，科创板要做大做强，足够多的高质量的科创企业源源不断地加入是重要保障，由于注册制的试点，科创板又兼具足够的包容性，IPO门槛低，越包容要求监管越严厉。

设立科创板并试点注册制，是全面深化资本市场改革的重要突破口，主要承担着两项重要使命：一是支持有发展潜力、市场认可度高的科创企业发展壮大；二是发挥改革试验田的作用。从中国的国情和发展阶段出发，借鉴成熟市场经验，在发行上市、保荐承销、市场化定价、交易、退市等方面进行制度改革的先试先行，并及时总结评估，形成可复制可推广的经验。

三、加强金融产品创新，完善金融基础设施

（一）加快产品创新，丰富金融市场产品体系，借鉴国际经验

目前，中国的金融产品创新不足，金融衍生产品处于初级阶段，难以满足国内投资者多层次的投资与避险需求，降低了社会资金转为投资的效率。因此，要借鉴国际经验，积极推动金融产品创新，在风险可控条件下，继续推动货币市场工具创新、风险与收益匹配的债券品种创新；进一步丰富金融市场套期保值和避险工具，引入更多的利率、汇率和信用衍生产品，为市场参与者管理风险提供便利，提高市场效率和稳健性；建立以市场为主体的创新模式，依靠市场主体进行创新。

（二）完善金融基础设施

改革和完善金融市场准入、发行、交易、退出等制度，促进市场平稳运行，提高市场运行效率；规范信息披露制度，提高金融市场透明度；完善评级制度，促进信用评级机构的自身建设，充分发挥信用评级作用，发挥市场激励和约束机制作用；完善金融市场信用体系；充分利用金融科技发展成果，建立健全高效的登记、托管、交易和清算系统，加强监管。

四、强化监管和服务能力，提高监管水平

中国原有的分业经营、机构监管的监管框架总体而言是有效的，对保持金融机构稳健经营、防范和化解金融风险发挥了重要作用。但是，金融监管没有覆盖全行业，交叉性金融业务存在监管空白，不同监管者之间信息共享和协调不足。2018 年建立起的“一委一行两会”的监管框架初步具备了混业经营和功能监管的条件。

（一）加强监管协调，打破监管壁垒

推动功能监管，打破监管比例，促进监管协调。加快建立我国金融控股公司监管制度，督促和引导金融控股公司加强公司治理、风险管理和内控制度建设。完善跨行业、跨市场监管规则，对一些交叉性金融业务和机构要明确监管责任，强化对金融机构创新性业务和表外业务的监管，实现机构监管和功能监管的有效结合。健全金融协调机制，加强货币政策与金融监管政策之间、不同监管政策和法规之间的协调，避免出现监管真空，更有效地防范系统性金融风险。

（二）加强金融稳定机制建设，防范系统性风险

加强金融稳定机制建设，有效防范系统性金融风险，维护金融稳定。进一步完善金融稳定评估和金融风险早期预警机制，建立健全各层次金融应急机制和应急预案，提高金融风险应对能力；加快建立存款保险制度，设立功能完善、权责统一、运作有效的存款保险机构；进一步完善投资者保护制度和保险保障制度；建立和完善金融机构市场退出机制。

（三）完善监管指标，丰富政策手段

健全跨境资本流动检测预警体系，真实、有效、及时地检测资金流向和渠道。加强外资账户管理，实施透明的外资事前申报制度，加强外资投资内地账户的统计和金融监督。当内外部形势发生剧烈变化时，丰富的政策手段和健全的调控框架可在面临危机时更自如地进行政策对冲和宏观调控。

五、构建金融防火墙，捍卫金融主权

在当前形势下，金融开放应立足基本国情，按照“主动性、渐进性、可

控性、审慎性”4个原则加强防范，正确认识资本流动对开放进程的冲击，规范金融服务业的对外开放。

（一）捍卫货币主权，坚持政策主权

捍卫货币主权，把握汇率调整主动性。我国经济体量巨大，货币主权关系到国家安全和经济命脉，因此无论金融开放到何种程度，货币主权必须牢牢掌控在中央银行手中。我国既要避免拉美国家的货币美元化，痛失经济主权；又要避免货币制度僵化，阻碍经济发展。尤其是在面临外部形势变化、中美贸易摩擦前景未定、人民币汇率面临贬值压力的情况时，更应当把握汇率调整的主动性，主动出击、积极防守，坚决遏制国际空头对人民币的狙击，捍卫货币主权。

坚持政策主权，加强监管的主动性。经济政策的制定和监管思路的调整既不能落后于国内经济发展水平，也不能受制于国外经济压力，更不能依附于某些经济理论或某些发展路径，为了开放而开放，脱离实际情况，应当以现实国情为政策制定依据，主动、持续地根据国内经济基本面、国际经济形势变化、自身政策管理水平来调整监管思路，完善政策框架。

（二）金融市场对外开放遵循渐进性原则

资本账户渐进开放，与人民币国际化程度相适应。资本账户的开放应当循序渐进，确保经济主体充分消化开放成果，为下一步开放打下坚实基础，孕育新的开放机会，为人民币国际化提供发展基础。积极推动人民币国际化，为资本账户开放创造外部环境，更好地适应国际市场的变化和波动。吸取其他国家资本账户开放的经验和教训，注重资本账户开放的次序和速度。

金融市场渐进开放，与各类市场发展程度相适应。我国金融市场发展时间较短，尚不成熟，金融市场的对外开放应当充分考虑市场发展程度，

避免外部市场对内部市场的过度冲击。对于机构投资者参与较多的债券市场可以优先开放，积累治理经验；对于股市、房市等与老百姓生活息息相关的市场，则应当在经济安全的前提下逐步开放，避免市场波动带来社会不稳定因素。

金融机构渐进开放，完善金融牌照管理制度。国内银行、证券公司、保险公司等机构的涉外业务应当符合机构本身的金融职能，避免盲目暴露风险；境外机构涉及国内业务应当严格遵守国内监管法规条例，坚决遏制境外机构恶意炒作、做空国内市场。以渐进节奏开放境内金融机构，以探索方式开放境内金融业务，确保金融牌照制度的落实管理，为金融发展服务。

对外开放应配合对内改革的步伐和进度。对外开放是改革开放的重要一环，是经济发展的必经阶段，是立足国情的开放，是有条件的开放，应当配合对内改革的步伐和进度。绝不能在对内改革条件不成熟时对外开放，伤害经济基础；也不能裹足不前，主动放弃对外开放，掣肘内部经济发展。当前内部经济放缓，供给侧改革逐见成效，对外开放更应该配合好经济发展情势，助力全面深化改革，取得经济新发展。

（三）保持金融开放可控性，构建金融防火墙

开放规模可控，确保对经济金融的总体影响可控。在内外部环境尚不成熟时，不鼓励全面开放，为开放规模设立标准和红线，确保资本流动的整体规模可控，将其对经济金融的总体影响维持在一定范围内。避免毫无防守的对外开放，将经济安全拱手让人，丧失经济主权。

开放方向可控，避免对少数市场或机构过度冲击。在开放规模可控的基础上，确保开放方向可控。要吸取 2015 年股市异常波动的教训，密切关注资本流动的方向和途径，避免外部资本对单个市场或机构的过度冲击，进而引发系统性金融风险。

（四）坚持金融体系结构优化调整的审慎性

研判世界经济形势，审慎开放资本市场。特朗普执政时推行“美国至上”，以美国优先取代多边关系。世界经济形势变化迅速，经济全球化趋势面临考验，金融开放的必要性受到质疑。因此，金融开放到何种程度，甚至是否需要金融开放重新成为各国讨论的话题。资本市场是发展中国家与发达国家进行资本交易以抵挡不公平交易的制度屏障。无论如何，审慎开放资本市场都成为当下不二选择。

完善宏观审慎政策体系，保留紧急情况下的特定处置手段。随着中美贸易摩擦的深入，中兴、华为等中国企业纷纷中枪，成为欧美国家狙击中国的对象。未来经济金融形势瞬息万变，我们应当冷静看待金融开放，不忘经济发展初心，不断完善宏观审慎政策体系，保留紧急情况下的特定处置手段，捍卫国家利益。

第五章

系统性金融风险预警与防范研究[①]

① 本章内容创作于2018年底。

自2016年开始，中共中央、国务院及各金融监管部门逐步将防范化解系统性金融风险作为中国金融市场发展及监管工作最核心的主题，启动了新一轮以“防风险、强监管、治乱象”为特征的监管“风暴”。党的十九大报告再次强调了要“守住不发生系统性金融风险的底线”。而在2017年底召开的中央经济工作会议上，把防范化解重大风险，重点是防控金融风险作为随后3年要重点抓好决胜全面建成小康社会的三大攻坚战之首。因此，对系统性金融风险预警和防范的研究成为迫切而紧要的课题。

第一节　系统性金融风险的描述与现状

当前我国金融业正处在对外扩大开放和对内加快改革的关键时期。对外开放方面，政策进一步减少了外资金融机构进入国内市场的限制，同时进一步放开了外资进入国内金融市场的渠道并提高资金上限；对内改革方面，在防范化解重大金融风险的背景下，货币政策继续强调稳健适度，同时补齐监管制度短板。当前我国金融业对外开放的程度相较发达国家金融市场依然偏低，因此在加快金融业改革和开放的过程中，一定会同时出现国际化程度加深和较长时间内维持金融业较快速发展的现象。因此，当下更需把握好进一步深化改革和开放对金融稳定性的影响，预警和防范系统性金融风险。

系统性金融风险的定义与综述

一、系统性金融风险的定义

现代经济体系包括实体经济与虚拟经济。现代经济体系经过长时间的发展，已经形成了两个相互区别又联系紧密的部分：一个是以实物为表现的实体经济体系，另一个是以货币为表现的虚拟经济体系。实体经济体系和虚拟经济体系是经济发展的一体两面，二者的发展自成规律，但同时又受到另一方发展的影响和制约。当二者的发展表现不同步的时候，经济体会受到影响，因此虚拟经济体系的发展在一定程度上应与实体经济的发展相适应，虚拟经济无论是发展过度还是发展滞后，都不利于经济体系的整体稳定。

系统性金融风险通常指当风险事件出现时，在金融系统内部具有传染性，并且对金融系统的稳定性造成负面影响。金融业是虚拟经济体系的行业体现，从行业细分的角度看，它包括银行业、证券业、保险业、信托业等细分行业，从金融产品的角度看，则包括债券、股票、外汇、大宗商品、衍生产品等金融产品，金融行业和金融产品一起构成了金融体系。因此，金融系统的稳定性包括两个重要方面：一是金融系统发展速度的稳定性，二是金融系统内部结构的稳定性。系统性金融风险容易出现在这两个方面，前者表现为金融系统的发展以货币形态为表现形式，其增速与实体经济增速不匹配导致系统性失衡；后者表现为金融系统内部各细分行业或金融产品的发展出现结构性失衡。

金融业的开放和改革政策将长期利好金融市场发展，但短期需要防范潜在的系统性风险。潜在的系统性金融风险主要存在于 3 个方面：一是金融业加快对外开放的情况下，外资集中涌入境内资本市场，可能对人民币汇率和国内资本市场的波动幅度造成较大冲击，对金融系统的稳定性构成潜在系统性风险；二是货币政策的传导渠道仍有待疏通，特别是在我国这样的以间接融资为主的金融体系中，仍需拓宽银行之外的融资渠道，以便于货币政策能够及时传导至实体经济；三是防范海外金融市场的波动向国内传导，随着中国金融市场国际化程度的加深，国内资本市场同海外资本市场波动的共振有所加强，需要密切防范部分国家和地区的政策变化和经济基本面变化，防止其外溢性影响借由资本市场波动向国内蔓延的情况。

二、系统性金融风险的历史综述

系统性金融风险的发生频率、潜在风险、表现形式都在发生变化。在资本全球化的过程中，金融业在全球也存在发展不均衡的问题，包括部分地区存在金融过度发展的问题，因此导致的系统性金融风险案例不胜枚举。1944年布雷顿森林体系代替了金本位制度后，以美元为中心的国际货币体系受美元波动的影响更加显著和周期化；1973年西方许多国家采取浮动汇率制度后，汇率的波动又加剧了系统性金融风险的影响程度和范围；并且随着金融体系由以银行为主导向以市场为主导以及金融管制逐渐放松，系统性金融风险的表现更加多样。

在资本市场国际化和资本账户开放的过程中，容易发生系统性金融风险。资本市场的国际化和资本账户的开放是相关联的，二者的影响也可能相互叠加。资本账户的开放加强了资本的国际流动，进而加大了国际资本进入本国资本市场的力度。从现象上看，在国际资本的冲击下，本国资本市场容易发生先上升再下降的情况，在此过程中容易引发系统性风险。以日本为例，日本采取渐进式的资本账户开放过程，依然难逃系统性金融风险的冲击。日本资本账户的开放历经30年，从20世纪60年代开始到90年代，日本先后放开证券市场、证券行业、资本跨境流动等限制最终实现资本账户完全放开。其间外资持续涌入日本市场，截至2016年底，外资在日本东京交易所持股市值占比达到31%，其交易量占比也近一半。1980年之前，日本的资本管制措施在一定程度上保护了国内资本市场免受国外资本的短期显著冲击，但日本在资本账户开放的后期，金融体系的发展较为缓慢，加之海外大量短期资本流入日本的房地产和股票等已经出现泡沫的市场中，使得这两个市场的泡沫不断膨胀，进而导致了国际短期资本退潮后国内经济的衰退。

国内金融市场的异常波动也会引发系统性金融风险。金融市场的波动通过参与者行为的变化，容易对其他金融产品市场和实体经济产生“外溢性”，在发生此类金融风险时，特别需要防范局部的金融风险发展为系统性金融风险，因此常常出现监管部门的介入，“切断”局部金融风险扩散的渠道。近年来，我国债市和股市都遭遇过此类金融风险，并且都是以监管部门介入切断局部市场风险向系统性金融风险蔓延渠道作为防范的手段，阻止系统性金融风险发生。以2013年6月债券市场出现的“钱荒”，以及2015年6月股票市场出现的“股灾”为例。2013年5月15日至6月20日，由于货币拆借市场的资金投放量减少，但资金需求持续旺盛，因此货币拆借资金利率快速走高，并抬高了债券市场利率，虽然此后央行加大了公开市场货币投放量，快速压低了货币拆借资金利率，但债市利率并未随着货币利率一起回落，而是进入了大幅调整阶段；2015年6月至7月，由于新股发行冻结资金体量过大，且股市资金杠杆过高，因此二级市场短时间出现大幅下跌，同时股指期货市场与股票二级市场联动，进一步强化了股指期货与现货下跌的循环，此后监管部门采取了维稳资金入市等一系列措施，才阻止了股指的快速下跌趋势，但股市至此进入了调整期。

当前我国潜在的系统性金融风险

一、负债水平与债券市场潜在的系统性金融风险

债务率上升过快容易诱发系统性金融风险。现代金融学认为，发展需要

依靠债务扩张，但是从2008年经济危机前后国际债务率的变化来看，过度依赖债务扩张也可能引发系统性金融风险。如英国学者阿代尔·特纳指出，在2008年金融危机爆发之前的10年，几乎所有发达国家的私人信贷都出现了急剧非理性扩张，美国年均增速9%、英国10%、西班牙16%，且多数国家的信贷扩张快于名义GDP增长，美国私人部门的总杠杆率升至170%，英国更是达到了180%。债务率的快速上升是诱发系统性金融风险的重要原因，不仅因为新增的债务大多并没有用于新资本投资而是用于购买存量资产，而且债务率的过快上升并没有与实体经济的发展速度相适应，从而导致实体经济和虚拟经济之间发展失衡。

资金链紧张导致债市信用风险集中爆发。依靠债务率上升推动的发展会对流动性的变化极为敏感，因此在货币政策边际收紧时，容易导致流动性紧张，从而发展为信用风险。截至2018年11月底，我国债市已出现违约的债券共计93只，涉及首次违约主体33家，违约总金额956.12亿元，从上述主体的违约原因来看，主要包括大额对外担保、公司重组和资金链紧张。并且由资金链紧张引发的信用违约事件存在一定外溢的可能，因为在货币政策边际收紧的情况下，资金链紧张的现象会较为集中在信用等级相似、融资能力和融资渠道相似的信用债发行主体当中。

需关注货币政策对实体经济流动性的影响存在滞后性。从实体经济融资的角度看，不仅需要关注融资的“价”，更需关注融资的“量”。一直以来，我国形成了以银行业为主体的间接融资体系，因此银行业的融资行为，对实体经济融资有重大影响。此外，货币政策和金融监管政策的导向，也间接对实体经济的融资产生了较大影响。2018年上半年货币政策和金融监管边际偏紧，导致实体经济存在一定的融资难、融资贵问题，虽然后来相关政策已经出现了调整，但在委托贷款、信托贷款、票据融资等融资渠道收缩的情况下，仅依靠信贷投放难以满足实体经济的融资需求，且以银行为主体的金融机构的经营行为尚未发生明显变化，因此，从货币政策和监管政策改变到实体经济现金流得到改善是需要时间的。

二、资本项目下对外资开放与潜在的资本市场系统性风险

资本账户加大开放将加剧资本的双向流动。资本项目包括直接投资、各类贷款、证券投资等，资本账户的加大开放，将进一步提高我国金融系统中外资的比例，并从货币供应的“量”和“价”等方面对国内金融体系产生系统性影响。首先，外资的流入将对国内金融机构服务业态造成一定影响，增加国内金融服务业的内部竞争；其次，外资的流入将带来增量资金，从货币兑换的角度看，将加大本币汇率的波动，从国内货币体系内部供求来看，将增加国内货币供给、压低货币资金成本；再次，外资的流动将增加对国内流动性的系统性冲击。1997 年的亚洲金融危机也对此有印证，资本账户加大开放容易受到国际资本冲击，从而造成系统性金融风险。

外资在国内资本市场中的占比逐渐上升。以 A 股市场为例，通过 QFII/RQFII、沪深港通以及 A 股纳入 MSCI 指数等一系列制度安排，外资流入的渠道明显增加，净流入的金额明显上升。截至 2018 年 10 月，QFII 总投资额度达到 1 002. 56 亿美元，RQFII 总投资额度达到 6 426. 72 亿元人民币；截至 11 月底，通过陆股通累计净流入资金 6 171. 44 亿元。截至 2017 年底，外资在 A 股市场占比约为2. 6%，但无论从当前 A 股对外开放的程度以及海外其他国家和地区资本市场对外开放的经验来看，随着国内资本市场继续完善与海外市场互联互通安排，以及 A 股加速融入全球股票市场指数，未来外资在 A 股持股的市值占比都有较大的上升空间。债券市场中外资的占比快速上升并且未来空间仍然很大，截至 2018 年 10 月底，银行间债券市场中境外机构持有债券市值占比 2. 67%，较 2017 年底的 2. 01% 有大幅上升。

外资的流动可能对股市和汇市构成流动性冲击。根据上市公司 2018 年三

季报显示，QFII 重仓持有 265 只股票，持仓总市值为 983.41 亿元，在流通市值中占比 0.25%；截至 10 月底，陆股通累计买入净额为 5 786.79 亿元，在流通市值中占比 1.59%。从成交额方面看，2018 年 1—11 月，沪股通累计成交额在沪市总成交额中占比 6.43%，深股通在深市总成交额中占比 3.95%；沪股通日均成交金额为 115.71 亿元，深股通日均成交金额为 87.69 亿元。当前的陆港通政策已经放开了资金流通总量的上限，仅保留了日均净成交额的上限，预计在继续放开资金流动管制的趋势下，外资在 A 股市场的流动性将进一步上升。届时外资的集中流入和流出，可能会对股市以及人民币汇率构成一定冲击。

三、企业融资结构与系统性金融风险

上市公司股票质押融资风险仍需警惕。自 2017 年底至 2018 年 10 月，上市公司中共有 1 900 家公司发生过股票质押融资事宜，占当前全部上市公司总数的 53.4%；根据 2017 年全部上市公司的年报显示，截至 2017 年底，共有 2 543家上市公司处于股票质押状态，其中质押股本数占总股本比例超过 60% 的有 54 家，占比超过 40% 的有 345 家。可见股票质押融资已成为上市公司股东融资的一个重要渠道和方式，但上市公司股票作为质押品，其价值随着市场波动变化幅度较大。截至 2018 年 11 月底，2018 年当年上证综指累计下跌 22%，2017 年底处于股票质押状态的 2 543 家上市公司股价平均下跌 29%，质押的上市公司股票价值大幅下跌容易引发质押品的集中抛售，由此带来的股市系统性风险隐患值得关注。

四、债市、股市、汇市的风险和传导

关注系统性风险发生和传导的可能性。考虑到我国的金融体系经过较长时间的发展，已经具备了较大的资产规模和较复杂的金融机构及金融产品体系，因此在经济增速换挡、经济结构调整、加大对外开放、深化经济体制改革的背景下，需要密切关注经济金融走势，防范系统性金融风险，具体如下：虚拟经济中货币投放速度应与实体经济的需求增速相一致，既不要过快也不要过慢；疏通货币政策的传导渠道，提高货币政策对经济的调节效率；防范人民币汇率超预期大幅波动，从而导致国内外资本的跨境异常流动；防范证券市场的大幅波动，对实体经济融资和资金链造成显著负面影响；以及由上述风险点及其他潜在金融风险向不同市场外溢导致的系统性金融风险。

海外的美元周期、国内的信贷周期都需警惕。2018 年 4 月起美元指数加速上行，美元走强的趋势较年初更加显著，国际资金围绕美元汇率和美债收益率进行新一轮的全球资产配置调整，可能经由汇率和利率渠道影响我国境内的国际资本流动和国债利率走向。另外，2018 年以来美国在国际上持续挑起贸易争端，考虑到 2018 年国际经济复苏的基础依然较为薄弱，若国际贸易摩擦热度居高不退，则可能导致全球贸易复苏的放缓甚至经济周期出现拐点。国内方面，如果受到全球经济周期下行的影响，届时叠加国内企业杠杆率偏高和实体经济融资偏紧的状况，一定程度上可能导致债市信用风险的持续积聚以及股市调整引发上市公司股票质押资金链断裂，带来系统性金融风险。

第二节　债券市场的系统性风险

短期内债券市场存在较大风险

一、外部再融资环境收紧使企业经营状况恶化

以资管新规正式公布为标志性事件，我国金融市场进入统一监管新局面，从 2017 年开始的金融强监管，意在限制资金空转、金融加杠杆问题，这是中

国金融体系和实体经济实现长久健康发展必不可少的环节。

但是，加强监管客观上也导致企业融资渠道收紧恶化，近年来，我国金融体系仍然以间接融资为主，传统商业银行体系受到较为严格的信贷规模管控；以股市和债券市场为代表的资本融资市场进入门槛较高，难以满足一些企业的资金需求，存在着不同类型企业融资难的问题，在此背景下，资管新规正式公布以来，那些无法通过正规融资渠道获得贷款的主体不得不通过其他创新方式融资。

我国影子银行体系因具有很明显的融资性质，在资管新规出台之前，对企业的融资起到了举足轻重的作用，参照金融稳定理事会在 2011 年 4 月提出的定义，影子银行体系是指“传统银行体系之外的机构和业务构成的信用中介体系”。

就实际存在形式来看，我国影子银行体系包括银行承兑汇票，非保本型商业银行表外理财产品，部分证券公司集合理财产品、定向资产管理计划、专户理财计划、基金公司专户理财中的部分业务，小额贷款公司，融资租赁公司，以典当行、担保公司为代表的民间金融等。

接下来，本书就对从资管新规正式公布以来，企业的外部再融资环境做详细对比、分析。

1. 原有不合规的融资渠道受限。

（1）非标通道。在对非标做了总体的原则性监管规定后，2017 年底开始，证监会、银监会等监管主体纷纷出台针对各项具体业务的监管文件，以规范约束非标的扩张。

在对非标做总体监管之前，单一信托主要是银信合作产品，2012 年末余额约为 2.03 万亿元，其中，0.7 万亿元用于证券投资，另外 1.33 万亿元用于其他投资，非证券投资部分一般都具有融资性质。银行利用信托融资方式的灵活性，将表内贷款资产转移至表外，通过信托渠道有效地规避了监管机构对于银行信贷规模的监管。然而，银行仍然承担或有负债，信贷风险并未完全转移出表，具体合作模式如图5.1。

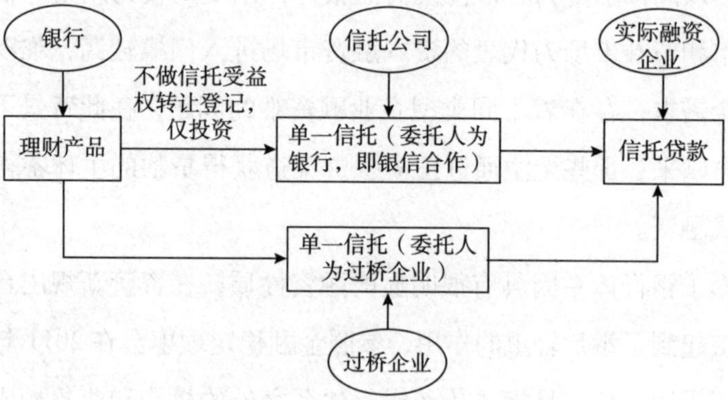

图5.1　银信合作模式简要示意

《中国银监会关于规范银信类业务的通知》（以下简称“55号文”）发布，首先扩大了银信类业务的定义，将表内外资金、收益权以及各类信托形式同时纳入了银信类业务，而此前对于银信合作业务的监管主要针对的是理财资金与信托公司合作，55号文明确指出：“商业银行对于银信通道业务，应还原其业务实质进行风险管控，不得利用信托通道掩盖风险实质，规避资金投向、资产分类、拨备计提和资本占用等监管规定，不得通过信托通道将表内资产虚假出表”，并着重强调“实质重于形式”的原则，明确了银信业务的穿透监管，堵住了银信通道规避监管的口子；同时还强调不得将信托资金委托投向房地产、地方政府融资平台、产能过剩行业等限制或禁止性领域。如果55号文严格执行，信托通道业务将会受到严格限制，利用信托投资的非标规模将面临萎缩。

（2）资管产品的非标投资中的期限错配。资产管理新规第十五条明确规定：“资产管理产品直接或者间接投资于非标准化债权类资产的，非标准化债权类资产的终止日不得晚于封闭式资产管理产品的到期日或者开放式资产管理产品的最近一次开放日。”资管新规禁止了非标投资中的期限错配。非标期限一般以1—3年为主流，按照要求，意味着投资于非标的资管产品的期限必须长过非标，达到1—3年。

（3）明股实债。2018年初，《中国保监会关于保险资金设立股权投资计划有关事项的通知》发布，禁止保险资金投资明股实债，不得采取以下方式承诺本金和投资收益：设置明确的预期回报，且每年定期向投资人支付固定投资回报；或者约定到期、强制性由被投资企业或关联第三方赎回投资本金。

（4）大额风险暴露。2018年公布的《商业银行大额风险暴露管理办法》规定，对于资管产品，银行需要穿透至基础资产的最终债务人来计算风险暴露额，这样银行借资管计划作为通道规避表内授信、风险暴露额和集中度等限制基本失效，非标通道的需求大幅收缩。

在此之前，商业银行常通过资产证券化业务将贷款出售给发行人，从而将贷款资产从资产负债表剥离，以达到优化商业银行资产质量的目标。但是，在这一过程中，实际上是将商业银行面临的信贷风险转移到了以该贷款为基础资产发行的证券化产品的投资者那里。如果证券化产品的投资者不能够获得足够多的有效信息对基础资产质量做出准确判断，那么他们面临的风险是比较大的。

（5）委托贷款。银监会发布的《商业银行委托贷款管理办法》，对委托贷款的资金来源和资金投向进行了双向堵截。具体来说，一是商业银行不得接受委托人为金融资产管理公司和经营贷款业务机构的委托，二是商业银行不得接受委托人受托管理的他人资金、银行的授信资金、具有特定用途的各类专项基金、其他债务性资金和无法证明来源的资金等发放委托贷款。这意味着，任何资产管理产品募集的资金都不能再发放委托贷款。委托贷款新规封堵了很多资管产品非标投资的重要渠道，颠覆了已有的非标业务模式。监管加强导致不合规的业务规模逐渐萎缩，原有通过这些融资渠道融资的企业面临较大的债务滚动续作压力。

按照此规定，银行不能接受任何资管产品募集的资金发放委托贷款，券商资管、基金专户、信托计划、私募基金等都不能担当委托贷款的委托人，同时资金不得投资资管产品和国家禁止领域，结合资管新规禁止多层嵌套、银信合作55号文等，众多资管计划投资非标的重要渠道进一步被堵。

（6）《私募投资基金备案须知》提出私募基金的投资不应是借贷活动，明确3类不符合“投资”本质的经营活动不属于私募基金范围：①底层标的为民间借贷、小额贷款、保理资产等属于借贷性质的资产或其收（受）益权；②通过委托贷款、信托贷款等方式直接或间接从事借贷活动的；③通过特殊目的载体、投资类企业等方式变相从事上述活动的。私募基金作为非标通道被堵。

综合来看，监管对于非标资产与非标业务的管控约束已然形成多条道路封堵的局面。非标投融资在严监管环境下困难重重，多数非标资产可能会在未来逐渐转回银行表内。据统计，早在资管新规出台前的2012年，我国影子银行体系的非标资产规模约为26万亿元至27万亿元，具体如表5.1所示。

表5.1　我国影子银行体系资产规模（2012年末）

资产类型	资产规模（万亿元）	说明
非保本银行理财产品	4.473	以非保本型理财产品数量作为权重乘以理财产品规模余额
银行承兑汇票	6.3	数据来自中信证券研究报告
部分信托资产	6.5	非投资于证券市场部分
券商资产管理	1.65	1.6万亿元至1.7万亿元间
委托贷款	1.28	
基金子公司专户理财中的部分	0.173	仅有部分资产属于影子银行体系

续表

资产类型	资产规模（万亿元）	说明
融资租赁	1.55	
小额贷款	0.5921	
民间金融	4	2011年规模为3.38万亿元，此为估计值
资产证券化产品余额	0.413	
总计	26.9311	估计值

资料来源：Wind。

2. 加强同业监管弱化了金融体系向实体提供融资的能力。

同业监管尤以对同业负债的影响最大，此轮强监管中，对于同业负债的限制加强，以《商业银行流动性风险管理办法（修订征求意见稿）》为例，新增流动性匹配率和优质流动性资产充足率两项指标，如果商业银行依然保持此前那种“用同业负债支撑同业资产”的思路，将很难满足这两项指标的监管要求，从而限制了银行利用同业资金进行扩张的能力，从资金源头上对金融体系的扩张进行约束。但是金融体系在扩张过程中，客观上也对实体企业提供了融资，同业受限导致金融体系向实体经济提供融资的能力下降，加剧了企业的融资困境。

2017年12月，银监会发布新流动性管理办法，新设了流动性匹配率指标，要求该指标达到100%。其计算公式为：流动性匹配率=加权资金来源÷加权资金运用。其中，加权资金来源、加权资金运用是将不同类别的资金来源（负债）、资金运用（资产）按各自权重加权汇总（见表5.2）。从权重设计上能够看出来，监管部门鼓励银行回归存贷款业务，对其他投资（表内非标一般计入此项）给予了100%的最高权重，且不论期限，明显不予鼓励。

表 5.2　流动性匹配率项目

项目	折算率（按剩余期限）		
	<3 个月	3—12 个月	≥1 年
加权资金来源			
1. 各项存款	70%	70%	100%
2. 同业存款	0%	30%	100%
3. 同业拆入及卖出回购	0%	40%	100%
4. 发行债券及发行同业存单	0%	50%	100%
加权资金运用			
1. 各项贷款	30%	50%	80%
2. 存放同业及投资同业存单	40%	60%	100%
3. 拆放同业及买入返售	50%	70%	100%
4. 其他投资		100%	
5. 由银行业监督管理机构视情形确定的项目	由银行业监督管理机构视情形确定		

该办法正式实施后，部分表内非标投资过多的银行，流动性匹配率指标较低，无法达到 100% 的要求，为此，它们有可能需要逐步压缩非标投资。

在企业外部再融资环境收紧恶化之后，部分对非标融资较为依赖的企业一时难以应对融资环境变化，债务压力增大，偿债风险增加，对企业经营状况产生了较大影响，其中受影响较大的主要包括城投平台、房地产业和民营企业。

二、企业经营状况恶化增加违约风险

除金融强监管导致企业融资环境收紧之外，企业经营状况还受到了财政方面严控地方政府债务的冲击。

1. 相关政策频频出台，以更大力度限制地方政府违规举债。

2014 年 8 月全国人大常委会表决通过的新预算法、2014 年 9 月印发的《国务院关于加强地方政府性债务管理的意见》（以下简称“43 号文”），构建了全面规范地方政府债务管理的总体制度安排；2015 年《财政部关于对地方政府债务实行限额管理的实施意见》（财预〔2015〕225 号）出台，中央开始依法启动对地方政府债务的限额管理。在给地方融资开正门以后，政府在态度上对城投平台整体是收紧的，其中 2014 年的 43 号文对城投平台的影响最为明显，主要内容包括：（1）提出地方债限额管理、预算管理并提出一般债和专项债。（2）提出“三不”原则：中央不救济、政府不担保、平台不增政府债。（3）要求甄别存量债，提出分类偿还方向。而这也直接导致城投平台的再融资压力明显增大。

另外，“严监管”遏制了地方政府相关项目的生成，财政部严控城投平台不合理债务，禁止地方融资平台作为 PPP（政府和社会资本合作）社会资本方，且 2017 年底国资委出台文件规范央企对 PPP 的参与，原有基建模式受到较大影响。例如，2017 年 PPP 在库项目数增长了 28. 1%，2018 年受到“政府债务严监管”的影响，在库项目数显著回落，前 8 个月下降了 12. 6%（见图 5. 2）。

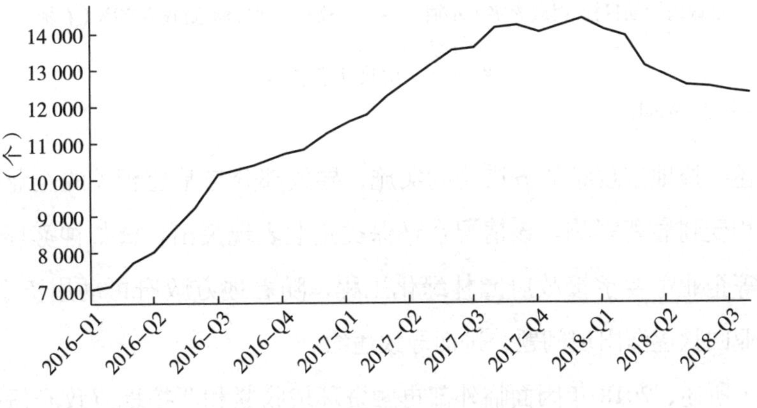

图 5. 2　2018 年 PPP 在库项目数显著回落

资料来源：Wind。

2. 2018 年广义财政支出力度下降。

2018 年起基建增速开始明显下降，新疆和湖南叫停部分项目，财政部对 PPP 项目库严格筛查，部分项目出库，总体来看，广义财政支出力度明显下降。2015 以来的财政扩张实际上存在双重含义：一是财政赤字目标设定的提高；二是实际执行中，一般公共预算收支差额对目标值的突破。从数据核算角度来看，2018 年财政支出的收缩，可能不仅表现在目标赤字停止扩张，还意味着实际执行中，一般公共预算收支差额的收缩，从这个意义上来看，财政政策不积极的趋势很明显（见图 5. 3）。

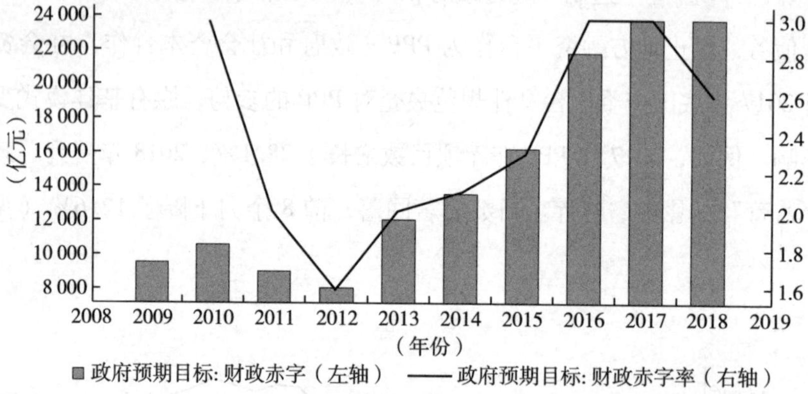

图 5. 3　财政赤字收缩

资料来源：Wind。

上述严控地方政府债务措施的实施，导致部分与基建相关的企业盈利和现金流均受到显著影响。该情况在环保类企业表现突出，譬如神雾环保、凯迪生态等企业主要承接政府园林绿化工程，随着地方政府可动用资金紧张，导致企业回款逐渐出现问题，进而导致违约。

综上所述，2018 年因面临外部再融资环境收紧和严控地方政府债务的双重冲击，企业经营状况出现了较为明显的恶化，而且呈现出较为明显的结构性特征。

由于支撑企业债务存续的核心要素在于现金流，2018 年部分企业的融资性现金流和经营性现金流由于外部融资环境和内部经营状况恶化而出现明显下降，因此企业违约风险大大上升，违约概率明显上升。2018 年的半年时间里，包括四川煤炭、丹东港、中城建、富贵鸟、盾安集团等大型企业都相继爆发了债务违约问题。根据 Wind 数据，2015—2017 年这 3 年债券违约金额分别是 126 亿元、393 亿元、376 亿元。而 2018 年 1—8 月，已经发生 10 起债券违约事件，违约金额达到 202 亿元，已经显著超过 2015 年总和，大面积违约已经成为现实（见图 5.4）。

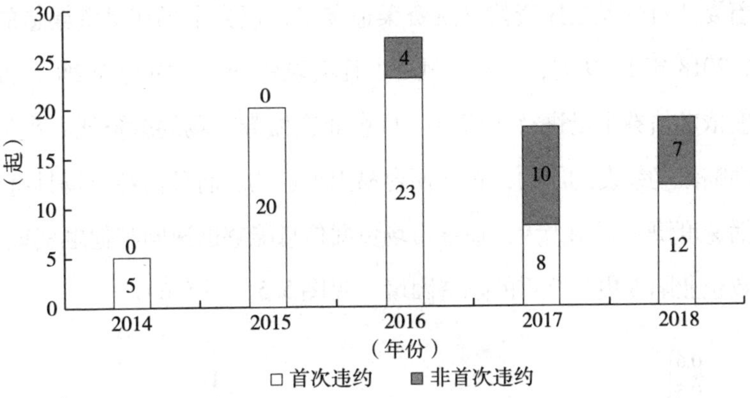

图 5.4　企业违约概率上升

三、大面积违约可能引发的债市冲突

由于债券市场的特殊性，其市场规模及发债主体存在差异性，大面积违约容易造成市场投资者产生恐慌情绪，进而向全市场传导，具体表现为：

1. 债券市场可能放大企业的违约风险，形成负反馈循环。

由于过去国内债券市场具有刚性兑付的特征，投资者呈现出明显的风险厌恶特征，而且国内债券投资者结构较为单一，行为趋同性较为明显。当企业出现负面信息或者面临流动性压力时，投资者对发行人信心迅速丧失，在二级市场上抛售债券，进而导致企业在一级市场上发行债券失败，发行人债券融资渠道快速萎缩，上述行为反过来会进一步加大企业流动性压力，形成负反馈循环，从而放大企业的违约风险。猝不及防的违约不仅“曝光”频率令人咋舌，且涉及种类与范围“花样百出”，从标准化资产到非标准化资产，从非上市发行人到上市企业，甚至从低等级金融产品到中高等级金融产品。

资产配置分散化和多样化的当前，“牵一发而动全身”的溢出效应彰显信用风险的冲击早已不再局限在债市。由于近些年债券市场快速发展，而且2018年以来随着委托贷款及信托贷款等融资渠道萎缩，债券市场在融资渠道的作用越发重要，2018年1—9月，债券净融资占社会融资增量比重约为2%。部分企业更是高度依赖债券市场进行融资，一旦企业在债券市场的融资能力丧失，存量债券又面临滚动续发的压力，企业便容易出现违约。而且债券市场具有公开性，信息传播速度快，影响力大，债券市场负面信息能够迅速向其他融资渠道传播，容易导致企业陷入更为严重的融资困境（见图5.5、图5.6）。

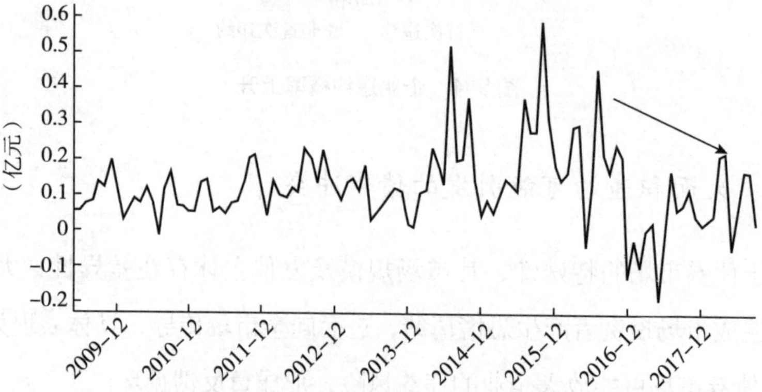

图5.5　社会融资规模

资料来源：Wind。

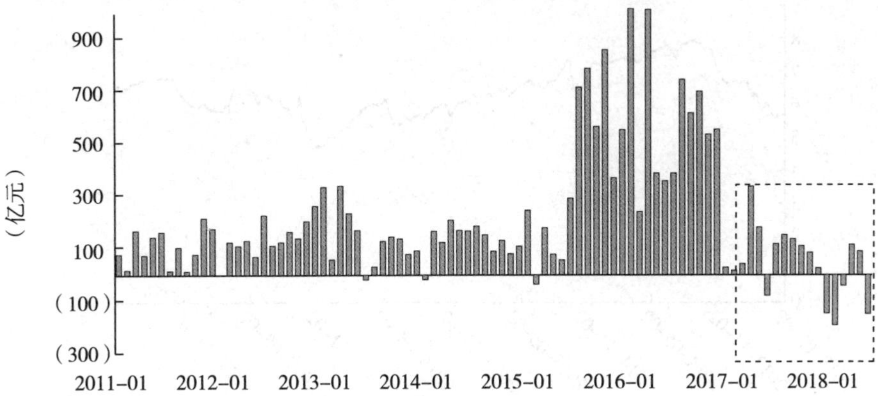

图 5.6　民企净融资额

2. 债券市场的特性导致容易产生错杀。

由于债券投资者所能获取的企业信息相对偏少，主要局限在公开信息和通过部分调研得到的信息上，他们难以甄别企业信用资质，而且从违约债券投资者保护方面看，由于法律层面尚未形成对债券投资者的系统保护制度，投资者只能依据一般债权的相关规则寻求保护，风险处置过程耗时漫长，实际效果并不理想。因此，债券投资者在面对债券信用风险时，大多倾向于采取“宁可错杀、绝不放过”的态度，对于所有具有类似特征的主体统统规避，极易导致错杀，使得原本经营相对稳健的主体无辜受到牵连。在违约事件频频发生的当下，债券市场风险偏好急剧收缩，投资者将资金主要投资于高等级主体或者国企，对于中低等级主体或民企另眼看待，已经在一定程度上导致这类主体的融资压力上升。由于市场风险偏好恢复需要较长的一段时期，所以投资者的这种做法有可能导致违约潮进一步加剧（见图 5.7）。

2018 年以来，出现首次债券违约的企业中以民营企业占比最大（见图 5.8）。

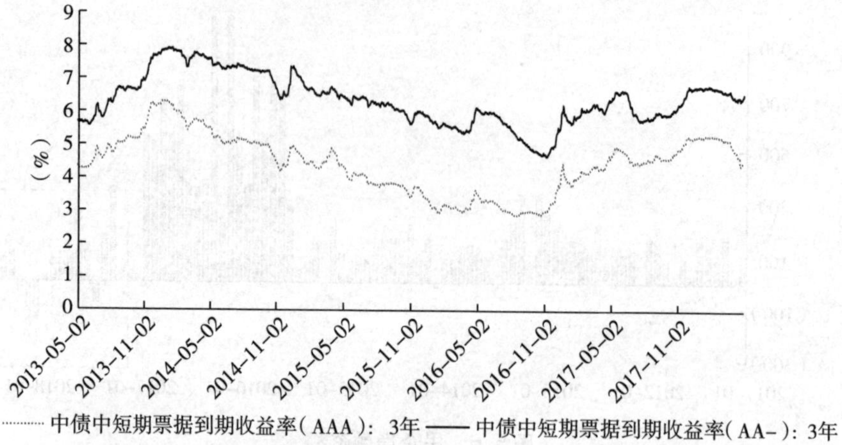

图 5.7　中债中短期票据到期收益率（AAA 级和 AA－级）

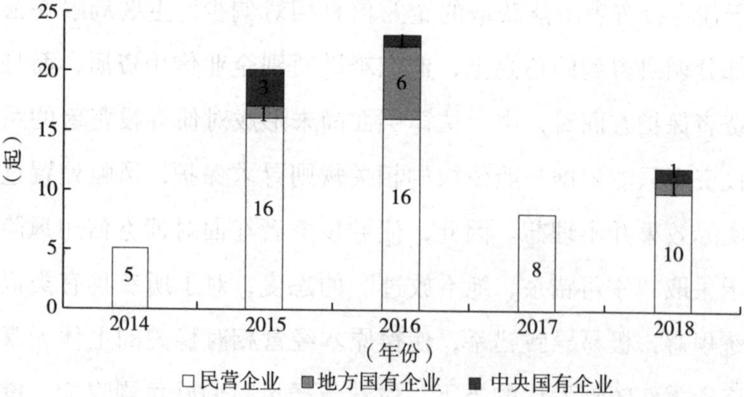

图 5.8　2018 年首次违约企业分布

债市危机对金融市场的冲击

一、体量庞大增加债券市场金融脆弱性

经过 2008—2018 年 10 年的快速发展，中国债券市场规模占 GDP 比重已经超过 90%，与发达国家的差距明显缩小。对于实体经济而言，债券市场已

经成为不可缺少的主要融资渠道之一，2018 年，中国信用债市场存量已经超过 26 万亿元，债券融资已经成为我国社会融资存量中占比第二大的分项。

但是，债券融资与银行信贷不同之处在于，由于没有其他中间业务的捆绑以及客户关系的维系，信用债券投资人的投资行为更加容易形成群体性，当市场风险偏好逆转时，对有潜在信用风险的企业来说，债券市场这条融资渠道会迅速萎缩。

更为严峻的是，由于 2014—2016 年债券市场较为火热，收益率处于低位且融资十分便利，企业发行了大量信用债，到 2018 年都已进入到期续发的阶段，所以 2018 年以来的违约潮叠加了巨额到期与回售，对于债券市场形成了巨大的压力。根据全口径统计，2018 年中国信用债市场到期量为 12. 08 万亿元，即便扣掉 AAA 级信用债后，也有 4. 69 万亿元的到期量。2019 年债券市场的到期量也高达 7. 11 万亿元，扣除 AAA 级信用债后的到期量仍高达 4. 18 万亿元。由于信用事件频发导致市场风险偏好急剧下降，债券市场的脆弱性显著增加。

从持有者角度来看，银行是中国国内债券的最大持有者。虽然中国债市规模增长迅速，但是大部分债券仍集中在少数持有者手中。中债数据显示，截至 2018 年 9 月，约 65% 的中国国内债券由商业银行持有（见图 5. 9）。

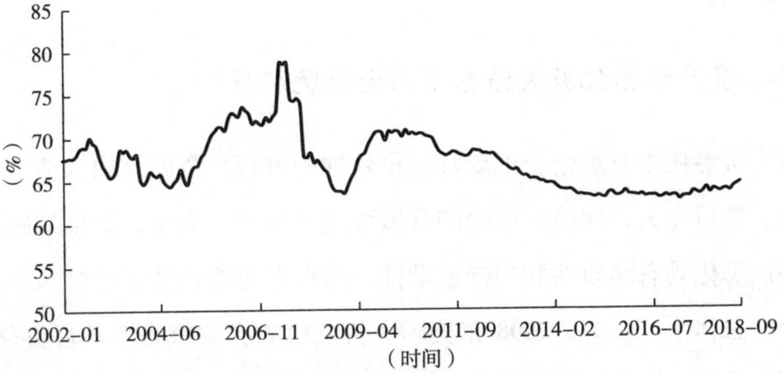

图 5. 9　商业银行持有债券占比

债券信用风险的上升对持有债券的银行来说，意味着其资产质量会受到威胁。另外，银行作为企业主要的融资渠道，虽然企业债券违约不一定直接形成银行的不良资产，但债券违约的企业，资金往往极其紧张，其融资能力下降和债券违约叠加，风险必然向贷款银行传导，债券违约对贷款安全有严重威胁。2018 年 8 月银保监会披露的商业银行运行情况显示，2018 年第二季度银行业的不良贷款有抬升的势头。第二季度末，商业银行不良贷款率为 1.86%，较上季度末上升 0.11 个百分点，是 6 个季度以来的首次明显上升（见图 5.10）。

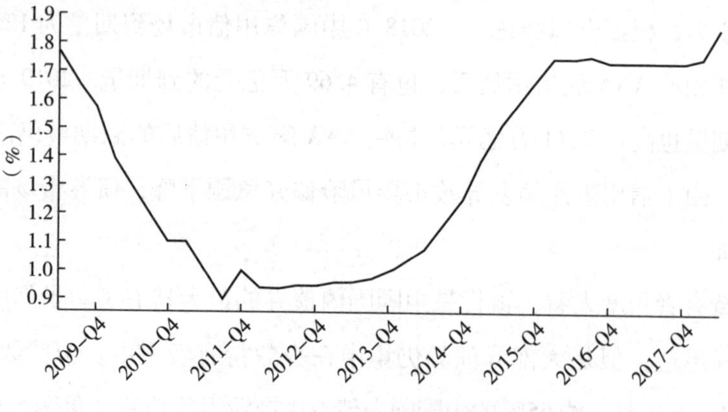

图 5.10　商业银行不良贷款率

资料来源：Wind。

二、资产证券化放大债券市场金融脆弱性

资产证券化本身是资产汇聚打包再处理的过程，资产池内的债务债权错综复杂、数量庞大，理论上风险的分散程度非常高。但是，如果基础资产信用资质的恶化具有同质性和同向波动性，那么很可能造成系统性风险，传染至整个金融体系。例如，2008 年美国次贷危机的实质就是资产证券化危机。在美国，个人向银行等放贷机构申请住房抵押贷款，放贷机构再将住房抵押

贷款作为一种资产“卖给”房利美和房地美等机构。这些机构将各种住房抵押贷款打包成资产支持证券，经由标准普尔等评级公司评级，然后再出售给保险公司、养老基金、对冲基金等机构投资者。对于2004—2007年的美国而言，由于房价不断上涨，购房者偿还房贷的意愿很强，坏账率较低，而且由于资产证券化产品内部结构复杂，评级机构又忽视了底层资产所面临的系统性风险，因此以按揭贷款作为底层资产的资产证券化产品所获得的信用评级是比较高的。但是，当房价开始持续下跌后，购房者放弃还贷，从而导致此类证券的底层资产信用资质迅速恶化，原本局限在住房按揭贷款市场的风险通过资产证券化产品迅速向整个债券市场、全美金融体系甚至全球的金融体系传染，引发了一场全球金融危机。

2018年，国内资产证券化市场正值蓬勃发展，根据Wind数据，资产证券化产品存量已经达到2.17万亿元，成为国内债券市场上最为重要的一个部分。考虑到资产证券化发展迅速，如果未来违约事件蔓延到整个资产证券化市场，导致投资者信心丧失，则可能放大债券市场脆弱性，引发系统性金融风险。

三、债券市场向股票市场的冲击与传导

现代金融市场具有系统性、复杂性和关联性，不同金融市场之间由于投资者心理、资金流动性等因素，具有内在联系，冲击能够从一个市场传导至另外一个市场。

2018年的东方园林“发债惨案”，便是说明以上传导路径的一个典型例子。2018年5月20日，东方园林发布公告称，公司2018年拟公开发行10亿元公司债券，最终只成功发行了5 000万元。发债受挫之后，引发机构投资者对该公司流动性的担忧，接踵而至的是东方园林股价暴跌、股票遭遇机构抛售、紧急停牌，4天之内该公司市值缩水100亿元。在债市投资者整体风险偏好明显下降的情况下，东方园林的个案只是直接融资市场囚徒困境的一个缩

影，近期已经出现上市公司直接取消原定发债计划的案例，比如盾安环境、中储股份、昆仑万维等。但是东方园林“发债惨案”对公司股价产生了重大负面影响，甚至对股市也形成了一定负面冲击，说明如果违约风险持续发酵，有较大概率向股票市场传导。

具体来看，违约风险对于股票市场，存在以下几个传导渠道：

1. 债券违约事件直接作用于公司股价。

尽管债券投资者与权益投资者对企业的分析落脚点有所侧重，债券投资者更看重公司的经营安全性以及公司资金和现金流的周转，权益投资者更看重公司盈利潜力。但发生违约事件预示着企业经营状况和融资环境发生重大不利变化，而且对于非常依赖债券融资渠道的上市公司来说，违约事件导致债券融资渠道中断，公司日常的营运周转便会出现重大问题，甚至可能影响上市公司存续，因此在违约事件爆出之后，相关主体股价往往会出现暴跌。

2. 违约风险频发压制机构风险偏好，从情绪面来看不利于股票市场。

信用风险的频繁爆发，导致机构投资者的风险偏好明显下降，情绪上对整体股票市场形成较大利空。从 2018 年的情况来看，在信用收缩环境下，股票市场上建筑、环保等有高融资需求的板块股价均出现了大幅下跌，主要原因就在于股票投资者对于信用风险的担忧，风险偏好下降。

3. 违约风险可能导致流动性危机，直接冲击股票市场。

如果信用风险持续发酵引发债券投资者恐慌，导致利率出现踩踏式上行，整个市场出现流动性紧张，那么投资者尤其是高杠杆投资者将面临严重的流动性压力，需要采取多种方式获取资金补充流动性。对于跨市场投资者而言，由于他们在股市和债市均有持仓，在债市大跌时，由于债市流动性弱于股市，被迫在股市上卖出流动性较好的股票，获取现金，以补充流动性，从而形成股票市场上强烈的抛压。另外，债券收益率走高，资金成本被抬高，回购市场利率也因此攀升，从而间接引起整个市场的流动性紧张。股市投资者也会受到债市下跌引发的流动性影响，将资金从债市和股市撤出，导致股债双杀。

第三节　资本项下对外开放过程中的系统性金融风险

资本项下对外开放过程中的系统性金融风险

资本账户，又称资本项目，记录的是资产所有权在国际间的流动。资本账户是国际收支平衡表中的重要概念，通常与经常项目相对。我国已经实现了经常项目下的自由兑换，但是资本账户的自由开放仍未实现。在资本账户逐步开放的过程中，国际资本的流动对我国资本市场产生了一系列有利影响，也造成了一系列恶劣冲击，防范化解资本项下对外开放过程中产生的系统性金融风险是亟须研究的课题。资本项下的开放实际上是资本市场国际化的过程。一般讲，资本市场的国际化包含两方面的含义，即服务性开放和投资性开放。

资本市场服务性开放是金融服务业开放的主要内容之一。它包括：(1) 允许外国投资银行、可以经营证券业务的商业银行、资产管理公司、各种基金（如共同基金、养老基金、对冲基金、保险基金等）及基金管理公司、律师事务所、投资咨询公司等外国证券中介机构在本国证券市场上为证券投融资提供各种服务；(2) 允许本国证券中介机构在其他国家的证券市场上为证券投融资提供各种服务。服务性开放属于服务贸易范畴，因而是与加入WTO相关的一个概念。WTO对缔约方资本市场服务性开放问题做了相当详尽具体的规定，主要内容包括：资本市场准入原则、国民待遇原则、市场透明度原则和逐步自由化原则等。服务自由化的结果是资本市场逐步走向全球化，尤其是西方国家大型投资银行和商业银行的投资服务在全球的充分配置，新的服务内容可以在全球很快得到推广，使得金融服务模式、服务价格、服务质量趋于一致。

资本市场的投资性开放属于资本流动的范畴，是指资金在国内与国际证券市场之间的自由流动。其含义有两个：（1）融资的开放，即允许本国居民在国际证券市场上融资和外国居民在本国证券市场上融资，发行证券的公司在证券市场上的筹资是在完全市场化的条件下进行的，发行地点、发行方式的选择是市场化的结果，企业筹资市场的选择是根据对不同市场的比较和企业自身的资金需求来进行的，比如货币币种、企业的国际化战略等。本国的企业可以选择到国外的市场发行证券并上市，外国的公司也可以自由地到本国证券市场上融资上市。（2）投资的开放，即允许外国居民投资于本国的证券市场和允许本国居民投资于外国证券市场，投资者可以自由地选择投资市场，本国的投资者可以到外国的证券市场进行投资和交易行为，外国投资者也可以自由地进出本国的证券市场。市场资金的具体流向由投资者根据对市场的判断来自由地做出。

金融开放过程中的路径回顾

一、资本开放之前的资本流通渠道：QFII、QDII

在资本账户开放之前，国内外缺乏合法合规的资金流通渠道。但是，随着中国经济的发展和金融体系的完善，以及国内金融市场与国际金融市场的逐渐融入，国内资金渴望走出国门，参与国际市场竞争；国外资金也期望进入中国市场，分享中国经济蓬勃发展的红利。在此背景下，QDII 和 QFII 应运而生。

QDII 是指合格境内机构投资者，是在资本项下不可兑换、资本市场未开放条件下，在一国境内设立，经该国有关部门批准，有限度地允许境内机构投资境外资本市场的股票、债券等有价证券投资业务的一项制度安排。与之相对，QFII 是指合格境外机构投资者，是允许境外机构向境内市场投资的一项制度安排。在实现全面资本项对外开放之前，QDII 和 QFII 是资金跨境流进流出的合法通道。

1. QFII。

随着经济的蓬勃发展，金融体系逐渐完善，我国证券市场日益完备，规模、功能和效率大大提升，逐渐成为世界上最有活力的证券市场之一，中国市场成为世界投资者青睐的投资目标。同时，我国证券市场机构投资者比重极小，境外合格投资机构的参与将改善这一情形。在此背景下，2001 年有一些专家学者建议尽快引入 QFII 制度，2002 年时任证监会主席周小川对 QFII 给予高度评价，同年《合格境外机构投资者境内证券投资管理暂行办法》正式出台。2003 年，第一单 QFII 指令正式发出，合格境外机构投资者正式进入中国证券市场。

经过十多年的发展，QFII 获得了长足发展。截至 2017 年末，累计 QFII 获批额度约 51 亿美元，获得 QFII 资格的中资证券公司数量则存在波动，为 11 家（见表 5.3）。

表 5.3　QFII 中资证券公司数量及 QFII 累计获批额度

年份	获得 QFII 资格的中资证券公司数量	QFII 累计获批额度（亿美元）
2012	13	—
2013	7	5.00
2014	8	19.00
2015	9	20.81
2016	7	28.20
2017	11	50.50

资料来源：Wind。

证监会统计了 2007 年至 2013 年的 QFII 资产情况，其中证券资产占 QFII

总资产的比例逐步上升。2013 年证券资产接近 3 800 亿美元，约占总资产的 90%（见表 5.4）。

表 5.4 QFII 资产（含证券资产）年度统计

年份	总资产（亿美元）	证券资产（亿美元）	证券资产占总资产比例（%）
2007	2 858.00	1 755.00	61.60
2008	1 787.80	1 047.80	58.70
2009	2 899.00	2 370.00	81.80
2010	2 971.00	2 658.00	89.50
2011	2 530.00	2 215.00	87.55
2012	3 305.00	3 011.20	91.11
2013	4 222.00	3 793.00	89.84

资料来源：Wind。

获得 QFII 资格的各类金融机构中，基金管理公司占比较大，商业银行和证券公司都有一定占比，保险公司占比较小；但基金管理公司和保险公司的占比逐年增加；同时，其他机构的占比均有所增加（见图 5.11）。

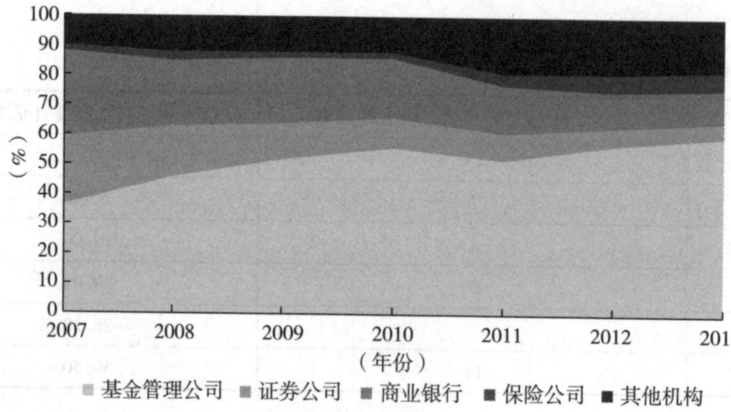

图 5.11 获得 QFII 资格的各类金融机构占比

资料来源：Wind。

2. QDII。

随着国内资本市场的发展与完善，越来越多的中资机构有向外投资的需求。2004 年，《国务院关于推进资本市场改革开放和稳定发展的若干意见》（以下简称“国九条”）出台，首次从政策层面鼓励 QDII 制度在我国的确立和发展。2006 年，人民银行发布第 5 号公告，放宽有关境内资金进行境外理财投资的外汇管制，宣告 QDII 在我国正式起航。同年 8 月，证监会批准华安基金管理有限公司公开募集华安国际配置基金，使它成为第一只 QDII 基金。

随后，多部 QDII 法规相继颁布，QDII 制度逐步在银行、基金、券商、保险、信托等各金融领域正式确立。经过 10 多年的发展，QDII 的投资额度增长数倍，2018 年达到 1 000 亿美元的水平（见图 5. 12）。

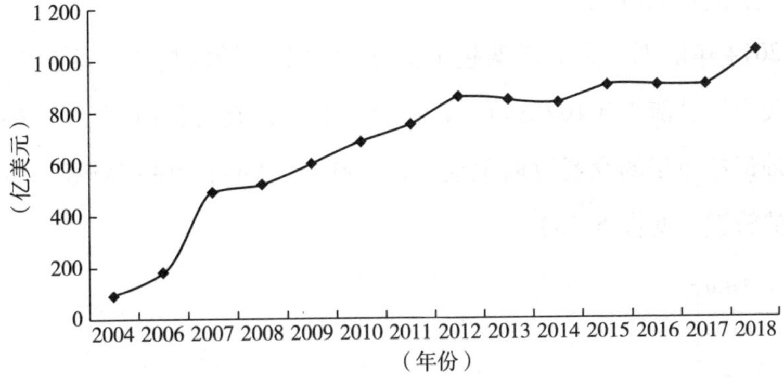

图 5. 12　QDII 投资额度

资料来源：Wind。

二、资本流通渠道进一步开放：沪港通、深港通、沪伦通等

我国资本市场的对外开放是逐步进行的。中国经济持续繁荣，金融市场蓬勃发展，QFII 和 QDII 已经无法满足境内外投资者的跨境交流。同时，市场也存在“地下钱庄”非法流通境内外资本，对我国资本市场造成了不良影响。为了规范境内外资本流通，完善资本市场秩序，沪港通、深港通、沪伦通等

对外互联互通机制建立提上了日程。

1. 沪港通。

沪港通是指上海证券交易所和香港联合交易所允许两地投资者通过当地证券公司（或经纪商）买卖规定范围内的对方交易所上市的股票，是沪港股票市场交易互联互通的机制。2014 年 11 月 17 日，沪港通下的股票交易正式开始。

沪港通包括沪股通和港股通两部分。沪股通，是指投资者委托香港经纪商，经由香港联合交易所设立的证券交易服务公司，向上海证券交易所进行申报（买卖盘传递），买卖规定范围内的上海证券交易所上市的股票；港股通，是指投资者委托内地证券公司，经由上海证券交易所设立的证券交易服务公司，向香港联合交易所进行申报（买卖盘传递），买卖规定范围内的香港联合交易所上市的股票。

自 2014 年以来，沪港通架起了上交所和港交所的桥梁。截至 2018 年 8 月，沪股通累计流入 3 169 亿元，沪市港股通累计流入 5 207 亿元，极大地促进了两地证券市场的交易互联互通。这意味着，国内金融市场进一步接入世界市场的轨道（见图 5. 13）。

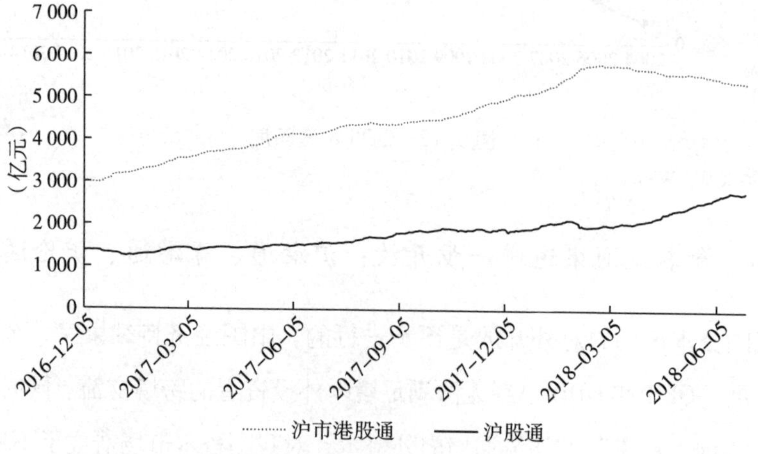

图 5. 13　沪港通累计资金净流入

资料来源：Wind。

2. 深港通。

沪港通是内地与香港展开互联互通的第一步，深圳交易所紧随其后，2016 年 12 月 5 日，深港通正式启动。深港通，是深港股票市场交易互联互通机制的简称，指深圳证券交易所和香港联合交易所建立技术连接，使内地和香港投资者可以通过当地证券公司或经纪商买卖规定范围内的对方交易所上市的股票。深港通是沪港通的进一步展开，也是中国资本市场接轨世界市场的重要一步。

截至 2018 年 8 月深港通“通车”近两年来，深市港股通累计资金流入超过 1 800 亿元，深股通累计资金流入超过 2 200 亿元。与沪港通类似，两地联通后，内地对港股的偏好更强，因此港股通流入的资金更多（见图 5. 14）。

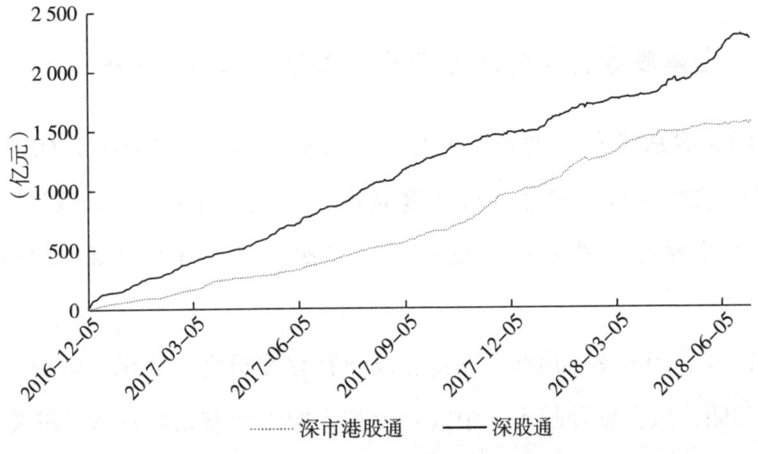

图 5. 14　深港通累计资金流入

资料来源：Wind。

两次互联互通后，资金实现了双向流动，激活了香港离岸人民币市场，拓宽了流动性资金的投资渠道，助推更多的海外投资者回归 A 股市场，港股市场成熟的运行机制将会逐步影响 A 股市场。

从沪港通到基金互认，而后到深港通的深入推进，实则已在很大程度上推动了人民币国际化的进程，并直接提升了人民币在国际市场中的话语权。当然，对两地市场的国际地位提升也起到了很大的促进作用，沪伦通通车必然把这一积极性作用推向高潮。

3. 沪伦通。

沪伦通，是指上海证交所和伦敦股票交易市场的互联互通。沪伦通是沪港通、深港通启动后中国资本市场对外开放的下一个支点，也是中国金融业对外开放的关键节点。如果说沪港通与深港通解决了证券投资项下人民币输出和回流的问题，那么沪伦通将人民币输出到伦敦离岸市场，让伦敦市场的人民币回流到上海，而载体则是沪股、伦股。沪伦通的体量更大，将是真正意义上的资本市场对外互联互通，将对中国资本市场的内部发展和对外开放产生深远影响。

三、金融服务行业的对外开放：银行、证券、保险

中国金融服务行业的对外开放仍处于较低水平。2016 年 OECD 公布的各国金融服务行业对外开放程度显示，不论是银行业还是保险业，中国的对外开放程度都处在较低水平，名次仅领先于印度和印度尼西亚等国。

2017 年，习近平主席在“全球首席执行官委员会”表示，中国开放的大门不会关闭，只会越开越大。中国将继续大幅度放宽市场准入，继续创造更具吸引力的投资环境，加强知识产权保护，主动扩大进口，为国内外企业家投资创业营造更加宽松有序的环境。①

2018 年，央行行长易纲在博鳌亚洲论坛上宣布了进一步扩大金融业对外

① 开放合作共赢习近平这样阐述全球化“三观”［OL］. 央视网，2018 - 06 - 23.

开放的具体措施和时间表，他还表示沪伦通准备工作进展顺利[①]。4 月末，银保监会公布具体 4 项银行业和保险业对外开放措施；5 月，证监会发布对外商投资期货公司及证券公司、基金公司境外设立参股经营机构管理办法。由此，以银行业、证券基金业和保险业为代表的金融服务行业对外开放成为未来金融开放的重头戏。

金融开放的利与弊：世界经验与中国现状

金融开放是伴随着我国经济金融的发展逐步推进的，两者相辅相成。但是，金融开放更考验着国内金融体系的健康和金融监管的健全。我国金融市场在开放过程中，曾多次受到国际流动资本的冲击，造成重大损失。当前，我国外部形势非常复杂，把握好开放的节奏和路径的同时，更要把握好金融风险和金融监管能力的平衡度。

一、世界经验：促进论与促退论

金融开放可以有条件地促进经济发展，东南亚国家开放早期的经济腾飞都印证了这一点。很多新兴经济体在转轨过程中，对国际资本较为依赖，但其内部金融基础设施薄弱，风险管控意识和能力欠缺，它们又往往不顾本国实际条件，贸然实施金融开放和取消资本流动管制，成为历次金融危机的主要受害者。20 世纪 70 年代的墨西哥金融危机，80 年代的拉美金融危机，90 年代后期的亚洲金融危机，以及 2008 年的全球金融危机，新兴经济体都蒙受了巨大损失。

以亚洲为例，泰国和马来西亚的股市遭遇灭顶之灾，新加坡和中国香港受外国资本影响较大。同样地，日本在 20 世纪 80 年代中期成为全球第二大

① 沪伦通已于 2019 年 6 月 18 日正式开通。——编者注

经济体，对美国存在大量国际贸易顺差后，美国通过“广场协议”迫使日元升值，并以特别会员方式逼迫东京证券交易所开放外资进入日本证券市场，形成外资投行，尤其造就了美资投行在日本证券市场的优势地位。韩国的情形更甚，1997年亚洲金融危机爆发之前，韩国对外资进入韩国股票市场投资实行比例控制，但经历亚洲金融危机风暴的肆虐后，韩国政府不得不全面放开对外资进入资本市场的管制，允许外国投资者100%买卖韩国股票交易所上市的股票，以致韩国股票市场外资及其成交额占比高达50%左右，国际资本市场一有风吹草动，韩国股市就会急剧震荡。

从实践来看，一国资本账户的开放往往能对该国经济增长起促进作用，但这种促进有条件限制，一旦突破“门槛”，资本账户将导致巨额资本流动甚至放大金融体系脆弱性，反而不利于经济增长。学术界对各个国家的金融开放进行了研究，与现实情况相吻合。理论上，资本的国际化可以在更广的区域实现资源优化配置，有利于技术转移，改善企业治理状况，即开放对于经济发展是有促进作用的（奎因，1997；克莱恩和欧立夫，2000）。但同时，有学者证明了金融账户开放对经济的促进作用是有条件的。良好的人力资源条件和制度法律基础都是促进金融开放的底层原因（布鲁斯特罗姆，1993；巴拉斯坦，1995）。克鲁格曼（1994）指出，东南亚新型市场经济中，伴随资本市场开放，投资骤然增加，偏离了潜在稳定的增长水平，为日后的危机埋下了伏笔。

无论促进还是促退，资本开放对于尚未成熟的中国金融市场都具有巨大的不确定性。别国金融开放的经验和教训给我国留下了深刻的启示。因此，在考虑中国资本开放时，必须捍卫本国金融系统，将经济金融主权牢牢把握在自己手中。

二、中国现状：防止国际资本流动“灰犀牛”事件

近年来，外资投资国内资本市场总体规模持续增大，市场影响不断增强，

极端情形下一旦出现大规模、一致性的进出行动，将造成资本市场剧烈波动，这种潜在风险值得注意。据统计，截至2017年12月1日，外资通过沪股通投资持有A股1 936亿元，通过深股通投资持有A股1 485亿元，通过QFII、RQFII合计投资持有A股1.2万亿元。4种合法渠道合计投资规模已达到1.55万亿元，约占我国A股总市值的2.6%，占自由流通市值的6%。同2016年初相比，大幅增长49%。随着A股纳入MSCI指数，2018年有8 000亿元外资进入A股市场，占比持续增加。此外，外资还投资持有银行间债券近1.1万亿元，约占银行间债券市场规模的1.5%。

当前外资投资我国资本市场主要有4个方面问题：

一是现有投资规模已初具市场影响力。尽管外资现有投资规模的市场份额相对较小，但从绝对规模看，1万亿元的A股投资规模已经与国家队的投资盘子大体相当，具有了潜在的市场整体影响力。沪港通、深港通北上资金持有食品饮料、家用电器等板块的流通市值比重已分别达到16.9%和14%，单持有贵州茅台一只权重股的市值规模就达457亿元，持有上海机场、飞科电器等个股的流通市值比重分别达到29.8%和20.7%，已能对局部板块和个股产生重要影响。

二是外资潜在投资规模不容忽视。按照现有规定，沪港通、深港通北上资金占单只标的股票的流通市值比重可以达到30%，据此测算，2018年，北上资金理论最大投资规模可达13.4万亿元，同时我国已累计批准QFII投资额度约6 400亿元，RQFII投资额度约6 050亿元，如果这些额度也全部用满且投资A股，四者合计理论投资规模将达到约14.7万亿元，占到A股总市值的23.4%，占A股流通市值的33%。从国际经验看，新兴经济体在市场开放过程中，外资大规模投资和进出股市是泡沫破裂的重要因素，1997年亚洲金融危机爆发前韩国外资持股比例达到40%，我国台湾地区外资持股比例达到25%；1994年墨西哥金融危机爆发前，其外资持股比例升至37.8%，1995年巴西外资持股比例为29.4%。这些市场无一例外地经历了外资大规模撤出引发的股市大幅下挫。

三是外资投资资本市场缺乏统一的账户体系和监测机制。这些年，外资进入我国资本市场的渠道比较分散，主要通过QFII、RQFII、沪港通、深港通等渠道并行进入A股，而不是在A股市场直接开户后入场交易，加之银行间债券市场和B股市场等，各有各的账户体系，外资投资账户不统一、无法穿透，难以监控实际出资人信息，不能合并计算单一外资机构的实际投资规模，也无法对外资的实际投资动向进行总体监测监控。尤其是香港证券交易结算实行名义持有人制度，证券交易采取二级清算交收，无法对外资进入境内资本市场进行“穿透式”监测监管，一旦沪港通、深港通情形下的外资大进大出，将缺乏早期的预警监测和防止措施。

四是对外资因投资资本市场产生的资本流动缺乏监测管理机制。从经济转型失败的泰国、巴西、墨西哥、马来西亚等国经验来看，缺乏对国际资本流动的监测和应对机制是跌入中等收入陷阱的重要原因之一。这些国家无一例外地引进了短期投机性资本来弥补经常账户逆差，短期资本快速撤出导致这些国家爆发金融危机。我国针对外资投资资本市场产生的短期资本快速流动，尚缺乏有针对性的监测监控和管理机制。随着外资投资我国资本市场规模的不断增长，一旦我国经济发生波动或国际经济金融环境发生变化，外资大规模、一致性地撤出我国资本市场，将可能引发股市、债市、汇市连锁波动，形成系统性风险，不能不引起重视。

金融开放条件下的系统金融风险防范

一、我国资本市场对外资开放的政策

中国实行资本市场对外资开放的政策始于加入WTO以后，按照入世时我

国在证券业开放方面所做的承诺，我国已实施了资本市场和证券行业有限度的对外资开放。目前我国资本市场和证券业对外资开放的政策归纳起来包括以下几点：

一是证券公司对外资开放政策，以允许设立中外合资证券公司的形式对外资开放，合资证券公司为内资证券公司的控股子公司，外资持股比例不得超过33%。2007年12月29日，中国证监会颁布了《证券公司设立子公司试行规定》和经修订的《外资参股证券公司设立规则》，适度降低了境外投资者参股境内证券公司的基本条件，不再局限于设立合资证券公司的外方股东必须是境外大型投资银行，允许境外非金融类机构参股境内证券公司，允许境内上市证券公司采取“A+H”模式在境外发行上市。

二是实行分步开放证券业务牌照的管理政策，符合规定条件的合资证券公司在做好投资银行业务后，可逐步增加A股经纪、资产管理及自营业务许可，明确了合资证券公司申请扩大业务范围的条件。也就是说，合资证券公司设立并持续经营满5年、近3年无违法违规记录，所经营的证券业务市场占有率不低于行业中等水平的，可申请增加业务许可牌照，扩大业务范围，逐步从单一牌照过渡到多牌照经营。法国里昂与湖南财富证券合资的华欧国际证券公司已于2008年5月设立满5年，并具备申请扩大业务范围的其他条件。经中国证监会批准，华欧国际证券公司除原有的投资银行业务外，新增证券投资咨询业务和在长三角区域内开展A股经纪业务的资格。

三是允许上市内资证券公司经批准引入境外战略投资者，单个境外战略投资者持股比例不得超过20%，全部境外投资者持股比例不得超过25%。根据相关监管规定，境外投资者如参股国内证券公司，不得在证券公司上市前购买，只能依法通过QFII购买，或者经批准作为战略投资者持有上市证券公司股份。国内证券公司如采取“A+H”方式上市，境外投资者还可在香港市场购买在境内外上市的境内证券公司股份。

由于我国规定境外投资者只能作为战略投资者参股已经上市的证券公司，所以可以比较有效地防止境外股东利用股票市场一二级市场的价格差寻找监管套利进行投机，避免我国证券业经营牌照没有完全放开的条件下，外资获得超国民待遇，优先得到证券公司上市带来的溢价收益，这也是符合国际资本市场惯例的做法。

四是有限度地开放股票二级市场。允许境外投资银行作为上海证券交易所、深圳证券交易所的特别会员进行 B 股买卖的经纪业务；允许 QFII 设立合资证券投资咨询、资信评级机构，外资股权比例不超过 33%。2002 年 7 月，《外资参股基金管理公司设立规则》开始施行。随着我国分别于 2002 年 11 月和 2006 年 8 月先后推出 QFII 和 QDII 制度，我国资本项目下证券投资项目日益活跃。此外，证券资信评级业务系我国自主开放的内容，允许外资参股比例在 33% 以下的合资资信评级机构，从事证券市场资信评级业务。

二、开放条件下的系统性金融风险防范

金融开放是中国面临的必然选择。部分国家的经验表明，金融开放不当将会引发系统性金融风险，对一国经济产生毁灭性冲击。我国经济体量大，与外部市场联系紧密；金融市场培育时间较短，发展不完善；国内金融主体普遍风险防范意识不强；贸易形势恶化，外部形势急剧变化，种种因素都有可能放大金融脆弱性，产生系统性风险。因此，我国在金融开放的条件下如何防范系统性金融风险成为亟须解决的问题。总的来说，金融开放应立足基本国情，按照“主动性、渐进性、可控性、审慎性”4 个原则加强防范，正确认识资本流动对金融开放进程的冲击，规范金融服务业的对外开放。

1. 主动性。

捍卫货币主权，把握汇率调整主动性。我国经济体量巨大，货币主权关系到国家安全和经济命脉，因此无论金融开放到何种程度，货币主权必须牢牢掌控在中央银行手中。我国既要避免拉美国家的货币美元化，痛失经济主权；又要避免货币制度僵化，阻碍经济发展。尤其在面临外部形势变化、中美贸易摩擦前景未定、人民币汇率存在贬值压力的情况时，更应当把握汇率调整的主动性，主动出击、积极防守，坚决遏制国际空头对人民币的狙击，捍卫货币主权。

坚持政策主权，加强监管的主动性。经济政策的制定和监管思路的调整既不能落后于国内经济发展水平，也不能受制于国外经济压力，更不能依附于某些经济理论或某些发展路径，为了开放而开放，脱离实际情况，应当以现实国情为政策制定依据，主动、持续地根据国内经济基本面、国际经济形势变化、自身政策管理水平来调整监管思路，完善政策框架。

2. 渐进性。

资本账户渐进开放，与人民币国际化程度相适应。资本账户的开放应当循序渐进，确保经济主体充分消化开放成果，为下一步开放打下坚实基础，孕育新的开放机会，为人民币国际化提供发展基础。积极推动人民币国际化，为资本账户开放创造外部环境，更好地适应国际市场的变化和波动。吸取其他国家资本账户开放的经验和教训，注重资本账户开放的次序和速度。

金融市场渐进开放，与各类市场发展程度相适应。我国金融市场发展时间较短，尚不成熟，金融市场的对外开放应当充分考虑市场发展程度，避免外部市场对内部市场的过度冲击。对于机构投资者参与较多的债券市场可以优先开放，积累治理经验；对于股市、房市等与老百姓生活息息相关的市场，则应当在经济安全的前提下逐步开放，避免市场波动带来社会不稳定因素。

金融机构渐进开放，完善金融牌照管理制度。国内银行、证券、保险等机构的涉外业务应当符合机构本身的金融职能，避免盲目暴露风险；境外机构涉及国内业务应当严格遵守国内监管法规条例，坚决遏制境外机构恶意炒作、做空国内市场。以渐进节奏开放境内金融机构，以探索方式开放境内金融业务，确保金融牌照制度落实管理，为金融发展服务。

对外开放应配合对内改革的步伐和进度。对外开放是改革开放的重要一环，是经济发展的必经阶段，是立足国情的开放，是有条件的开放，应当配合对内改革的步伐和进度。绝不能在对内改革条件不成熟时对外开放，伤害经济基础；也不能裹足不前，主动放弃对外开放，掣肘内部经济发展。当前内部经济放缓，供给侧改革逐见成效，对外开放更应该配合好经济发展情势，助力全面深化经济改革，取得经济新发展。

3. 可控性。

开放规模可控，确保对经济金融的总体影响可控。在内外部环境尚不成熟时，不鼓励全面开放，为开放规模设立标准和红线，确保资本流动的整体规模可控，将其对经济金融的总体影响维持在一定范围的。避免毫无防守的对外开放，将经济安全拱手让人，丧失经济主权。

开放方向可控，避免对少数市场或机构过度冲击。在开放规模可控的基础上，确保开放方向可控。要吸取 2015 年股市异常波动的教训，密切关注资本流动的方向和途径，避免外部资本对单个市场或机构的过度冲击，进而引发系统性金融风险。

完善监管指标，丰富政策手段。开放规模和方向的可控需要完善的监管指标，真实、有效、及时的资金流向和途径检测。加强外资账户管理，实施透明的外资事前申报制度，加强外资投资内地账户的统计和金融监督。当内外部形势发生剧烈变化时，丰富的政策手段和健全的调控框架可在面临危机时更自如地进行政策对冲和宏观调控。

4. 审慎性。

研判世界经济形势，审慎开放资本市场。特朗普执政时推行“美国至上”，以美国优先取代多边关系。世界经济形势变化迅速，经济全球化趋势面临考验，金融开放的必要性受到质疑。因此，金融开放到何种程度，甚至是否需要金融开放重新成为各国讨论的话题。资本市场是发展中国家与发达国家进行资本交易以抵挡不公平交易的制度屏障。无论如何，审慎开放资本市场都成为当下不二选择。

完善宏观审慎政策体系，保留紧急情况下的特定处置手段。随着中美贸易摩擦的深入，中兴、华为等中国企业纷纷中枪，成为欧美国家狙击中国的对象。未来经济金融形势瞬息万变，我们应当冷静看待金融开放，不忘经济发展初心，不断完善宏观审慎政策体系，保留紧急情况下的特定处置手段，捍卫国家利益。

我国在金融开放过程中，应当积极寻找兼顾国情和国际标准的对接区，有序推进资本账户开放。前文的论述中，国外经验说明了资本市场开放过程中，条件尚未成熟时投资性开放的负面影响。不但资本市场可能沦为国外资本的殖民地，更可能对一国经济产生毁灭性打击。我国金融市场尚未成熟，金融机构发展不完善，贸然开放资本项目极易放大金融脆弱性，形成系统性金融风险。

对外开放不是为了引进外资而引进外资，而必须是要有助于本国市场的发展。因此，我国在金融开放过程中，应当兼顾国情和国际标准，以金融服务性开放为先，提高本国金融机构的竞争力。既要稳妥实施本国资本市场国际化政策，还要加快本国资本市场自由化政策，从资本市场结构、资本市场公司治理、资本市场监管制度等方面实施有国际竞争力的制度创新。让外资在我国市场提供有益帮助，同时给其商业机会，并以此推动我国监管制度改革，完善法律制度。待条件成熟后，稳步推进资本市场的投资性开放。

第四节　股市和上市公司融资机制引发的系统性金融风险

一、股市、上市公司与系统性金融风险的关系

股市是促进国家经济发展重要的融资场所，是企业发展过程中募集资金的重要渠道，是国民经济发展的真实写照。而上市公司是资本市场健康发展的基石，是国家经济最具活力的竞争元素之一。自1990年上海证券交易所、深圳证券交易所先后成立以来，我国股市规模不断扩大，已经成为全球极具发展活力的资本市场之一。截至2018年11月30日，沪深两市的上市公司合计3 564家，总市值45.36万亿元，流通市值达36.74万亿元，2017年A股总市值占全年GDP的68.56%，在国民经济中的重要地位逐步显现。

作为股市的重要参与主体，上市公司与国民经济有着天然的联系。股市通过为上市公司筹集资金，推动着我国实体经济的不断发展。然而，任何来自经济、政治、自然环境等领域的变化都会引起股票价格的波动，甚至会导致资产泡沫的产生、膨胀和破灭。股市的联动性、风险传染性等特点会反作用于实体经济，甚至可能引发系统性金融风险。上市公司作为金融市场面临的系统性风险源之一，可能引发的系统性金融风险是指由于某种因素的影响和变化，导致股市所有股票价格下跌，从而给股票持有人带来损失的可能性，即投资人无法通过多样化的投资组合来化解的风险。

目前，我国股票市场系统性金融风险的预警和防范机制尚处在不成熟的阶段。特别是近几年国内外经济形势的动荡变化，扰动了国内实体经济和上市公司业绩，导致金融市场出现了剧烈波动。上市公司已成为可能引发中国系统性金融风险的导火索之一。因此，分析和识别股市、上市公司可能引发

系统性金融风险的因素，保证股市健康、稳定发展是守住不发生系统性金融风险的关键。

上市公司系统性金融风险传导的国际比较

国内宏观经济形势面临汇率剧烈波动、金融体系较为脆弱、资产价格大幅震荡等多方面压力，与20世纪80年代的日本、韩国等新兴市场经济状况存在相似之处。因此，研究日本泡沫经济时期上市公司交叉持股行为引发的财务危机和亚洲金融危机时期韩国上市公司资产缩水危机可以为国内上市公司防范系统性金融风险提供前车之鉴，有效避免重复发生类似危机。

一、日本泡沫经济时期上市公司的交叉持股财务危机

交叉持股是日本为了逐步恢复经济、规避境外资本对本国资产的恶意收购，提高企业在国际市场竞争力而采取的防御性公司治理模式。通过银行与企业、企业与企业之间相互持有对方的股权，保持企业与金融机构和非金融法人之间长期稳定的合作关系（见图5.15）。

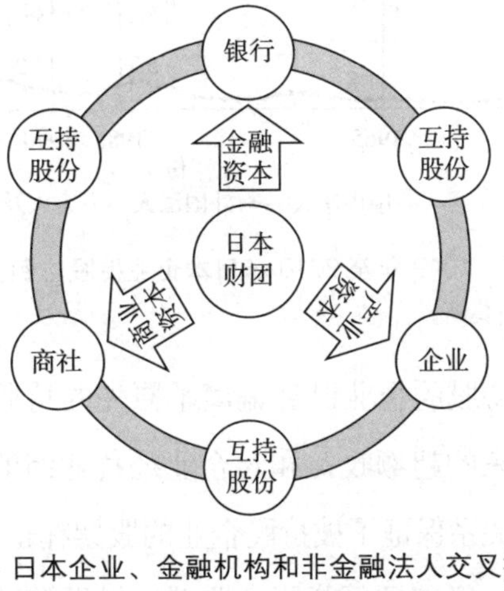

图5.15　日本企业、金融机构和非金融法人交叉持股示意

二战结束后，日本经济全面崩溃，企业的竞争力远不及美国和欧洲企业。日本政府认为，小企业模式是本国企业国际竞争力差的重要因素之一。为了改变现状，日本政府修改并出台了一系列支持政策，扩大企业规模、发展主导产业，培育独立自主的经济体系。1949 年和 1953 年，日本政府两次修改《关于禁止私人垄断及确保公正交易的法律》（以下简称《反垄断法》），放宽了企业间交叉持股的限制条件。1964 年，日本加入 OECD 并成为 IMF 成员，对外资本自由化加深了日本政府和企业界对民族经济的危机意识，交叉持股的意愿增强。1967 年，日本政府对《日本商法》进行了修改，放宽了企业向第三方配股增资的限制，为企业间交叉持股创造了极大的便利条件。1950 年至 1990 年的 40 年间，日本的稳定持股比例由 23.6% 逐步上升至 70.4%，国内法人持股比例也上升至 72.1%（见图 5.16）。

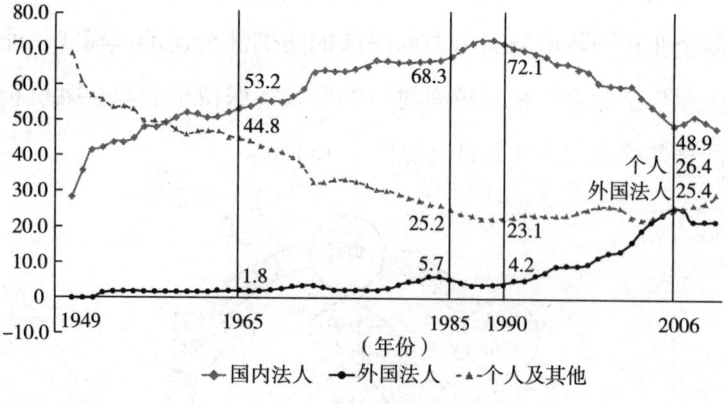

图 5.16　1949 年至 2010 年日本企业持股比例变化趋势

资料来源：日本交易所集团。

这一时期，交叉持股的企业已经偏离了原先的持股动机，持股双方转而追逐互相抬高股价带来的超额收益和对企业经营业绩的虚增。一方面，交叉持股这种稳定的持股关系保证了被持股企业的股票在证券市场上的有限供给，企业的稳定股东通过二级市场不断买入股票，操纵被持股企业的股价。而企业股价的上升增加了上市公司及相关股东的“未实现收益”，造成了上市公司经营业绩的表面虚假繁荣。另一方面，由于当时日本实行的是以时价发行股票的制度，而银行贷款利率却偏高，市场上对股票需求量的增加促使企业“弃债从股”，大量通过二级市场低成本、高价格地进行股权融资，一时间发行新股成为企业筹资的主流方式。

过度上涨的股价使许多企业荒废了主业，竞相进行股票投机，追逐高额利润，日本进入“泡沫经济时代”。1988 年《巴塞尔协议》签署后，对金融机构资本充足率和核心资本的要求提高，随后发生的东南亚金融危机使日本经济雪上加霜，企业间交叉持股的成本和风险被无限放大，“泡沫经济”崩溃直接影响了交叉持股企业的经营业绩。1997 年，三一证券和北海道拓殖银行的相继破产引发了金融市场的恐慌，导致其他金融机构大幅抛售手中有价证券，上市公司市值大幅缩水。由于当时日本金融市场的虚假繁荣和金融体系的不健全，导致上市公司实体资产的虚拟膨胀，并进一步形成了局部经济泡沫，经过金融监管机构宽松货币政策的传导扩散，最终引发了长达 20 年的经济危机。

二、亚洲金融危机时期韩国上市公司的资产缩水危机

1997 年爆发的亚洲金融危机使得东亚许多经济体遭遇了重创，而在这次金融危机中，韩国的金融体系几乎被摧毁，两个月内韩元贬值 55%，半年时间韩国股市暴跌 57%，资产缩水 35% 以上。在亚洲金融危机爆发前，韩国的经济金融体系已经积累了许多政策性和结构性风险因素。

20 世纪六七十年代开始，韩国政府为了加速工业化和促进出口，采取了外向型经济发展战略，集中金融资源为出口企业融资服务，同时提供了国家信用背书。韩国政府对银行体系的过度干预阻碍了以市场为导向的稳健银行体系的形成，政府背书使银行在防控风险和风险损失准备方面的能力不足。

事实上，进入20世纪90年代后，韩国的出口企业盈利能力逐年下降，而银行体系对这些企业的风险敞口巨大，高杠杆率使得这些企业的现金流变得十分脆弱。由国家信用背书引发了银行的过度借贷、企业过度举债和盲目投资，随着本国货币的汇率波动，导致韩国国内通货膨胀率飙升，政府转而开始严控信贷增长，进而导致企业和银行资产负债表双双衰退（见图5.17）。

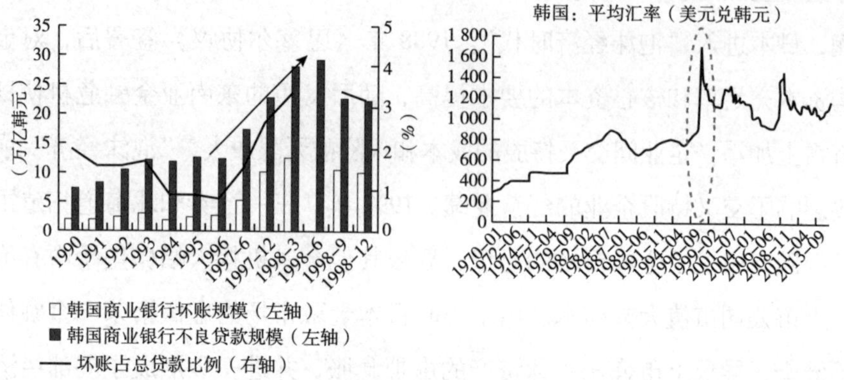

图5.17　韩国在亚洲金融危机期间银行坏账率飙升、货币大幅贬值

资料来源：Wind资讯，CEIC，兴业证券研究所。

1996年至1997年间，受到国外需求下降引起出口价格下降的冲击，韩国的贸易条件恶化了近20%，出口企业开始出现亏损。这时，虽然商业银行开始放慢信贷扩张，然而实体企业并没有缩小规模，反而继续通过商人银行等非银行金融机构进行海外融资。审慎监管的缺乏、前瞻性管理的缺位以及对未来偿付能力和潜在风险评估的缺失，导致韩国国内系统性金融风险不断蔓延。1997年10月，韩国国内企业超过35%的债务期限少于3个月，约70%的债务期限短于1年。短期融资体量过大使得这些票据的利率在半年内几乎翻倍，过度的投资、下滑的利润和沉重的债务负担拖累了大量的高杠杆企业，它们纷纷开始破产。根据韩国公平交易委员会的统计数据，截至1998年3月底，韩国前30大企业集团的平均净资产负债率高达522.1%。随着资产负债率大幅攀升，银行坏账率飙升，银行资产负债表扩张能力受到严重削弱，进一步加剧了企业的信贷收缩，大批企业接连倒闭，前 30 大企业集团中有 6 家申请了法院保护、7 家申请了破产。

三、日本和韩国上市公司引发系统性金融风险的反思

通过对日本和韩国由企业基本面变化引发的金融危机案例进行分析，我们发现，实体企业特别是上市公司发生的财务危机并非只是因为简单的个股风险或者局部风险。当上市公司无法消化风险因素和控制风险后果时，其自身将转化为风险因素并将风险链条由内向外延伸，风险后果同时被传导或转嫁给其他公司以及相关利益主体。上市公司的财务风险可能传导给其母公司或子公司等关联单位，也可能由一家上市公司传导给另一家上市公司。上市公司财务风险集中爆发的后果可能导致证券市场发生系统性风险，造成“股市债市双杀”的局面，最终甚至引发整个国家的经济危机。

（一）关于日本交叉持股财务危机的反思

20 世纪 80 年代日本资本市场泡沫的形成，是实体资产虚拟膨胀形成的局部泡沫，经金融管理当局的宽松货币政策传导扩散至整个经济体系，而交叉持股模式对资本市场泡沫的形成起到了推波助澜的作用。

健全的交叉持股模式应始终以维系企业之间长期战略关系为主要目标，持股双方不应因股价的上涨或下跌而轻易抛售所持股票，尤其在股价出现异常波动的情况下，交叉持股关系可以起到维系交易双方股价稳定的“蓄水池”作用。而日本的持股模式是为了保证在企业集团内部形成稳定的商业伙伴关系，进而在经济持续增长中谋求共同利益。这种持股关系造成被持股企业的股票在证券市场上流通量减少，易被操纵而引起股价虚高。

从公司治理机制的角度分析，法人股东在企业中的表决权大多由经营者代为行使。而双方企业经营者出于对自身经济利益的考虑，常常按照事先约定达成默契，互不干涉对方的经营决策权。同时，监事会被经营者所控制，造成企业内部监督机制职能的弱化，在一定程度上扭曲了公司治理结构，诱发了严重的内部人控制问题，最终导致企业经营效率的降低、基本面的恶化。因此，交叉持股可以使企业达到资本扩张的目的，有助于企业形成战略联盟，更好地应对各种风险，保持可持续发展。然而，如果交叉持股运作不当，将会因财务危机引发公司治理结构失衡、资本虚增、股价泡沫等潜在风险，可见保持企业发展适度、确保上市公司稳健发展的问题不容忽视。

（二）关于韩国上市公司资产缩水危机的反思

20 世纪 60 年代开始，韩国经历了多次经济危机，其中，1997 年亚洲金融危机爆发后韩国上市公司资产大幅缩水，几乎摧毁了整个国家的金融体系。为了完成原始资本的积累，韩国政府以国家信用为企业背书，导致银行过度信贷、企业过度举债和过度投资。亚洲金融危机爆发后，韩国财阀企业债台高筑，导致银行体系坏账飙升，资本账户的开放导致大规模赤字、外汇贬值、银行外债激增而海外资产大幅缩水，银行体系面临塌陷。天量的银行和企业坏账迫使韩国政府无力兜底，打破“刚兑”成了必然选择。

1997 年亚洲金融危机后，韩国政府重建金融秩序，调整结构性缺陷，推行了一系列改革措施，取得了良好的效果。在金融体系改革方面，韩国政府设立了金融监督委员会，负责制定统一的监理规范，并统筹金融检查工作，监督全体金融机构的运营情况，撤销了韩国银行与财政经济部对金融机构的控制权，实现了金融管理一元化。同时，韩国政府有序推进了金融自由化与国际化，加强资本项目开放，修改外国投资法规，鼓励直接投资，取消了合格外国投资者对本国债券市场的投资限制。在资本市场方面，建立了资产证券化制度，促进了信托公司等大批法人投资机构发展，同时大力发展债券市场，逐步取消了对公司债发行的行政审批和限制。在微观层面，政府不断改善企业的公司治理结构，减少了交叉持股、关联交易和担保，提升了公司质量。经过一系列的调整，韩国经受住了2008年全球金融危机的考验，有效地抵御了外部危机带来的影响。

股市、上市公司系统性金融风险的具体表现

一、我国股市的发展现状及系统性风险防范措施

（一）中国股票市场及融资机制发展现状分析

股市是我国资本市场的重要组成部分。经过30年来的改革探索，在帮助企业筹集发展所需资金、改善企业融资结构、优化社会资源配置、促进经济发展等方面起到了十分重要的作用。同时，中国股市也经受了经济全球化进程加速、金融危机频繁发生及系统性金融风险传导渠道多元化等国内外多重考验。截至2018年11月30日，沪深两市上市公司总数达3 663家，A股上市公司3 564家，B股上市公司99家，上市证券总数21 624只，总股本57 602.58亿股，总市值453 623.04亿元；新三板市场挂牌公司10 786家，总股本6 360亿股，流通股本3 562亿股，场内市场蓬勃发展、场外市场逐渐起步，我国多层次资本市场体系已逐步建立（见图5.18）。

在融资渠道方面，实体企业主要通过IPO和再融资的形式完成。而定向增发作为上市公司资本运作的主要形式备受投资者瞩目，对资本市场影响巨大。2014年7月牛市行情启动后，A股市场定向增发迎来大爆发，当年再融资额是IPO的10倍，随后两年定增市场募资总额超过万亿元（见图5.19）。

2014年以来股市的一波上涨，激发了上市公司进行产业资本运作的热情，带动了投资者参与的积极性。同时，原有的定向增发审核制度为上市公司再融资提供了便利，高折价率为投资者提供了极大的“安全垫”，吸引投资者不断涌入定增市场（见图5.19）。

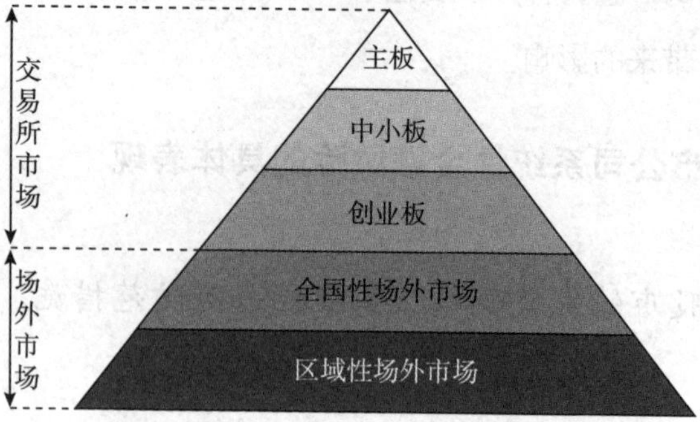

图5.18　我国多层次资本市场体系框架

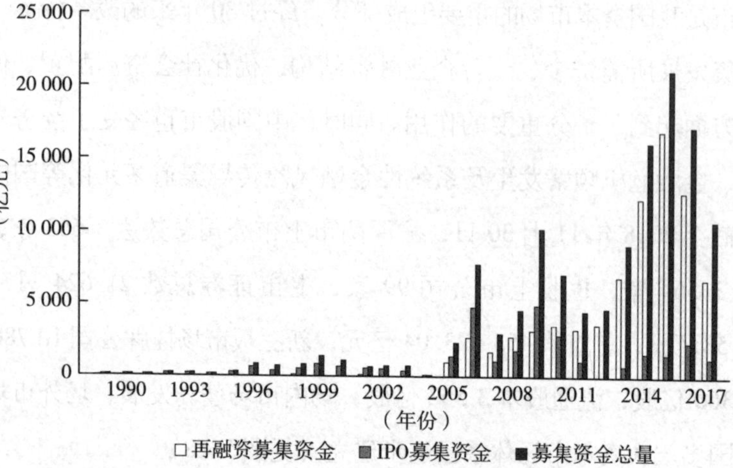

图5.19　1990年至2018年沪深两市融资规模统计

资料来源：Wind。

定增市场繁荣也催生出了一些融资乱象，A股市场中逐步积聚了许多潜在风险（见图5.20）。2017年初，证监会在“发行监管问答”中指出，部分上市公司存在过度融资倾向。有些公司脱离公司主业发展，频繁融资；有些公司编项目、炒概念，跨界进入新行业，融资规模远超过实际需要量；有些公司募集资金大量闲置，频繁变更用途，或者脱实向虚、变相投向理财产品等财务性投资和类金融业务。同时，非公开发行定价机制选择存在较大套利空间。为了确保解禁前股价不破发，大股东与上市公司都有维护股价上涨的动力，但解禁后大股东和机构投资者存在减持套现的冲动，对股市流动性和上市公司股价的稳定都有较大压力，市场风险积聚。

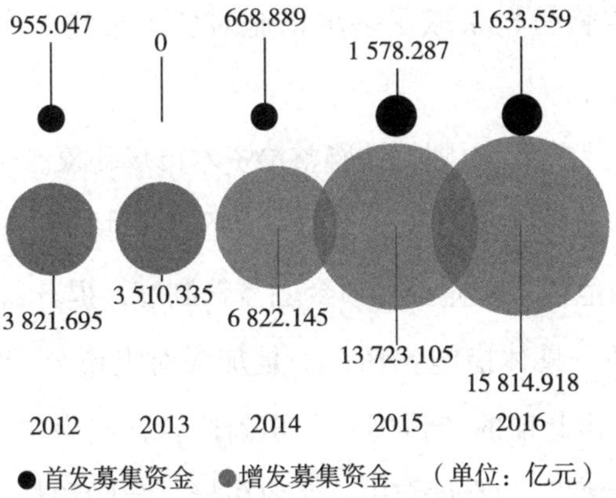

图 5.20　A 股 2012 年至 2016 年再融资与 IPO 募集资金对比

为了理顺非公开发行股票的定价机制，进一步规范再融资发行市场行为，防止股票市场融资机制引发系统性金融风险，证监会在 2017 年连续调整监管政策。2017 年 2 月，证监会对《上市公司非公开发行股票实施细则》部分条件进行了修订，突出了市场化定价机制的约束作用；5 月，发布了《上市公司股东、董监高减持股份的若干规定》，拉长了定增资金的退出周期；9 月，发布了《公开募集开放式证券投资基金流动性风险管理规定》，对定增类基金做出了更加明确的规定和限制。至此，定增市场供需关系开始寻找新的平衡点，融资规模和市场报价趋于理性。

（二）2015 年以来的系统性金融风险防范措施

2015 年 7 月，我国股市出现异常波动的主要原因是高杠杆场外配资。“配资乱象”的清理过程反映出了部分金融机构存在“体内循环”，资金在金融体系中空转，推高了实体经济的资金成本，带来了规模过大、链条过长、杠杆过高、关联过于复杂等问题，造成上市公司和金融机构资产负债表的畸形和异化。为了主动防范和化解系统性金融风险，避免上市公司融资难的问题拖垮实体经济，2015 年以来，证监会、银保监会、沪深两地证券交易所等多家监管机构采取了多项措施对资本市场各参与方进行体制和机制的规范。

1. 坚持“高压监管”原则，铁腕整治资本市场乱象。

2015 年开始，证监会推行了“五位一体”监管协调工作机制，全面加强一线监管和风险防范，不断完善各项金融监管制度，提升监管能力和有效性，维护资本市场秩序。具体措施包括：一是加强对上市公司的信息披露要求，实施分行业监管，由此前的“保姆式”事前监管转向事中、事后监管，发挥“医生式”“诊疾治疾”的监管作用，有效引导、鼓励和督促上市公司披露与其行业有共性及其自身特有的风险和价值因素，提高上市公司透明度。二是加强对实际控制人、董监高的行为规范。2017 年 5 月，减持新规发布，重拳打击大股东哄抬股价、恶意减持的套现行为。三是加强对“忽悠式重组”和伪市值管理的整治，完善、修订并购重组信息披露规则，提高违法成本，净化资本市场环境。四是加强对证券中介机构的处罚力度，将证券中介机构作为监管执法的重点对象，督促证券中介机构归位尽责，对证券公司、会计师事务所、资产评估机构、律师事务所实现稽查执法全覆盖。五是加强对私募基金的全面清理，推行私募基金登记备案工作，打击违法违规行为，排查金融风险隐患。

2. 严格控制企业融资节奏，保证上市资产质量。

根据对以往几次证监会暂停新股发行的情况分析，实体企业有通过资本市场上市融资的迫切需求，但是过快的股票发行节奏可能引发场内流动性不足，带来投资者恐慌情绪。因此，2015 年股市异常波动后，证监会总结经验，采取一级市场和二级市场联动调控的方式，疏通实体经济发展“血脉”。一是健全新股发行常态化机制，稳步加快新股发行节奏，支持符合条件的企业发行上市。同时，监管机构开始注重与市场和媒体的沟通，对新股发行常态化进行预期管理，在稳定市场、防范风险基础上，稳步提高直接融资比重，支持实体经济发展。二是规范再融资，防止募集资金“脱实向虚”。为了优化再融资制度，证监会修订了《上市公司非公开发行股票实施细则》，同时发布配套“发行监管问答”，引导规范上市公司融资行为，明确要求除金融类企业外，上市公司原则上不能将募集资金投资于类金融业务，以有效抑制通过募集资金进行财务性投资的情形，引导资金流入实体经济最需要的地方。三是调节再融资品种结构性失衡问题，发展可转债、优先股等股债结合产品和公发品种。受证监会政策支持，可转债、优先股等产品成为绿色通道单独审核品种，大幅缩减了发行审核周期，另外，取消了可转债、优先股和创业板小额快速融资 18 个月的发行间隔期限制。定增乱象和过度融资倾向逐渐被抑制，减轻了二级市场的压力，引导资金“脱虚向实”、金融资源重新得到优化配置。四是支持符合条件的企业通过债券市场融资，不断完善债券市场体制机制。证监会加大了债券品种创新力度，试点推出可转换公司债、熊猫公司债、可续期公司债、绿色公司债、创新创业公司债、PPP 项目资产证券化等新品种，为上市公司拓宽了融资渠道。

3. 资管新规提振实体经济，规范资金用途。

2018 年 4 月 27 日发布的“资管新规”不仅是对金融机构资产管理业务的进一步规范，对上市公司也有直接影响。一是此次“一行两会”联合外管局统筹协作，加强源头管理，对各类金融机构的资管业务进行全面统一监管，不留盲区。监管机构力求做到从源头上监测流动性风险，及时跟踪穿透监测资金流动，加强业务规范，解决层层嵌套、资金空转以及监管套利的问题，有效抑制市场高杠杆行为，有利于控制上市公司后续融资风险。二是目前银行理财资金直接或间接参与了许多权益市场产品，从资金分布看，股票委外投资多集中在价值蓝筹公司，结构配资和股票质押集中在中小创业公司。资管新规出台后，上市公司股票委外投资、结构配资、股票质押和券商融资融券等业务的规模面临大幅压缩。

4. 从量变到质变，PPP 项目完成全面清理。

2017 年 11 月16 日，财政部正式公布了《关于规范政府和社会资本合作（PPP）综合信息平台项目库管理的通知》，以项目库为抓手来规范 PPP 模式，并列出了入库项目负面清单。2018 年初，财政部 PPP 项目库中超 1.4 万个项目被集中清理，不符合规范的项目将被清退，同时对新入库项目将执行更加严格的标准。同时，伴随资管新规、银监会 55 号文、《商业银行委托贷款管理办法》和《保险资金运用管理办法》等文件出台，监管机构打出组合拳，对项目募资严格收紧。随着“去通道”化的金融监管新规出台，PPP 项目在募集资金上将被进一步收紧和规范。2018 年 7 月央行发布的《关于进一步明确规范金融机构资产管理业务指导意见有关事项的通知》在一定程度上缓解了市场资金面紧张的情况，但是上市公司项目中标后，仍然存在项目资金期限错配、资金来源偏重于银行贷款、退出渠道有障碍和回款难等风险。

二、股市杠杆资金引发的系统性金融风险

2015 年股市异常波动和 2018 年的股市连续下跌，都呈现出了股市风险具有股价跌幅大、持续时间长、涉及范围广的特点，对实体产业的健康发展和

投资者的投资信心造成严重打击。2015 年，场外配资、场内融资融券等形式的资金运用杠杆开始兴起，规模迅速膨胀，在股市下行过程中埋下了安全隐患。股市中的杠杆资金规模过大是引起市场剧烈波动的主要原因之一，如果处理不当极易引发系统性金融风险。

（一）场外配资

由于信托机构规模快速增长、银行理财资金大举进入，2013 年，场外配资业务开始盛行。自 2014 年底起，A 股市场快速上行，场外配资规模激增。根据监管部门和券商粗略测算，2015 年整个场外配资市场规模为 5 万亿元左右。民间配资公司全国约有 10 000 家，平均每家规模为 1 亿至 1.5 亿元，因此，保守估计，民间配资公司规模总体为 1 亿至 1.5 万亿元；伞形信托和单一信托资金规模为 1 万亿元左右。除此之外，还有“互联网 + P2P”配资等新的商业模式，因数量多、模式多样，具体规模难以统计。场外配资客户的准入门槛较低，杠杆比例一般为 1∶3，2015 年场外配资平均杠杆为 1∶5，当年 5 月行情疯狂时杠杆比例甚至达到 1∶10。这种“赌徒式”的运用杠杆资金直接影响到社会稳定，动摇了股票市场的长期发展基础。从投资者的资金来源看，银行进行配资的杠杆基本在 1∶2 左右，股市出现调整时风险将从配资公司、散户传导到银行。场外配资助推了市场非理性波动，加大了市场系统性风险发生的可能性，在市场调整过程中也成为后续“断崖式”下跌的主要推手（见图 5.21）。

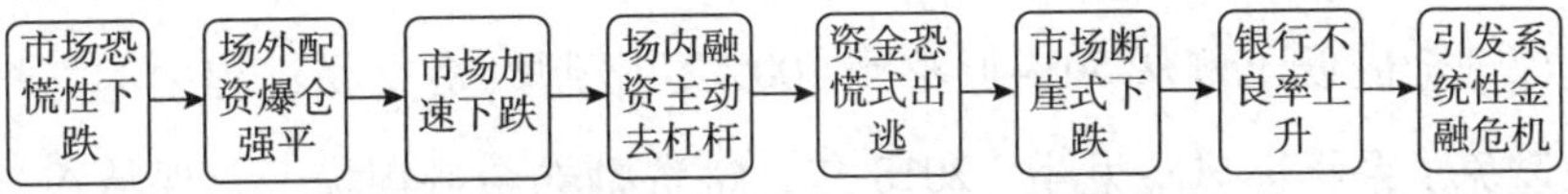

图 5.21　市场调整过程中场外配资引起的链式反应

2015 年 7 月，证监会和国家互联网信息办公室联合出手，严格清理场外配资。一是证监会分别对其监管的证券公司、具有分仓功能的软件系统提供商、配资公司这三方的场外配资业务进行清理。截至2015年底，证券公司共清理近6 000个场外配资账户。二是恒生公司HOMS系统和同花顺系统等全部停用，改用券商自身系统，互联网配资方式被叫停。三是证监会对证券公司、相关软件公司、配资公司等总计罚款8.4亿元，最终余下的账户配资资金规模只剩一成，基本销声匿迹。四是2018年资管新规中明确规定，公募产品、开放式私募产品以及投资于单一投资标的或债券、股票等标准化产品比例超过50%的私募产品不得进行份额分级。这意味着，通过分级产品形式进行场外配资宣告终结。

（二）融资融券

2011年11月25日，融资融券交易进入常规化操作阶段后，标的证券的范围和数量经历了4次扩容。随着2014年下半年股票市场流动性的增加，融资融券信用交易的活跃，风险敞口的放大，市场波动加剧。2015年3月至5月，券商融资融券额度全部用满，融资融券余额达2.08万亿元，两融交易额达4.51万亿元，占当时A股市场的比重高达3%。虽然两融杠杆比率相较场外配资风险相对可控，但是在2015年5月股市连续下跌时，场外配资率先爆仓后引发“多米诺骨牌”效应，风险传导到场内融资。

2015年4月，《中国证监会通报证券公司融资融券业务开展情况》发布，随后证监会在清理场外配资的同时，对各家券商公司开展两融业务情况进行了全面检查治理。同年11月，沪深两市交易所对两融细则进行修改，投资者融资保证金最低比例从50%调整到100%，限制融资交易过程中的杠杆率，有效避免了系统性风险发生。2018年，融资融券余额规模一直保持在7 000亿至10 000亿元之间（见图5.22）。经过证监会的清理，融资融券业务已经拥有一套完善的风险控制制度，规模相对稳定。

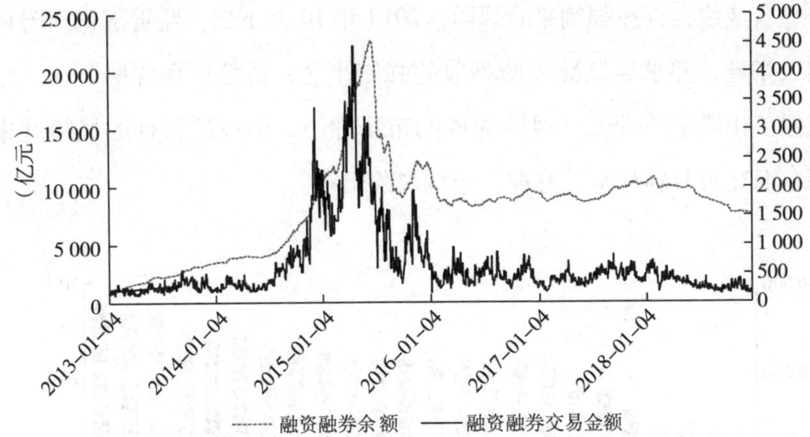

图 5.22　融资融券业务交易规模历史走势

资料来源：Wind。

（三）股票质押

2014 年，上市公司股票质押规模开始快速扩张，在 2015 年至 2017 年 3 年时间里持续走高。2014 年至 2015 年的上半年，股市大涨，由于上市公司再融资产品相对单一、发行周期长、审核严格，大股东为了获取更多现金流，纷纷以股票质押的形式进行杠杆操作，全市场的股票质押规模不断上升。而在 2015 年下半年股市表现发生变化后，有部分企业的大股东选择增加质押来摊薄风险和成本，使得股票质押规模居高不下。

2017 年，股票质押式回购交易的风险开始暴露，而且规模不断增加。截至 2018 年 12 月 7 日，沪深两市股票质押市值规模为 4.53 万亿元，市场质押股达 6 402.72 亿股，占沪深两市上市公司总股本的 9.97%，股票质押已成为证券市场波动的重要影响因素，对上市企业公司治理结构和大股东控制权也产生了重大影响。2018 年，沪深两市股价连续下跌，特别是中小市值的股票跌幅更大，年内股价下跌幅度超过 40% 以上的上市公司超过 1 000 家，按照市场惯例，股票质押率一般在 50%（见图 5.23），那么这个跌幅已经到了质押股补仓警戒线，存在强制平仓风险。2018 年 10 月下旬，监管部门对券商进行了窗口指导，要求尽量减少质押股的强制平仓，避免市场踩踏，在一定程度上减缓了由股票质押融资风险造成的市场冲击，但股票质押的风险并未得到化解，而是暂时转移给了券商，市场风险仍在。

图 5. 23　2018 年 5—10 月沪深两市质押股数

资料来源：中国证券登记结算有限公司。

正常情况下，股票质押融资作为一种融资手段，可以帮助公司股东获取更多的流动性资金，与上市公司或者股东所发行的债券没有直接联系。但是，当二级市场出现大幅调整，股价直线下跌并且接近预警价格时，质押方将通知出质人补充保证金或者补充担保品。而如果股价跌破了平仓价，或者是说质押融资额小于平仓线，质押方将会要求出质人迅速补充保证金或者追加担保品至警戒线水平，否则质押方将进行强行平仓操作。一方面，追加保证金等操作将直接冲击股东的短期流动性；另一方面，平仓风险也可能会损害公司整体的利益以及股价的稳定性，并且影响证券市场对上市公司的资质评价及对大股东现金流情况的预期。除了股票价格下跌带来的爆仓风险，高比例股票质押还会使企业面临回购需求带来的现金流压力。控股股东如果是母公司或者同为发债企业，对持有股票进行了高比例的质押，那么在进入解押期时，大规模的现金流需求可能会造成上市公司或者股东的信用压力，甚至导致他们出现违约风险。如果大规模爆发股票质押违约事件，将会引发整个资本市场的恐慌甚至发生系统性金融危机。

（四）通道资金

通道资金在本质上属于一种场外配资。这些杠杆资金多数是在2015年前后通过参与上市公司定向增发进入股市的。2014年，投资者开始利用信托产品的分级设计进行场外配资，银行等金融机构提供优先级资金享受固定回报，股市投资者提供劣后级资金享受杠杆资金带来的超额收益。据统计，此前参与定向增发的资金杠杆比例一般都在1倍以上，有些将资金杠杆比例放大到3倍以上。

从沪深两市上市公司年报披露情况来看，截至2017年末，有1 172家上市公司的股东名单里出现了信托账户，占所有上市公司总数的35%。2018年的股价连续大幅下跌使得参与定增的杠杆资金出现大规模爆仓。2015年至2017年，上市公司再融资合计规模为4.18万亿元，其中有较大比例的资金通过信托加杠杆的方式参与定增，保守估计，其中杠杆资金规模应该超过了2万亿元。随着上市公司股价的大幅度下跌，这些参与定增的资金会面临爆仓的风险，如果股价不能回升进而一旦爆仓，将形成价格踩踏和流动性恐慌，通道资金将与股票质押危机一样引发系统性金融风险。

三、上市公司基本面变化诱发的系统性金融风险

上市公司作为推动国内经济发展和转型的主力军，在实体经济中已占有举足轻重的地位，是中国企业直接融资的主要渠道，能够帮助企业有效降低发展过程中对银行的过度依赖和间接融资中金融风险的积聚。但是，一方面，目前实体企业仍处于较高的财务杠杆水平，直接融资的比例有待进一步增加。

另一方面，近几年国内资金呈现出“脱实向虚”的趋势，使得中国金融体系、房地产市场不断膨胀，形成泡沫，而以制造业为主的实体经济发展承受巨大压力，融资成本不断增加，发生系统性金融风险的概率增加。

（一）财务杠杆比例过大可能诱发的系统性风险

1. 过于依赖商业银行的间接融资。

过去很长一段时间，我国多数企业的融资渠道比较单一，通过股票市场募集资金和引入私募股权、风险投资的企业比重较少，银行贷款等间接融资方式仍是企业获取资金的主要来源。我国银行业的特性和企业融资现状对“去杠杆”的进程形成极大的阻力。自 2008 年以来，国内社会的总杠杆水平不断提升，同时造成实体企业存在大量的过剩产能或落后产能。过剩产能不仅占用了大量资金，还推高了资金成本。而间接融资占比过高，加大了实体经济“去产能”“去杠杆”的难度。在这个过程中就会产生大量的债务核销，逐步侵蚀银行净资产，拖累银行进入衰退周期，进而发生社会资产价格坍塌，最终导致整体经济陷入“通缩”的被动状态。2018 年，我国间接融资比例高达 80% 以上，财务杠杆风险过大，急需解决间接融资与直接融资比例严重倒挂的问题。

2. 企业直接融资方式发展畸形。

自 2015 年开始，央行多次降息降准，社会融资成本不断降低。但是由于上市公司再融资产品出现结构化失衡，企业通过一级市场和二级市场进行融资的渠道不畅。多重因素促使下，A 股市场高价“买壳”“借壳”交易和跨界溢价并购成为上市公司谋求资本扩张的实现路径，而杠杆收购成为上市公司的主要操作模式。由于杠杆收购的特殊性及对监管的“天然逃避”，实际操作中，不少杠杆收购完成后出现了严重的“后遗症”。因为杠杆背后必然是高比例的股票质押和担保，据不完全统计，2015 年至 2017 年，沪深两市有近 20

家上市公司在杠杆收购中易主，多数公司是通过杠杆资金增持、举牌完成的，其中不乏多个百亿级别的巨额收购案例，而数十亿收购规模的案例比比皆是。同时，不满足于单一杠杆的有限撬动作用，个别上市公司借由精妙的架构设计，通过设立多个空壳主体、多重质押、互相担保增信等方法，来获得金融机构和社会的资金，造成股票市场积聚大量潜在风险，也为2018年大股东股票质押危机埋下了伏笔。

（二）公司业绩坍塌可能诱发的系统性风险

从会计角度来看，上市公司业绩“变脸”普遍的原因是行业周期性变化、计提资产减值损失、各项成本费用大幅提升等。然而，从监管机构调查的案例可以看出，通常上市公司业绩坍塌的背后深层动因涉及造假上市、虚假陈述、控股股东违法违规、经营管理层操纵业绩等行为，这为上市公司增加了许多隐性成本，不利于资本市场的稳定运行，会使上市公司丧失诚信，将严重影响金融市场和经济的稳定。

1. 主业寻求转型升级导致的业绩承压。

近几年，上市公司发生业绩坍塌主要是由企业寻求转型升级、多元化经营失败引起的。从外部环境来看，此前证券监管部门连续出台了多项鼓励上市公司并购重组的政策，新兴概念成为热门标的，受到上市公司和市场内资金的追捧，高估值、高溢价的资产纷纷被注入上市公司。从企业内部来看，为了响应国家发展战略、调整产能过剩，企业本身有业务转型升级的动力，希望通过多元化经营脱离原来低利润率的行业从而提高自身股价。但是，许多企业在寻求转变主业的过程中遇到了很多经营性问题，业绩无法与市场预期和承诺相匹配，导致上市公司铤而走险，通过财务造假、虚报利好等方式维护股价的表面繁荣。其中，有代表性的操作方式包括：上市公司股东踩线完成借壳时向投资者许下3年业绩承诺；上市公司巧妙虚增利润和增加关联交易；通过特殊“财务手段”遮掩失败并购产生的巨额商誉减值和逾期债务；找借口临时停牌，在一定程度上避开股市波动，谋求补救措施；通过选择性信息披露的方式，发布并购交易、资产注入、政府补贴、获得资质、重大项目中标等“忽悠式”利好。上述上市公司的操纵行为一旦被曝光，投资者将迅速“用脚投票”，造成股价大幅波动，随后相关板块上市公司也可能受拖累，进而引发整个股票市场的波动，甚至诱发系统性金融风险。

2. 警惕商誉减值导致业绩大幅下滑。

在A股上市公司披露的定期报告数据中，需要密切关注并需保持警惕的指标是“商誉”值。根据2018年三季报，沪深两市上市公司商誉达到1.45万亿元，这是在2016年年报突破万亿元之后达到的历史新高。其中，有41家上市公司的商誉规模超过50亿元，有9家上市公司商誉规模超过100亿元，有200多家公司商誉占资产的比例高于40%，甚至有个别公司商誉超过所有者权益两倍之多（见图5.24）。

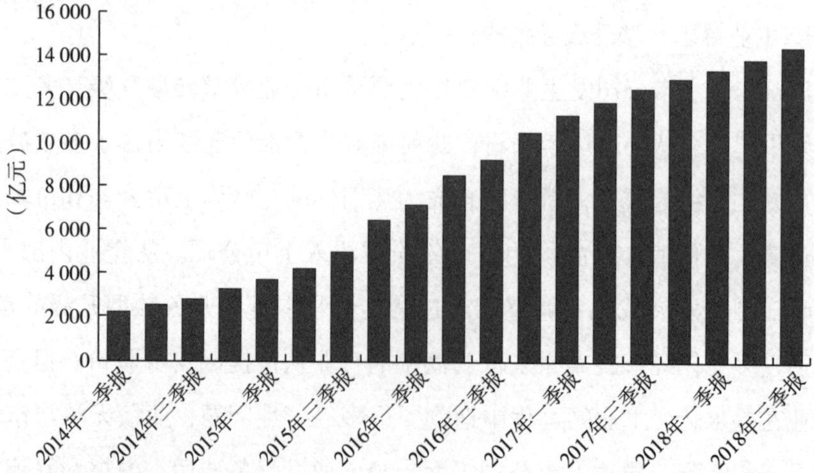

图5.24　2014—2018年沪深两市上市公司商誉规模变化

资料来源：Wind。

上市公司的商誉主要是指在非同一控制人下的企业合并时，合并成本大于标的公司可辨认净资产公允价值的金额。企业会计准则规定，上市公司每年至少要进行一次商誉减值测试，通常在撰写年报和半年报时完成。商誉减值损失一经确认将对该公司当期财务报表造成直接冲击，且在以后的会计期间不予转回。随着近几年上市公司并购重组业务的活跃，商誉对上市公司的影响越来越大，如果发生商誉减值，将拖累上市公司业绩大幅下滑甚至出现亏损。

（三）避免上市公司危机向实体经济传导形成系统性风险

股市、上市公司与实体经济密不可分，具有联动效应。2015 年股市的异常波动就给实体经济带来了巨大冲击。上市公司出现危机时可能通过股票市场传导至实体经济，拖累整体经济发展。可能传导的路径具体包括以下两种：一是资产负债表路径。上市公司陷入危机导致市值缩水、股价大跌，进而影响持有股票的投资者或机构财富缩水，降低可用支出和抵押物价值，最终压低实体经济总需求。二是信贷路径。上市公司危机可能导致大量金融机构受到影响，金融机构是实体经济融资的主要来源，流动性紧张将直接影响经济活动，抑制经济转型增长。因此，需要及时识别和有效化解由股市、上市公司引发的系统性金融风险，阻断上市公司危机向实体经济的传导路径。

股市、上市公司系统性风险的识别与防范

一、股市、上市公司引发系统性金融风险的识别

系统性金融风险不易被识别，具有隐蔽性、传染快的特征。局部的分散风险经一定条件的催化作用后，在某个时点通过一系列环节产生风险传递和

连锁反应，全局性、系统性风险将爆发。近几年，随着A股市场和上市公司的不断发展变化，上市公司过度融资、资产估值过高和基本面发生变化等股票市场个体的非系统风险因素已在场内积聚，当与利率风险、政策风险、通胀风险和经济周期风险等外部市场非系统风险相互作用、共振，将极易引发全市场的系统性金融风险。

二、股市、上市公司系统性金融风险的防范

证券市场是实体经济发展到较高阶段的产物，从最初的债券现货市场到股票交易市场，再到金融衍生工具市场，参与主体和产品种类愈发复杂。防范股市、上市公司系统性金融风险的首要任务是正确认识和合理评估3个方面的风险因素，具体包括：宏观经济的变化对证券市场体系产生的负面冲击，证券市场体系自身演化和逐步累积的风险，以及外部风险溢出及内外风险共振。在识别风险的同时，建议从证券监管、金融机构和上市公司3个层面逐步建立、健全系统性金融风险防范体系。

证券监管层面，需要统筹协调、尽快建立系统性金融风险监测体系和预警机制，具体措施包括：一是加快推进股票市场监管的信息化、数据化建设，建立内部风险防控系统，统一掌握股票市场统计数据和实时变化。二是统筹协调证券监管机构之间、证券监管机构与国资监管机构之间、证券监管机构与其他部门之间的权责利关系，逐步探索跨域业务监管合作。三是缓解中央监管与地方监管的分工、统筹和协调问题，构建多层级的监管框架。四是结合A股市场的实际情况和发展需求，不断建立和完善证券监管法律框架，理顺证券市场各参与方的法律边界和职能要求。五是针对上市公司实施穿透式监管，防止金融风险向实体经济传导。针对杠杆增持、举牌等行为，强化出资方、资金来源、杠杆水平等方面的穿透式披露，在揭示风险的同时，避免违规杠杆资金流入股市，防止金融风险的交叉传染，维护市场稳定。

金融机构层面，需要逐步克服我国金融机构普遍存在的脆弱性和外部性，降低单个金融机构风险危及整个金融体系安全的可能性。具体包括：一是积极适应证券市场改革和发展的要求，形成较为完善的金融风险内部控制制度。二是为防范特大金融风险出现对整个金融体系、信用制度稳定的重大影响，金融机构除采取一般性的财务防范措施外，还应建立防御特大风险的应急机制。三是借鉴日本、韩国的历史经验和教训，建议在A股市场设立多只股市平准基金，集合银行、证券公司、保险公司和基金公司等金融机构资金，以及证券期货交易所、证券存管公司和证券业协会等自律组织资金，通过在股票市场的逆大盘指数方向操作来熨平证券市场非理性的剧烈波动。四是严控杠杆资金的规模和比例，最大限度减小其他金融机构向自身进行风险传递。

上市公司层面，我国一些上市公司存在持续经营与高位套现之间的矛盾，要缓解这类矛盾，一是需要提高公司质量，增强企业自身的造血功能，保证经营和业绩的稳定，同时规范公司治理水平，加强信息披露，提升公司透明度，准确传递公司投资价值。二是企业自身要严格控制财务杠杆率，拓宽上市公司融资渠道，改变直接融资和间接融资比例失衡的现状，降低融资成本。三是合理运用股票市场资本运作工具，谨慎开展并购重组相关业务，认真评估标的资产价值水平，避免盲目扩张。四是通过交叉持股的形式逐步引进战略投资者，实现上下游产业链的强强联合，逐步优化上市公司股权结构，形成合理、稳定、共赢的持股机制，有效平抑股价波动。

经过30年的发展，我国证券市场已达到许多发达国家的证券市场规模，取得了不少成功经验。但是，伴随证券市场的高速发展，也产生了许多制约自身功能发挥、阻碍自身健康发展的问题。在全球化的背景下，全球资本市场易产生共振，未来因外部市场变化而引起的国内股票市场波动幅度将进一步加大。因此，由股市引发系统性金融风险的可能性不断加大，需要格外警惕。

上市公司是紧密连接金融市场和实体经济的载体，在国民经济中占重要地位，其经营质量是资本市场能否长期健康发展的基础。上市公司经营业绩的大幅变动和资产泡沫的产生将直接引起股票市场的波动，通过风险的联动性和传染性影响整个金融市场，最终导致经济整体的系统性风险发生。因此，为了守住不发生系统性金融风险的底线，密切关注股市和上市公司的发展和变化十分必要。

由于我国资本市场融资渠道较为单一、企业融资成本过高，上市公司具有强烈的转型升级需求，过去几年，股票市场积聚了许多安全隐患。A股市场中，以场外配资、融资融券、股票质押和通道资金等方式进入了大量杠杆资金；上市公司为了自身业务转型和扩张，大量并购重组了高溢价、高估值资产。当股市出现下跌时，场内积聚的非系统性风险与外部经济风险相互作用、共振，将形成股票市场踩踏式恐慌，许多上市公司的市值大幅缩水，个别公司甚至陷入丧失公司控制权的被动境地。

为了防止股市、上市公司引发系统性金融风险，需要时刻关注并警惕股票市场杠杆资金占比过高，上市公司融资规模过大、收购资产估值过高以及上市公司业绩变脸等风险因素。由于股市引发的系统性金融风险不易被识别，具有隐蔽性、传导性特征，需要从监管层、金融机构和上市公司3个层面，逐步建立完善的系统性金融风险识别和预警机制，及时切断风险源，保障国内经济平稳健康发展。

第五节　总结与政策建议

防范债券市场系统性风险相关政策建议

2018年，经过前10年的快速发展，中国债券市场规模占GDP比重已经超过 90%，与发达国家的差距明显缩小。对于实体经济而言，债券市场已经成为不可缺少的融资渠道，中国信用债市场存量已经超过 26 万亿元，债券融资已经成为我国社会融资存量中占比第二大的分项，为防范债券市场可能出现的相关风险，建议从以下几方面加强：

首先，从短期来看，可以在坚持市场化、专业化的前提下，出台相关举措，为基本面良好、有资金需求的企业补充流动性，帮助其修复资产负债表，缓解经营困难，保住数年来在行业内积累的技术优势。

其次，从中期来看，需要大力发展资本市场，尤其要提高直接融资的比重，支持民营资本、外资进入金融服务领域，通过市场化竞争来提升金融中介效率，降低企业融资的成本，发展多元金融业态，提供差异化金融服务。同时，借助大数据等先进手段，完善企业征信机制，让企业诚信记录等信息公开化，这样既能增加资金供给方对融资企业的了解，也能降低银企间建立信任的成本，最终降低企业融资的难度和成本。

最后，从长期来看，企业融资的状况及未来趋势最终是和实体经济挂钩的，长远的解决之道也是一定会突破金融体系范围的，企业面临融资成本高、融资难等问题，其实质是金融机构对企业经营的风险较为担忧，同时也因为企业的投资收益率过低。如此一来，既能化解未来企业融资的困局又能防范债券市场风险的可行办法是积极调整产业结构，从而提高企业的投资收益率，进而在整体上提高我国经济的投资效率，这就客观上要求企业尽快转变发展方式，提升发展质量和效益，从规模导向型路径转向价值创造型路径，不断寻找新的增长动能。

对外开放过程中的相关风险防范建议

资本项下的开放实际上是资本市场国际化的过程，包括服务性开放和投资性开放两方面。我国金融开放伊始，资本境内外流通的合法渠道主要有

QFII 和 QDII，后来随着境内外资本交流的深入，逐步开放了沪港通、深港通，连接 A 股和香港市场，后来沪伦通也进一步拓展了对外交流的渠道。金融服务业开放以金融机构的对外开放为主，即银行、证券公司、保险公司等机构逐步融入世界市场，但我国金融业总体开放程度仍处于较低水平。

尽管学术界对于金融开放是否促进经济发展没有定论，但是其他国家的金融开放实践证明，金融开放对经济发展的促进作用是有条件的，当内部条件不成熟时，过早开放金融市场可能引起巨量投机资本的流动，对本国市场造成冲击，甚至影响经济发展。20 世纪末的亚洲金融危机和东南亚国家的惨痛教训印证了这一点。

我国的金融开放已经初具规模。截至 2017 年 12 月 1 日，外资通过沪股通投资持有 A 股 1 936 亿元，通过深股通投资持有 A 股 1 485 亿元，通过 QFII、RQFII 合计投资持有 A 股 1.2 万亿元。通过这 4 种合法渠道，外资合计投资规模已达到 1.55 万亿元，约占我国 A 股总市值的 2.6%，占自由流通市值的 6%。同 2016 年初相比，大幅增长 49%。随着 A 股纳入 MSCI 指数，有更多外资进入了 A 股市场，外资占比持续增加。此外，外资还投资持有银行间债券近 1.1 万亿元，约占银行间债券市场规模的 1.5%。

外资投资我国资本市场主要有 4 个方面的问题：（1）现有投资规模已初具市场影响力；（2）外资潜在投资规模不容忽视；（3）外资投资资本市场缺乏统一的账户体系和监测机制；（4）对外资因投资资本市场产生的资本流动缺乏监测管理机制。因此，应当高度警惕投资性开放可能引起的国际资本流动“灰犀牛”事件。

对于我国经济来说，金融开放符合我国国家利益，是经济发展面临的必然选择，但是如何开放、开放到怎样的程度都需要高度的政治智慧运筹帷幄。简而言之，金融开放应立足基本国情，按照“主动性、渐进性、可控性、审慎性”4 个原则加强防范，正确认识资本流动对开放进程的冲击，规范金融服务业的对外开放。主动性是指捍卫货币主权，把握汇率调整主动性；坚持政策主权，加强监管的主动性。渐进性是指资本账户渐进开放，与人民币国际化程度相适应；金融市场渐进开放，与各类市场发展程度相适应；金融机构渐进开放，完善金融牌照管理制度；对外开放应配合对内改革的步伐和进度。可控性是指开放规模可控，确保对经济金融的总体影响可控；开放方向可控，避免对少数市场或机构过度冲击；完善监管指标，丰富政策手段。审慎性是指研判世界经济形势，审慎开放资本市场；完善宏观审慎政策体系，保留紧急情况下的特定处置手段。

另外，在我国金融开放过程中，应当积极寻找兼顾国情和国际标准的对接区，以金融服务性开放为先，提高本国金融机构的竞争力，待条件成熟后，稳步推进资本市场的投资性开放，从而达到有序推进资本账户开放，将人民币国际化可能带来的风险降到最低。

股市和上市公司融资机制相关风险防范建议

我国证券市场经过近 30 年的发展，已达到了许多发达国家的证券市场规模，取得了不少成功经验。但是伴随着证券市场的高速发展，也产生了许多制约自身功能发挥、阻碍自身健康发展的问题。在全球化的背景下，将形成全球资本市场的共振，未来因外部市场变化而引起国内股票市场波动的幅度将进一步加大。因此，由股市引起的系统性金融风险的可能性不断加大，需要格外警惕。

上市公司是紧密连接金融市场和实体经济的载体，其经营质量是资本市场能否长期健康发展的基础，在国民经济中占有重要地位。上市公司经营业绩的大幅变动和资产泡沫的产生将直接引起股票市场的波动，通过风险的联动性和传染性影响整个金融市场，最终导致经济整体的系统性风险发生。因此，为了守住不发生系统性金融风险的底线，密切关注股市和上市公司的发展和变化十分必要。

由于我国资本市场融资渠道较为单一、企业融资成本过高，上市公司具有强烈的转型升级需求，在过去的几年股票市场内积聚了许多不安定隐患。A股市场中，以场外配资、融资融券、股票质押和通道资金等方式进入了大量杠杆资金；上市公司为了自身业务转型和扩张，大量并购重组了高溢价、高估值资产。当股市出现下跌时，场内积聚的非系统性风险与外部经济风险相互作用、共振，形成了股票市场踩踏式恐慌，上市公司市值大幅缩水，甚至陷入丧失公司控制权的被动境地。

为了防止股市、上市公司引发系统性金融风险，需要时刻关注并警惕股票市场杠杆资金占比过高，上市公司融资规模过大、收购资产估值过高以及上市公司业绩变脸等风险因素。由于股市引发的系统性金融风险不易被识别，具有隐蔽性、传导性特征，需要从监管层、金融机构和上市公司3个层面，逐步建立完善的系统性金融风险识别和预警机制，及时切断风险源，保障国内经济平稳健康发展。

综上所述，为防范系统性金融风险，本文从债市、股市、外汇市场3个方面入手分析可能产生金融风险的薄弱环节，从局部风险的产生和发展角度分析了局部风险演化为系统性金融风险的路径，从金融市场运行逻辑出发讨论了系统性金融风险因素和对策。最终，我们需要清醒地认识到，虚拟经济是实体经济的镜子，是实体经济的货币表现，虚拟经济的发展与实体经济相辅相成，金融的发展应该与实体经济的发展相适应，并服务于实体经济的发展。实体经济的平稳健康是抵御金融资产产生泡沫的基础，是防范系统性金融风险的根基。

第六章 资本市场对外开放问题研究

中国资本市场对外开放是全面深化改革的重要命题，是贯彻“开放”发展理念、构建开放型经济新体制、推动经济高质量发展的重要环节，是推动金融业和多层次资本市场改革发展、更好发挥资本市场服务实体经济作用的重要抓手。党的十八大以来，我国资本市场对外开放不断迈出新步伐，也面临许多新的问题和挑战。党的十九大报告提出了深化金融体系改革，提高直接融资比重，发展更高层次的开放型经济，推动形成全面开放新格局，推动建设开放型世界经济的要求，为资本市场对外开放指明了方向。

按照党中央的要求，结合我国现实状况，推进我国资本市场对外开放，不能照搬照抄境外资本市场开放路径，需要立足我国现实需要，坚定“四个自信”，探索出一条符合中国特色社会主义市场经济特点，有效平衡开放发展和风险防范，确保新兴市场向成熟市场转轨过程顺利完成的、切实可操作的资本市场对外开放路径。特别是在积极吸引外资进入的同时，要有效加强风险穿透监测和预警防范等监管机制建设，切实做到“放得开、看得清、管得住”，促进资本市场健康稳定运行，提升资本市场的活力和韧性，维护对外开放大局和国家金融安全。

第一节　我国资本市场对外开放现状及主要问题

我国资本市场对外开放现状

一、银行间债券市场开放程度较高

2010 年 8 月，中国人民银行发布通知，允许境外央行或货币当局、港澳地区人民币业务清算行、跨境贸易人民币结算境外参加银行 3 类机构进入银行间债券市场，使其成为最早获批进入银行间债券市场的境外机构。随后几年间，人民银行陆续批准扩大境外投资者范围及其投资规模：2013 年，QFII、RQFII 投资者先后获批在核准额度内在银行间债券市场进行投资；2015 年 7 月，人民银行发布通知，允许境外央行、国际金融组织、主权财富基金在完成备案后，自主决定其银行间市场的投资规模；2016 年 2 月，人民银行发布公告，表示将引入更多符合条件的境外机构投资者投资银行间债券市场，取消投资额度限制，简化管理流程；2016 年 5 月，人民银行颁布了《境外机构投资者投资银行间债券市场开放的备案管理实施细则》，对操作流程、投资主体、投资限额、交易类型等问题予以细化，标志着中国银行间债券市场全面对境外机构投资者开放。2017 年 7 月，香港与内地债券市场互联互通合作（以下简称“债券通”）正式获批上线运行。

目前，银行间债券市场允许拥有长期资金境外机构投资者交易现券，以及基于套期保值需求开展债券借贷、债券远期、远期利率协议及利率互换等交易，没有额度限制和锁定期要求，实行备案制度。长期机构投资者包括境外中央银行或货币当局，QFII 和 RQFII，境外依法注册成立的商业银行、保险公司、证券公司、基金管理公司及其他资产管理机构等各类金融机构，以及养老基金、慈善基金、捐赠基金等中国人民银行认可的其他中长期机构投资者。截至2020年5月底，境外机构持有境内银行间债券共计2.43万亿元，较2018年5月同期增长100.82%，占银行间债券市场总规模的2.6%。

二、QFII、RQFII投资境内股市初具规模

2002年11月，证监会、中国人民银行联合颁布《合格境外机构投资者境内证券投资管理暂行办法》，QFII制度自2002年12月1日起正式实施。此后，管理层逐步放宽申请资格及额度限制，降低保险公司、基金公司的资格准入门槛，进一步扩大申请者范围至养老基金、慈善基金会、信托公司等境外机构，取消单家QFII 10亿美元的投资额度上限，同时取消所有对现金、股票、债券等投资类别的比例限制。2011年12月，证监会发布《基金管理公司、证券公司人民币合格境外机构投资者境内证券投资试点办法》，允许符合条件的基金公司、证券公司香港子公司作为试点机构开展RQFII业务，试点额度为200亿元，且获批机构投资股票及股票类基金的额度不得超过其募集规模的20%。2013年，证监会进一步扩大试点机构类型至境内商业银行、保险公司等香港子公司或注册地及主要经营地在香港地区的金融机构，同时取消对股票投资的比例限制，以引入更多长期资金投资境内股市。

QFII和RQFII的投资额度在最初试点阶段分别仅为100亿美元和200亿元人民币，此后投资额度限制随着实际外资流入需求的增加而逐步升高。2019年9月，QFII和RQFII的投资额度限制全面取消。2020年5月，央行和外管局联合发布新规，将QFII和RQFII制度合并统一管理，取消了外汇额度限制且增加了操作便利性，进一步增强了制度吸引力。截至2020年5月底，QFII已审批额度逾1 162亿美元，RQFII已审批额度逾7 229亿元人民币（见表6.1）。

表6.1　外资进入我国证券市场的渠道及投资额度变化梳理

名称	成立年份	最初的最大投资额度	最大投资额度变化情况	实际已审批或已用额度
QFII	2002	100亿美元	2002年：100亿美元 2007年：300亿美元 2012年：800亿美元 2013年：1 500亿美元 2019年1月：3 000亿美元 2019年9月：取消额度限制	截至2020年5月，已审批额度为1162.59亿美元
RQFII	2011	200亿元人民币	2011年：200亿元人民币 2012年4月：700亿元人民币 2012年11月：2 700亿元人民币 2017年7月：5 000亿元人民币 2018年：19 400亿元人民币 2019年9月：取消额度限制	截至2020年5月，已审批额度为7 229.92亿元人民币
沪股通	2014	总额度3 000亿元，每日130亿元	2016年8月： 取消总额度限制，每日520亿元	截至2020年4月，累计已用额度8 566.18亿元
深股通	2016	总额度不设限制 每日130亿元	2018年4月：每日520亿元	截至2020年4月，累计已用额度6 728.34亿元
债券通	2017	无限制	无变化	截至2020年3月，境外持有规模为2.26万亿元
沪伦通	2019	3 000亿元	无变化	华泰证券募资16.92亿美元
中日ETF互通	2019	占用QFII和RQFII额度	无变化	首批4只合计募资15.22亿元

三、内地与境外资本市场联通机制逐步加深

2014年4月10日，中国证券监督管理委员会（以下简称“中国证监会”）、香港证券及期货事务监察委员会（以下简称“香港证监会”）决定原则上批准上海证券交易所、香港联交所、中国证券登记结算有限责任公司

(以下简称“中国结算”)、香港中央结算有限公司（以下简称“香港结算”）开展沪港股票市场交易互联互通机制（以下简称“沪港通”）试点，并于2014年11月正式启动。继沪港通顺利开通后，2016年12月5日，深圳证券交易所联合香港联交所、中国结算、香港结算正式启动深港通。至此，我国实现了境内资本市场与香港地区资本市场的互联互通。在试点初期，沪港通分别对香港投资者投资上交所市场（沪股通）和内地投资者投资联交所市场(港股通）的单向总额度实施管理，沪股通的总额度为3 000亿元人民币，港股通的总额度为2 500亿元人民币。2016年，中国证监会及香港证监会联合公告取消沪港通总额度限制，同时宣布深港通不设总额度限制，沪股通和深股通每日额度由最初的130亿元升至520亿元。截至2019年底，沪股通、深股通合计持股规模达到1.42万亿元，占外资持有人民币股票资产总额的75%。

沪伦通于2019年6月正式开通后，华泰证券、中国太保等公司已成功发行全球存托凭证（GDR)。中日ETF互通于2019年6月正式开通，两国投资者可以参与对方交易所的ETF交易。首批4只中日ETF互通基金募资15.22亿元。外资私募基金投资A股的渠道于2016年打通。据私募排排网数据统计，自2016年8月15日首家外资私募瑞银资产完成登记备案以来，已有23家外资私募在中国基金业协会完成登记，共计发行产品65只。2019年外资私募产品发行“井喷”，全年共计备案产品40只，是2018年的两倍。

四、外资参控股境内证券基金机构取得重大进展

2000年初以来，外资证券经营机构进入我国证券市场的限制逐步放宽。从持股比例来看，2002年，中国证监会颁布《外资参股证券公司设立规则》和《外资参股基金管理公司设立规则》，分别规定外资参股境内证券公司及基金公司的持股比例上限为1/3，该比例在随后的规则修订中均放宽至49%。2013年，中国中央人民政府与香港特别行政区政府、澳门特别行政区政府分

别签署《〈内地与香港关于建立更紧密经贸关系的安排〉补充协议十》《〈内地与澳门关于建立更紧密经贸关系的安排〉补充协议十》（以下合称“补充协议十”），在此框架下，管理层进一步提高港资、澳资在上海、广东、深圳设立合资证券公司的持股比例，可达51%。证券业协会在2016年6月发布的《私募基金登记备案相关问题解答（十）》中，明确境外金融机构可以设立外商独资机构开展私募证券投资基金管理业务。从经营范围来看，此前外资参股证券公司持有业务牌照种类有限，主要包括股票和债券的承销与保荐、外资股的经纪、债券的经纪和自营。

进入2017年下半年，外资参控股境内证券基金机构取得重大进展。11月10日，时任财政部副部长朱光耀在中美元首北京会晤经济成果相关情况吹风会上表示，为落实关于进一步扩大对外开放的相关部署，中方决定将单个或多个外国投资者直接或间接投资证券公司、基金管理公司、期货公司的投资比例限制放宽至51%，上述措施实施3年后，投资比例不受限制。2018年3月9日，中国证监会发布《外商投资证券公司管理办法》，向社会公开征求意见；4月10日，国家主席习近平在博鳌亚洲论坛上宣布，放宽银行、证券、保险行业外资股比限制的重大措施要确保落地[①]；4月28日，《外商投资证券公司管理办法》正式发布实施，允许外资控股合资券商，投资比例放宽至51%，并逐步放开业务范围，不局限于单一业务牌照。2020年4月1日，我国正式取消对证券公司、公募基金管理公司的外资持股比例限制。

五、我国证券市场逐步纳入国际指数

首先，MSCI、富时罗素、标普道琼斯等国际指数自2018年起开始将A股纳入，并逐步提高纳入比重。具体来看，三大国际指数带来的新增被动跟踪

---

① 习近平在博鳌亚洲论坛2018年年会开幕式上的主旨演讲［OL］. 央广网，2018年4月10日.

资金规模分别为5 616亿元、850亿元和824亿元，合计达7 290亿元（见表6. 2）。其次，全球三大债券指数彭博巴克莱BBGA、富时罗素WGBI及摩根大通GBI - EM GD自2019年开始将在岸人民币债券纳入，估计为中国债券市场带来了约2 710亿—3 260亿美元的增量资金。

表6. 2 A股纳入三大国际指数进程及资金流入测算

指数	纳入或扩容比例	纳入或扩容时间	资金流入（亿元）	A股占指数权重	
				新兴市场指数	全球市场指数
MSCI	5%	2018年6月至9月	1 200	0. 86%	0. 11%
	10%	2019年5月	1 250	1. 76%	0. 21%
	15%	2019年8月	1 139	2. 58%	0. 31%
	20%	2019年11月	2 027	4. 04%	0. 48%
富时罗素	5%	2019年6月	170	1. 11%	0. 11%
	15%	2019年9月	340	3. 34%	0. 34%
	25%	2020年3月	340	5. 57%	0. 57%
标普道琼斯	25%	2019年9月	824	6. 20%	—
合计			7 290	—	—

六、内地居民初步通过QDII投资境外资本市场

我国自2003年推行QDII以来，主要经历了5个发展阶段。第一，启动阶段。2003年6月，保监会发布《关于保险外汇资金投资境外股票有关问题的通知》，不仅显示了保险业对拓宽投资渠道的迫切需要，更是我国准备启动QDII的一个重要信号。第二，扩大试点阶段。随着QDII进程的加快，针对银行、基金公司开办QDII业务的暂行管理条例纷纷出台。2006年4月，中国人民银行、银监会、国家外汇管理局共同发布《商业银行开办代客境外理财业务管理办法暂行办法》，标志着QDII完成了从试点到全面推广的转变。第三，快速发展阶段。2007年7月5日，证监会

颁布的《合格境内机构投资者境外证券投资管理试行办法》及《关于实施〈合格境内机构投资者境外证券投资管理试行办法〉有关问题的通知》正式实施，对QDII准入条件、产品设计、资金募集、境外投资顾问、资产托管、投资运作、信息披露等方面的内容及实施做出了详尽的规定，构成了基金公司、券商QDII业务完整的规则体系。一直到2013年前，这段时期QDII额度增长较快，尤其是2007年QDII投资额度快速增加。第四，有所收紧阶段。2013年以后QDII额度出现了下滑，并在2015年3月以后长期保持不变，主要原因是人民币持续贬值，资本外流压力大，监管层为了限制资本外流，对QDII有所收紧，2015年3月至2018年3月3年间未新批QDII投资额度。第五，继续发展阶段。2018年4月，国家外汇管理局表示，为贯彻落实党的十九大精神，落实习近平总书记在博鳌亚洲论坛2018年年会上提出的扩大开放的要求，将稳步推进QDII各项工作，更好满足境内市场主体跨境资产配置需求。此后，QDII投资额度重新出现增长。

目前，QDII投资于境外股票没有比例限制，而且可投资的国家或地区达33个，涵盖了全球五大洲，既包括中国香港、越南、新加坡、印度等亚洲新兴市场，也包括美国、英国等成熟市场。截至2020年5月底，我国QDII数量达157只，获批投资额度共1 039. 83亿美元，其中银行类获批148. 4亿美元，证券类获批468. 8亿美元，保险类获批339. 53亿美元，信托类获批83. 1亿美元。

七、内资证券公司初步实现“走出去”

内资证券公司拓展境外业务，初期以香港为突破口，以在H股上市或设立香港子公司的方式开展业务。截至2018年4月末，28家A股上市券商中，有10家实现在H股上市，设立或收购了香港子公司30家，香港市场已成为境内证券公司补充资本的重要渠道。在此基础上，境内证券公司通过收购境外成熟金融机构，进行更大范围的市场布局。2016 年，中信证券国际和里昂证券完成阶段性整合，成为覆盖全球主要股票市场、以机构业务为主导的国际化平台；海通国际收购海通印度，打造亚太区精品投行；华泰证券以 7.8 亿美元收购美国统包资产管理平台 Asset Mark，进军智能化财富管理领域，等等。通过稳步发展境外业务，内资证券公司的国际业务收入贡献日益提升。以股票承销业务为例，在 2016 年全球股票承销市场上，中国证券公司占据前 50 大承销商的 9 席，合计占据市场份额 4.41%；在 2016 年港交所 IPO 市场上，中国证券公司占据前 50 大承销商的 17 席，合计占据市场份额 29.42%。从境外业务收入贡献来看，2017 年，中信、海通的海外业务收入占比分别达到 13% 和 17%，在总收入中已占据一定比重。

证券公司境外投资业务也在逐步展开。2015 年，海通证券成为首家获准开展“境外自营业务”的证券公司。2018 年，华泰证券、国泰君安、广发证券、中金公司、招商证券、中信证券 6 家证券公司获得跨境业务试点资格，跨境业务规模规定为净资本的 20%，最大投资规模超过 880 亿元（见表 6.3）。投资范围也比较宽泛，如参与金融产品交易并与境外机构签署 ISDA（国际掉期与衍生工具协会）主协议、开展场外金融衍生产品交易、在境内合法交易场所参与碳排放权交易等。此举有望提升境内证券公司综合竞争力，提升证券公司资金配置效率，丰富跨境财富管理产品种类，优化券商收入结构。

表 6.3　获得跨境业务试点的证券公司统计

序号	证券公司	获批公告日	2017 年净资本（亿元）	跨境业务最大规模（亿元）
1	海通证券	2015/5/12	753	150.58
2	国泰君安	2018/1/6	964	192.73
3	华泰证券	2018/1/8	467	93.49

续表

序号	证券公司	获批公告日	2017 年净资本（亿元）	跨境业务最大规模（亿元）
4	广发证券	2018/5/3	637	127. 33
5	中金公司	2018/5/3	193	38. 69
6	中信证券	2018/5/4	867	173. 42
7	招商证券	2018/5/4	542	108. 36
合计			4 423	884. 6

资本市场对外开放中的主要问题

一、“以我为主”的开放理念需要加强

资本市场开放是一个与国家经济、金融发展相适应协调，在发展中逐步完善的进程。对于发达国家而言，资本市场对外开放是货币国际化、金融自由化的自然选择。但对于发展中国家而言，由于现行国际规范是以发达国家利益为前提的产物，较少考虑到发展中国家的背景和利益，所以在金融体系尚不健全的条件下发展中国家就只能被动接受全球化的规范，这样会对自身金融安全带来挑战。当前，世界经济复苏乏力、局部冲突和动荡频发、全球性问题加剧，我国经济发生深刻变化，由高速增长逐步转向高质量发展，处在转变发展方式、优化经济结构、转换增长动力的攻关期，更需要结合我国实际来实施资本市场开放战略。目前很多关于我国资本市场对外开放的讨论，动辄将西方成熟市场资本开放的标准、要求、路径奉为圭臬，凡是违背西方成熟市场金融自由化的做法都被认为是错误的、违背市场经济原则的，不顾国内经济发展的现实状况与资本市场服务实体经济的内在要求，片面强调全面开放与大步“走出去”，而没有认识到资本市场开放应该以服务我国实体经济发展为首要目的，应该“以我为主、为我所用”，开放的步骤、节奏、路径都应由我掌控。这些片面认识不利于我国资本市场走好开放之路，我国必须

坚定加强“以我为主”的开放理念。

二、外资入市渠道相对分散，难以穿透监管

第一，境外资金通过 QFII、RQFII 等进入我国证券市场，而不是在 A 股市场直接开户后入场交易，使得产品实际出资人结构和信息难以监控，难以鉴别资金的投资属性。第二，境外资金交易 A 股渠道分散，不仅通过 QFII、RQFII 交易，也通过沪股通和深股通交易，难以合并监测单一投资者的资金流动。第三，我国资本市场正处于新兴加转轨阶段，金融基础设施建设尚不成熟，大规模资金流入流出会对证券市场产生显著影响，难以穿透监测，不利于防范境外投机资金攻击制度薄弱环节。尤其是香港证券交易结算实行名义持有人制度，证券交易采取二级清算交收，无法对外资进入境内资本市场进行“穿透式”监管。近年来，由于香港券商可为投资者提供较高杠杆和较低融资成本，孖展借贷额度能达到本金的 5 倍，利率多在 3% 至 4% 之间，吸引不少内地投资者通过各种途径在香港配资后借道陆股通进入 A 股，这也成为监管的难点。

三、外资入市交易缺乏集中监测监控

目前在机制上还缺乏独立的第三方机构对外资参与资本市场交易进行集中监测监控，导致无法对 QFII 账户、RQFII 账户、沪深港通账户等外资账户进行合并监测；无法对外资以境内居民身份变相进入我国资本市场，或通过合资公司实际参与境内证券和期货交易等进行规范监控；无法对外资参与交易所市场、银行间市场等证券品种交易统一监测；无法对外资参与资本市场交易损益的资本流动进行监测监控；无法形成定期统计分析报告和风险监测预警机制等。这些都不利于集中统一管理和统计监测外资在境内的投资活动，更不利于监测国际资本流动。

四、外资入市交易缺乏统一的资本输出管控

对于 QFII 而言，经国家外汇局批准后其可以在托管人处开立外汇账户和人民币特殊账户，也可以申请汇出资金。截至 2018 年 6 月中旬，外汇局取消了原规定的本金锁定期限要求，以及分期、分批汇出投资本金和收益的要求。在此基础上，QFII 还可以开展外汇套期保值，对冲境内投资的汇率风险。对于 RQFII 而言，汇入的资金为离岸人民币，RQFII 在境内开立的专用存款账户与其境内其他账户之间不得划转资金，专用存款账户内的资金不得用于境内证券投资以外的其他目的，并不得支取现金。中国人民银行对 RQFII 在境内开立人民币银行账户进行管理，外汇局对其投资额度实施管理，人民银行会同国家外汇局依法对资金汇出入进行监测和管理。RQFII 可以人民币或购汇汇出本金和投资收益，与 QFII 一致，原先的本金锁定期要求已经被废除。

对于沪深港通而言，内地投资者购买港股需要使用港币，香港投资者购买 A 股需要使用人民币，资金、证券交收由中国结算和香港结算实行净额结算，对资金的汇入实行每日额度控制，对汇出暂无控制。其中，沪股通和深股通每日额度各为 520 亿元人民币，沪市、深市下的港股通每日额度为 420 亿元人民币。

由此可见，目前外资投资内地资本市场，是通过各种账户汇出本金利润的。我国对外资投资的管理政策主要是从各个投资账户单独进行设计的，不同账户之间的汇出政策不统一，而且重点考量的是便利外资灵活进出我国资本市场，没有考虑对短期国际资本流动的监管。从资本市场本身，以及资本市场与汇率市场相互关联的角度考虑，应建立独立统一的外资资本输出监测和管控措施，缓和国际短期资本大规模流动给金融稳定带来的负面影响，维护资本市场的平稳运行。

外资参与 A 股交易的新动向、新特点

截至2020年6月，外资持有境内股票资产规模约2.5万亿元，占A股总市值的3.8%。随着外资流入规模持续攀升，也出现了一些值得注意的新动向、新特点。

一、外资对 A 股市场的影响逐步加深

陆股通开通以来，成交金额占全市场的比重已从2016年的0.65%升至2020年的10.88%。据估算，2020年以来，北向资金在食品饮料、家电、医药三大行业的交易占比分别高达33.8%、34.8%和27.6%；外资持仓市值前二十大股票中，交易占比最高的近50%，平均交易占比达26%。北向资金对这些板块和股票的股价影响较大，“一买就涨一卖就跌”，每日净买入金额和股价走势相关性高达0.76。

二、外资对市场风险因素相当敏感。

2019年5月，特朗普宣布加关税，18个交易日北向资金净流出537亿元；2020年，新冠肺炎疫情在全球扩散，3月北向资金单月净流出678.7亿元，刷新历史纪录。美股大跌时，外资也从A股市场大幅流出。2015年以来，标普500指数周跌幅超过3%的情况共出现过17次，其中有15次陆股通周度资金流向均呈净流出，占比高达88.24%，平均净流出规模为111.56亿元。2019年以来，北向资金流向与人民币汇率走势基本背离，即人民币贬值对应北向资金流出，人民币升值对应流入。

三、外资交易 A 股的投机性有所增强

2017年至2019年，北向资金平均持股周期从113天降至80天，而2019年全市场平均持股周期为127天，公募基金为146天，外资整体换手率明显

高于全市场和机构投资者的平均水平，交易趋向短期化。近两年，外资的波段操作表现出精准“抄底”和“逃顶”特征。据估算，2019 年前 5 个月，北向资金总体表现为在阶段性底部建仓、顶部流出，3 月中旬前累计净买入 1 304亿元，此后净卖出 767 亿元。

第二节 我国资本市场对外开放面临的形势和挑战

在资本市场对外开放向更高层次、更广范围推进的过程中，需要把握好改革的时效，认真分析开放面临的内外部形势和挑战，直面我国资本市场的薄弱环节，推进资本市场对外开放各项举措平稳落地实施。

资本市场对外开放面临的内部形势和挑战

资本市场对外开放是我国金融市场高质量双向开放的重要组成部分，是全面深化改革的必然要求，必须坚定不移地推进。同时也必须认识到，我国资本市场还不成熟，在市场基础、机构竞争力、监管能力等方面还有很多短板，适应外资大规模进入的挑战不小。

一、资本市场对外开放是改革必然要求

党的十九大报告指出，从全面建成小康社会到基本实现现代化，再到全面建成社会主义现代化强国，需要推进全面深化改革，贯彻新发展理念、建设现代化经济体系。其中关键一环便是推动形成全面开放新格局，坚持引进来和走出去并重，“实行高水平的贸易和投资自由化便利化政策”①。习近平

① 习近平：决胜全面建成小康社会夺取新时代中国特色社会主义伟大胜利——在中国共产党第十九次全国代表大会上的报告［OL］. 中国政府网，2017－10－27.

总书记在博鳌亚洲论坛2018年年会上庄严宣告：中国开放的大门不会关闭，只会越开越大。他面向未来深刻指出，和平合作、开放融通、变革创新三大历史潮流滚滚向前，经济全球化不可逆转，中国经济实现高质量发展必须在更加开放条件下进行。①资本市场的进一步对外开放，事关金融业和多层次资本市场改革发展，更好发挥服务实体经济作用事关全局，是构建高质量开放型经济新体制、取得高水平对外开放新成就的重要环节，是贯彻“开放”新发展理念的重大命题，是全面建成小康社会、全面深化改革的必然要求。

二、资本市场基础环境相对薄弱

与境外成熟市场相比，我国资本市场发展时间相对较短，制度设施尚不完善，还不完全具备全面开放的条件。一是目前我国资本市场体制机制和相应法律法规制度还不完善。注册制尚在试点阶段，市场化退市制度仍有待完善，交易所和银行间债券市场割裂、交易和监管标准不统一，资本市场欺诈发行、内幕交易、市场操纵刑罚力度不足，证券市场违法违规成本过低，资本市场以及跨资本、货币市场的资金流动统计监测监控机制还不健全等，一定程度上还不能完全适应大规模、无管控的外资进出。二是跨境短期资本流动监测机制尚未建立。当前我国资本市场处于新兴加转轨阶段，市场化程度不高，对于外资投资资本市场产生的跨境短期资本流动还缺少集中统一的监测监控机制。从此前新兴市场经验看，由于欠缺短期资本流动监测机制和应急预案，外资急剧撤走时会对金融市场稳定带来较大冲击，并改变转轨进程，一些国家甚至长期陷入“中等收入陷阱”。三是我国A股市场具有较强的散户特征，机构投资者力量有待增强。散户对市场交易量的贡献高达80%，使得

---

① 习近平出席博鳌亚洲论坛2018年年会开幕式并发表主旨演讲［OL］．新华网，2018－04－10.

A 股市场存在换手率高、波动性大等特点。而在成熟市场中，一般机构投资者持股占比较高，资金的长期性和规范性推动了资本市场的稳定发展，也增强了对国际资本流动的包容性。

三、证券基金机构对外综合竞争力不强

在境外成熟市场，投资银行业务呈现多元、综合以及跨界的特点，在不同金融市场和服务领域承担着市场组织者和流动性提供者、产品创造者和产品销售商、财富管理者和风险管理者等多重角色，将基础金融工具与金融衍生品相结合，将场内业务与场外业务相结合，将境内业务和境外业务相结合，实现跨市场、跨时区、跨地域运营服务。如高盛的股票业务部门，既为股票、期权和期货交易提供执行和清算服务，又为可转换证券、期权、期货和 OTC 衍生工具等产品提供做市服务，还为客户提供保证金贷款、证券借贷服务，参与经纪人之间的证券出借和第三方机构贷款等。收入来源也较为多元，来自证券经纪和资本中介业务的占比不到 20% 。与境外相比，我国证券基金机构综合竞争力较弱，证券公司在固定收益、外汇、大宗商品以及场内外金融衍生品等领域交易、投资、做市等业务总体还停留在初级阶段，为客户提供并购融资服务的功能缺失。基金公司主动管理和对冲能力不足，顺周期交易特征明显。

四、外资监管能力有待提升

资本市场对外开放与有效监管相辅相成，开放能够提高资金融通效率、引进先进技术、丰富对冲手段和提升财富管理水平，进而推动监管能力的提升，有效监管能够促进资本市场安全可控地稳妥开放，及时阻隔跨境金融风险传染。当前我国资本市场自身面临着金融杠杆水平较高、金融产品层层嵌套、部分金融活动未能有效纳入监管等问题，防范化解金融风险面临一定压

力。从2015年以来股市、汇市、债市连续出现异常波动可以看出，我国资本市场监管能力建设还存在与金融市场运行不相适应的方面，特别是系统的突发性危机应对机制还没有完全建立起来。同时，我们也缺乏具有境外机构监管经验的国际化监管人才。在这种情况下一旦外资大规模进出资本市场，监管能力将面临巨大挑战。

五、平衡开放发展与风险防范面临挑战

开放会带来繁荣，但也有可能带来大起大落，关键在于制度层面的防范和改革。从新兴市场开放经验来看，开放前期随着外资大规模进入和金融市场繁荣，本土经济快速增长，国民收入迅速提高。但开放到中期，随着产业结构僵化、边际生产效率降低和资本的重复投入，本土经济增长乏力、模式单一，受到国际市场波动的影响较大。与之同时，因监管制度的不健全、跨市场风险防控经验的缺失，国际资本的迅速流出势必带来金融和经济萧条。由此可见，开放与风险相伴相生，需要有效平衡二者的关系，既要实现开放促进发展，又要做好相关风险的防范。需要特别重视的是，外资进入虽然会带来资金和技术上的支持，但如果超出资本市场的承受规模也会带来资产价格的水涨船高，金融杠杆有可能加大，不利于防范化解金融风险。综合来看，如何在开放过程中有效平衡开放发展与风险防范，有效监控资金的流入流出，把握好动态平衡关系是一个难题，我国资本市场将面临挑战。

资本市场对外开放面临的国际形势与挑战

在推进我国资本市场对外开放过程中，必须客观分析所面临的国际形势与挑战，特别是外部政经因素影响、国际资金投资意愿、后疫情时代国际格局变化等，要时刻保持清醒的认识。

一、外部政治经济因素影响加大

自2008年中美双边投资协定（BIT）谈判启动以来，迄今已进行了数十轮谈判，2013年进行第五轮中美战略与经济对话过程中，中国宣布同意“准入前国民待遇和负面清单”模式，与美方进入实质性谈判。在进行征收与补偿、资金汇兑以及金融服务等条款的谈判过程中，美方一直坚持所谓“赫尔三原则”，要求“充分、及时和有效”地将所涉的本国投资或投资者利益进行计价、汇兑和转移，并且保证所有过程的透明。2018年以来，为遏制中国崛起，美国率先发起贸易战，宣布对中国商品征收高关税，一开始是针对1 333项进口值在500亿美元的中国商品征收25%的关税，而后根据“301调查”额外对1 000亿美元中国商品加征关税。作为反击措施，中国对美国产的大豆、汽车、化工品等征收25%的关税。中美贸易冲突对我国资本市场带来负面影响，对依赖于出口的电子、通信、计算机行业等带来较大冲击。由于资本市场开放程度与政治制度、经济体制、金融体系和监管能力密切相关，美方变本加厉的要求可能超过目前我国的金融服务与监管水平，对我国资本市场对外开放进程形成压力。

近年来，在以美国为代表的外部政治经济压力下，我国金融业的投资限制已有所放松，2013年版的BIT负面清单中，金融业29个小类行业全部受限，2014年版则取消了对外资小贷企业和投资租赁担保型企业的限制，但开放力度仍然较小，2015年版相关条款更加明确、全面，对投资融资租赁公司、证券投资咨询机构等项目有所开放。外资参股证券公司、基金公司的投资比例已全面放开。随着中美经济实力差距进一步缩小、中美贸易摩擦加剧等因素持续产生影响，以美国为代表的西方发达国家只会通过各种渠道、利用各种筹码给我国资本市场开放施加更大压力，如何应对和有效平衡这种压力，确保资本市场开放进程始终“以我为主、为我所用”面临挑战。

二、外资入市意愿持续增强

近年来，国际投资者参与我国资本市场的意愿逐渐增强。2017 年下半年以来，通过沪深港通买入 A 股的资金规模逐渐攀升，对 A 股上市公司进行调研的 QFII 数量也大幅增加，这些外资集中买入贵州茅台、中国平安、美的集团等绩优蓝筹股，同时也带来了一轮以价值投资为主导的白马股的上涨行情。然而，在境外投资者中，也不乏短期投机资金和国际游资的身影，其嗅觉灵敏，充分懂得股票市场运行规律，能够准确踩点进出赚取大笔资金。例如，在 2015 年股市异常波动期间，据悉 2015 年 1 月至 5 月期间，购买中国大陆和中国海外上市公司股票的中国题材基金便已撤出 180 亿美元，在股市下跌前成功逃顶。随着 A 股纳入 MSCI 指数，外资参控股证券基金机构迈出更大步伐，以及 QFII、RQFII、沪港通、深港通机制进一步完善，投资额度进一步提高，无论是国际长期机构资金，还是国际游资，对于我国资本市场的参与热情都会继续上升。如何既能有效吸引国际长期机构资金，又能防止国际游资投机炒作套利，是我国资本市场对外开放面临的一项重要挑战。

三、开放条件下输入性风险增加

2020 年，受疫情影响，世界经济衰退已成定局，全球产业链供应链面临新一轮调整，主要经济体采取超常规的货币宽松和贸易保护政策，部分新兴经济体债务风险开始显露，国际政经格局也可能产生深层次变化。资本市场面临的输入性、交叉性风险不断上升，沪深港通“北向资金”的交易方向与投资偏好对 A 股的影响逐步显现，各类内外部因素重大变化都可能使我国面临较大的资本市场外资抛售和资本外流压力。

四、内地资金“走出去”面临挑战

第一，境内证券公司陆续通过收购境外金融机构打开了国际化大门，然而部分收购付出了较高的资金成本，收购后业务整合和运营情况面临较大挑战。例如，中信证券于2013年以2.4倍市净率收购里昂证券，但收购后中信里昂盈利较弱，2015年净利润5 790万元人民币，仅占中信证券净利润的0.29%。中国对外投资的需求发展迅速，但面对西方国家的技术保护政策，内地即使有投资需求也无可奈何。例如，涉及高新技术购买时，美国外国投资委员会（CFIUS）针对外资并购的国家安全审查对中国企业赴美投资构成了严重阻碍。据不完全统计，近年来因安全审查导致并购受阻的中国企业投资项目金额已超过500亿美元。

第二，证券公司在海外设立分支机构存在野蛮生长现象，一些机构暴露出较大风险。2018年9月，证监会发布《证券公司和证券投资基金管理公司境外设立、收购、参股经营机构管理办法》，规定证券公司海外扩张必须满足净资产不低于60亿元，持续经营满两年，在境外设立、收购、参股经营机构前后各项风险控制指标符合规定等要求，旨在解决证券公司海外分支机构面临的三大乱象，即：（1）部分机构下设机构较多，层级较多，内部架构不清晰，管控不到位；（2）部分机构将业务拓展至非金融业务领域，有的还返程境内设立子公司从事与母公司同质或相似的业务；（3）部分证券公司对境外机构管控不足，存在风险隐患。

第三节　新兴经济体资本市场对外开放过程中的经验教训

新兴经济体资本市场对外开放过程

纵观日本、韩国、我国台湾地区、东南亚国家或地区、拉美国家或地区等新兴经济体资本市场的开放进程，可以看出，一方面，它们都充分重视资本市场开放对本国经济发展的推动作用，并在不同阶段采取了不同措施，另一方面，也都基本经历了审慎发展、全面放开、严重冲击、收紧复苏等几个阶段。

一、日本资本市场对外开放过程

日本的资本市场开放过程是渐进的，可以分为两个阶段：

第一阶段为20世纪80年代前，该阶段是日本资本市场自由化的准备与推进阶段。20世纪50年代，日本严格限制外资对证券市场的投资，特别加强了对外资购股数量的限制和股票收益汇出的限制，以防止外资控制日本证券市场。60年代中期起，日本逐步采取一系列行动，推动本国证券市场的开放。1964年，日本正式成为OECD成员，并在同年4月成为国际货币基金组织的第八条款成员，实现日元在经常项目下的可兑换；1970年，日本允许非居民发行日元计价的外国债券；1972年起，开始允许境外企业到日本上市、并购，1972年9月，美国通用电话公司在东京成功发行75万股普通股票，成为外国公司在日本证券市场的首次成功运作。但这些措施由于只是做微幅调整，并未促进外资大量流入证券市场。

第二阶段为20世纪80年代后，该阶段为日本资本市场快速开放期。1984年，日美两国成立的“日元美元委员会”要求通过放开日本金融市场促使日元升值以抑制日本对美盈余的扩大，同时要求推动东京市场国际化以适应其国际地位的提升。“广场协议”签署之后，日本在“日元美元委员会”的推动下，加快了资本市场改革开放的速度。日本外汇法于1984年被修改，彻底结束了资本管制，国内外证券投资原则上可以自由进行，外国人投资日本股票的程序得到简化。在允许外资参与证券投资的同时，日本也开放了外资金融机构进入证券服务业。1985年，东京证券交易所会员资格开始向外国证券公司开放，允许其在第三国设立的所持股份在50%以下的证券子公司在日本设立分公司，大量外资证券公司、投资银行开始在日本设立分支机构。1987年5月，政府批准307家银行、证券公司、保险公司、投资信托公司等参与海外金融期货交易，包括在海外交易所上市的存款单、债券、股票指数等金融期货及期货选择权。1988年又颁布实施了一般居民能参加海外金融期货交易的《金融期货交易法》和《证券交易修正法》。20世纪90年代后，日本的资本项目开放过程持续加快，1993年开始解除各项外汇管制，1997年5月实施日本金融体系大改革，使日本资本项目得到完全开放。截至2006年，在日本的外资证券公司分支机构总数已超过60家，在日雇员数量超过12 000人；外资证券公司代理的股票交易份额占总交易量的31%；外国投资者在日本国债期货交易份额达到35. 3%。

日本资本市场在20世纪80年代后的快速开放，导致资本流出量急速增长，在日元大幅度升值的背景下，日本境内资本大规模进入东南亚地区，日本企业开始大幅度“走出去”，长期资本的大量流出也基本在这一时期产生。同时，境外短期资本大规模流入日本房地产与股票市场，使相关资产价格在泡沫中不断拉高，后期泡沫破裂后资本脱逃导致日本经济陷入持续衰退。

二、韩国资本市场对外开放过程

韩国自20世纪80年代起开始推进资本市场开放，可以分为四个阶段：

第一阶段是从1980年到1990年，该阶段主要是引进外资，扩大外资投资范围。1980年前后，韩国经济持续低迷，政府希望通过扩大外资流入来重振经济，出台了一系列旨在促进外国直接投资的政策措施。1983年12月和1984年7月，韩国政府先后发布了新的《外资引进法》和《外资引进法施行令》，扩大外国投资者的投资范围。

第二阶段是从 1991 年到 1997 年，该阶段主要是逐步放开外国证券投资，实现资本项目可兑换。1992 年，允许符合一定条件的外国投资者投资国内股票市场。1993 年，韩国实现了资本项目的自由兑换，同时给予外资银行在韩国国内的分支机构国民待遇。1994 年 12 月，将外国企业投资者投资韩国股票市场的上限由不得超过单只股票发行量的 10% 提高到 12%。1995 年 1 月，允许非居民投资韩国股票市场。1995 年底，再度放宽外国投资者投资韩国股票市场的限制，允许外国投资者直接投资韩国的股票市场和债券市场，并解除对金融机构境外短期借款的限制，进一步消除短期外资流动的障碍。

第三阶段是从 1997 年底到 2002 年，该阶段主要是全面开放韩国资本市场。1997 年韩国金融危机爆发后，国际货币基金组织开出了“紧缩 + 开放”的药方，为了获得国际货币基金组织的贷款支持，韩国政府加快了资本市场开放的步伐。1998 年 2 月，放宽了对外国投资者投资短期金融工具的限制。1998 年 5 月，允许外国投资者投资韩国债券市场和货币市场，取消国外投资者投资韩国股票市场的比例上限，投资国有企业的股权上限由 25% 提高到 30%。1999 年 4 月，新的外汇交易法案生效，韩国开始实行“负面清单”制度，除外国人在国内金融机构开立一年期以下的韩元存款、未委托证券公司下单的海外证券投资，以及直接与海外金融机构订立衍生金融商品契约等外汇交易仍受限制外，其他交易完全放开，还取消了衍生产品交易的实需原则。2001 年 1 月，韩国政府取消了对个人外汇账户的管制。不过，鉴于金融危机的教训，韩国政府对于金融机构的短期外汇借款仍然保留了一定程度的管制。

第四阶段是从 2002 年至今，该阶段外资持有韩国股票比例趋于稳定，持有债券比例稳步提升。2002 年之后，韩国股市的外资持股比例经历了一个由上升到下降的过程。截至 2004 年底，外国投资者持有的韩国股票比例已由该阶段初期的18%增至42%。此后该比例逐步下降并总体趋于稳定，截至2018年6月，该比例约为32%。韩国债市开放后并未能马上吸引国际投资者，2006年时外资持有韩国债券的比例还仅为0.78%，但到2007年底，该比例已飙升至6.11%，其中国债市场中的外资占比快速上升至11.15%。2008年金融海啸时，外资撤离韩国债券市场，上述比例减至5.18%，2009年经济复苏后又回升至12%。截至2016年6月，韩国国内债市中的国际投资者占比仍有9.26%，在国债市场中占比则达到13.71%。

三、我国台湾地区资本市场对外开放过程

台湾地区自20世纪80年代起开始推进资本市场开放，可以分为两个阶段：

1962年，台湾证券交易所成立。由于担心金融危机爆发时不能获得国际金融组织的救援，加之个人投资者占主导的岛内证券市场波动剧烈，发展尚不成熟，台湾证券市场长期实行封闭政策。20世纪80年代前，台湾严格限制岛外资本的进入，积极对外汇进行管制，资本市场以岛内资金为主。到了80年代，台湾证券市场开始对外开放，逐渐放宽管制，岛外投资者开始进入台湾市场。开放初期，主要采用在岛外设立封闭基金的方式引进外资，如1983年开放投信公司赴岛外募集基金投资台湾证券市场。

20世纪90年代开始，台湾资本市场对外开放步伐加快，但仍采取循序渐进的方式。1991年，台湾开放QFII投资证券市场。2003年，取消QFII制度，改为采用境外机构投资人（FINI）与境外华侨及境外自然人（FIDI）制度，这两类投资者无额度限制。上市公司的外资持股比例上限也被逐次放宽，1991年首次规定为5%，1996年提高到10%，1998年提高到15%，1999年1月调整为50%，2000年完全取消限制。在外资设立金融机构方面，1989年开放外资券商在台设立分公司以协助投资人办理海外投资；1993年取消外资券

商在台运营资本、分公司家数和可雇境外人数等限制，并可经营与本土券商相同的业务；1994 年，进一步开放外资来台投资，放宽外资券商来台设立子公司限制。

四、东南亚新兴经济体资本市场对外开放过程

（一）越南

越南自 20 世纪 90 年代起开始推进资本市场开放，大致可分为 3 个阶段：

第一阶段为越南证券交易市场成立前。20 世纪 90 年代初，外资开始了对越南证券市场的投资活动，最初的投资者以投资基金为主。1990 年至 2000 年，进入越南资本市场的外国投资基金有 10 家，采用封闭式管理。当时由于越南证券交易市场尚未建立，金融监管对外资投资限制较多，且国外投资者对越南市场了解不够深入等原因，这些投资基金收益不佳，1997 年亚洲金融危机时很多基金投资者陆续卖出所持股份或关闭基金。2000 年胡志明证券交易中心成立前夕，仅有两家国外投资基金仍在运行。

第二阶段为 2000 年越南证券交易中心成立到 2006 年底。由于证券市场供求不平衡，股票指数出现了大起大落，但外资流入总体平稳。在此期间，越南政府逐步取消了部分限制措施，吸引国外证券投资资金进入越南证券市场，新设立的国外投资基金逐渐增加。2003 年，越南政府将外国资本持股上市公司比例由 20% 提高至 30%，2005 年进一步放宽至 49%（银行股除外）。受证券市场开放政策影响，越南 VN – Index 指数（越南指数）由 2000 年 7 月的 100 点上涨至 2006 年的 751. 77 点。

第三阶段为 2007 年越南加入 WTO 之后。受加入 WTO 因素刺激，越南证券市场呈跨越式发展。外资买入资金大幅增加，推动 VN – Index 连创新高，

2007 年 3 月达到接近 1180 点的相对高位，外国证券投资资金的交易量占市场交易总量的比重接近 50%。2008 年全球金融危机爆发后，外国资本迅速退出，越南股市应声下跌，2009 年 2 月 VN – Index 下跌至 250 点附近，境外资金的大规模进出给越南证券市场带来巨大波动。金融危机过后，外国资本开始逐步回流，外国投资资金交易占市场交易量的比重维持在 20% 至 30% 的水平。

（二）马来西亚

马来西亚自 20 世纪 90 年代起开始推进资本市场开放，大致可分为三个阶段：

第一阶段是快速开放引致短期资本大量流入。从 20 世纪 90 年代起，马来西亚逐步加快资本账户自由化进程，其主要目的是使吉隆坡成为地区金融中心。马来西亚政府采取一系列开放措施鼓励证券投资资金流入，将外国投资者在本国证券经纪公司可持有的股份从原先的 30% 上调至 49%。此外，1990 年马来西亚政府在纳闽建立了离岸金融中心，在纳闽注册的离岸金融机构可以自由地开立和使用外汇账户转入转出资金，不受外汇管制条例限制，外国投资者获准和本国基金管理公司成立合资公司，投资于国内证券市场。1993 年，经济增长形势良好，本币升值预期使林吉特遭遇强大的买入压力。为避免出口竞争力削弱，马来西亚国家银行在 1994 年初对资本流入采取管制措施，在投机逐渐消失、汇率水平恢复正常后，才逐渐放松对资本流入的管制，并于 1994 年 8 月取消全部限制。1990 年至 1996 年间，马来西亚资本净流入达到其国民生产总值的 12%，且短期资本流入迅猛增加，1993 年达到历史性高点 68.3%。证券市场空前繁荣，证券市值占 GDP 的比例从 1985 年的 8% 升至 1996 年的 324%。本地投资者以外国投资者为风向标，外国投资者在证券市场的影响力巨大。

第二阶段是亚洲金融危机期间对资本流出实行严格管制。1997 年亚洲金融危机爆发，危机初期，马来西亚经济尚未受到严重影响，政府采取 IMF 建议的措施，提高利率以避免资本大幅流出，同时继续保持资本账户和离岸金融市场开放。但这些政策并没有起到很好的作用，银行业和证券业受到危机的影响，资本大量外逃，宏观经济出现严重波动。外国投资者迅速撤离带动本国投资者恐慌，进而加速了证券市场的崩溃。截至 1997 年末，吉隆坡股票交易所综合指数平均下降 50%，接近 2 250 亿美元股票市值蒸发。马来西亚于 1998 年 9 月起采取严格的资本管制，主要为一系列针对短期资本流动的管制措施，包括：禁止离岸银行林吉特衍生工具的使用，禁止使用林吉特作为国际贸易发票货币，所有林吉特离岸账户存款被宣布无效，禁止居民进行超过 1 万林吉特以上的海外投资等。这些措施阻碍了短期证券投资者出售本国证券，同时防止离岸对冲基金继续进行投机活动加速本币贬值，在短期内控制住了资本大幅流出，对恢复国内经济起到了一定作用。1999 年末，吉隆坡股票市场总市值恢复到 7 000 亿美元左右，虽然远低于危机前水平，但相对危机最严重时期已经增加了 1 倍。

第三阶段是经济恢复后资本市场重新开放。在实行严格资本管制一年后，马来西亚逐步放宽了管制，由直接资本管制转向间接资本管制，对资本流出征税，增加资本外逃成本。到 2002 年底，由于经济恢复良好，同时证券市场改革使得资本账户再开放具备良好的宏观经济基础，马来西亚全面取消了资本流出管制临时措施。经济复苏后，证券投资逐步回升，资本重新大幅流入，波动性再次增加。马来西亚危机中和危机后的资本管制措施具有短期性和临时性特点，主要是为国内经济恢复和开展金融改革赢取时间，进而提高金融系统和经济抗击风险的能力。

五、拉美主要新兴经济体资本市场对外开放过程

拉美国家大致也经历了从长期资本管制到资本项目自由化改革，危机引致大量短期资本外流后重新管制，再到经济恢复以后取消管制的三个阶段：

（一）墨西哥

第二次世界大战后，在布雷顿森林体系的国际汇兑框架下，墨西哥实行了长期的资本项目管制。但是布雷顿森林体系崩溃后，墨西哥开始了资本项目和金融自由化改革，主要内容包括利率自由化、投资自由化和取消信贷配给制等。然而，20 世纪 80 年代初债务危机爆发后，由于面临大规模的资本外逃，墨西哥被迫重新实行一系列的临时性资本管制措施。债务重组初步完成后，墨西哥于 20 世纪 80 年代末开始实行全面的新自由主义经济改革。

20 世纪 80 年代末新自由主义改革初期，墨西哥政府迫切希望加入 OECD 和北美自由贸易协定（NAFTA），实施了激进的开放模式，首先启动资本项目改革，一次性开放大部分资本项目。1989 年，墨西哥政府颁布《促进外国投资法》，扩大外资投资领域，除具有战略意义的部门由国家经营外，有 96 个部门对外资开放；大幅放松外资在企业股权上的比例限制，在急需发展的机电、运输设备、化工等行业允许外资持股比重达 100%。1991 年，墨西哥政府准许外资以信托基金方式进入墨西哥股票市场。1993 年 7 月，全面开放股票市场，准许外资全面进入墨西哥证券市场。1989 年至 1993 年期间，资本项目开放导致境外资本大规模流入，但由于必须依赖短期资本流入弥补其巨额经常项目赤字，墨西哥货币当局仍然维持资本项目全面开放的格局不变，甚至在 1994 年全面取消了外资在证券投资领域的所有限制，最终成为墨西哥 1994 年金融危机的催化剂和导火索。

1994 年金融危机后，墨西哥对外国资本流入进行了小范围的管制。1996

年，规定外资进入墨西哥资本市场购买企业优先股需要获得商业和工业发展部（SECOFI）的批准，外资企业在墨西哥发行证券需要获得墨西哥全国银行与证券业委员会（CNBV）的准许。亚洲金融危机后，墨西哥大部分管制措施都有所放松。

（二）阿根廷

布雷顿森林体系崩溃后，阿根廷曾进行有限的资本项目开放，但 1982 年拉美债务危机后，为防止资本大规模外流，阿根廷货币当局长期执行较为严格的资本管制措施。

1989 年，梅内姆政府上台，开始执行全面的新自由主义经济改革，其中资本项目开放和金融自由化是改革的重要内容，阿根廷当局一次性全面取消了 20 世纪 80 年代对资本项目的各种管制，为外资大规模流入参与国有企业私有化创造了条件。1993 年修订的《外资法》是构成阿根廷外资管理和资本项目管理的主要规章，该新法律规定外资可进入阿根廷任何经济领域和行业，并在银行和保险等金融领域享受国民待遇。1995 年，外资可自由进入阿根廷证券市场，但持股比例不得高于 75% 。20 世纪 90 年代，相对于过快的金融开放，阿根廷金融体系监管严重滞后，外国资本特别是短期资本的大量流入，引起信贷急剧扩张，消费需求、股价和不动产价格膨胀。1995 年墨西哥金融危机对阿根廷产生巨大冲击，加之美联储执行强势美元政策，联系汇率制度下比索币值被高估造成资本大规模外逃。为了让投资者保持对阿根廷货币局制度的信心，阿根廷没有实行资本管制，而是对银行监管进行改革，包括提高资本充足性要求、为国内金融体系提供额外流动性救助、允许外国资本进一步参与等措施。

2001 年，阿根廷爆发政治、经济和社会危机，为防止金融体系崩溃，货币当局采取了临时性的资本管制和金融干预，包括暂停股市和汇市交易、加强外汇管制和干预外汇市场等。2003 年，随着宏观经济和金融形势的稳定，货币当局逐渐取消了上述大部分临时性、行政性和直接的管制措施，采取更为市场化的间接管制方法，例如，将金融交易税由 0.25% 提高至 0.4%，外国证券投资资本需向央行预存 30% 的无息存款准备金，延长外资在境内停留的最短时间等。目前，阿根廷仍保持大量资本管制措施。

（三）巴西

巴西的资本项目管制法律框架可追溯到 20 世纪 30 年代，当时法律规定巴西央行是唯一的最后贷款人，禁止银行开展外币存款业务，所有出口所得都必须强制结汇。20 世纪 60 年代，巴西政府出台了一系列关于外国直接投资和外国信贷的重要法律，该时期是在布雷顿森林体系的框架下进行资本管制的，私人资本流入规模很小，外资主要进行直接投资，金融市场欠发展。1971 年布雷顿森林体系崩溃后，资本项目管制的目的是限制货币自由兑换，外汇仅用于进口和汇款。然而，长期严格的资本管制并没有阻止巴西国内资本大规模出逃，整个 80 年代官方汇率比实际汇率高估近 40%。

1987 年，巴西政府开始进行大规模的汇兑改革和资本项目自由化改革，外国证券投资开始准许通过建立外资投资公司或投资基金的形式进入国内股票和债券市场。1991 年，外国机构投资者被允许全面进入巴西国内证券市场。除此之外，90 年代巴西还逐渐实施了其他一系列鼓励外资流入和流出的措施，包括降低外资利润和股息的汇出税率，降低或取消外资金融交易税，取消对非居民投资国内资本市场的数量限制等。1993 年至 1996 年资本流入急剧增加，给巴西货币和外汇市场造成巨大压力，巴西货币当局实行了一些临时性管制措施，包括提高金融交易税、延长最低期限和限制投资规模等。墨西哥金融危机后，巴西重新放松对资本流动的管制。总体来看，巴西政府对外资资本流入的管制在20世纪90年代出现了一定程度的强化，但总体上仍是放松的基调，而对资本流出的管制，则始终维持开放的进程。

新兴经济体对外资开放的主要经验与教训

纵观新兴经济体对外资开放的历史，可以得出以下几方面的经验与教训。

一、盲目套用成熟市场规则代价巨大

新兴经济体经济大多是出口导向型的，经济增长和国民财富积累依赖于发达市场，在贸易谈判和金融市场开放谈判中较易向发达国家妥协，依照发达国家制定的经验规则来改革本土市场。例如日本，由于其太过依赖对美贸易顺差，20世纪80年代先后签订“广场协议”和“卢浮宫协议”，放开日元汇率、降低国内利率，在国内泡沫经济的背景下，资本账户开放的5—10年内出现了大规模资本净流出，国内资本纷纷投资于美国高估值的房地产和电影行业等，导致国内银行坏账丛生、间接融资主导的金融体系极度脆弱。对外资进入日本市场的不加控制也助长了股市和房地产市场泡沫进一步扩大，最终泡沫破灭后日本经济一直未见起色。又如墨西哥，其为加入OECD和北美自由贸易协定，在经济社会关系尚未处理好且出现结构性失衡的阶段，贸然实施资本项目完全开放，庞大的国际资本给不加节制的国内消费、财政支出提供了巨大的融资支持，并催生股市泡沫，但在墨西哥经济增长裹足不前、贸易赤字严重之时，国际资本对汇率机制的攻击和快速出逃导致墨西哥经济和股票市场均一落千丈。

日本和墨西哥的经验教训表明，新兴经济体在经济体制和金融体系尚未成熟时，碍于发达市场压力而盲目套用发达国家资本市场完全开放的经验，其结果往往是付出十分惨痛的代价。

二、外资大进大出催生金融危机

20 世纪 90 年代的亚洲和拉美金融危机都与短期投机资本大规模流动密切相关。亚洲金融危机爆发前，韩国、马来西亚、菲律宾和泰国的国际资本流入规模急剧增加，1989 年至 1992 年每年净流入的国际资本相当于这些国家 GDP 的 1.8% 左右，1992 年后进一步上升至 6.4%，而同期发达国家仅为 0.6%。危机发生后，国际资本迅速流出亚洲地区，1997 年第三、四季度和 1998 年第一季度共流出 632 亿美元，1999 年上半年资本流出增加至 2 705 亿美元，给金融体系稳定造成巨大冲击。

拉美国家开放初期，资本流入导致各国货币升值，为短期投机者提供了丰厚的套利空间。随着各国经济放缓以致金融危机爆发，国际资本大规模迅速撤出。1994 年至 2001 年期间，阿根廷有 70% 到 80% 的 FDI 在流入后通过各种途径流出，导致 2001 年末阿根廷金融危机全面爆发。墨西哥在外资大量涌入后仍维持资本项目全面开放的格局不变，1994 年金融危机爆发期间资本外逃金额高达 250 亿美元，占墨西哥当年 GDP 的 9%。巴西也由于外资在 1994 年危机爆发时的大规模出逃出现股票指数大幅下挫 62%。

日本 20 世纪 60 年代起逐步推进证券市场开放，外资大规模进入推高了股票市场泡沫，日经 225 指数先是从 1970 年的 2 000 点上升至 1989 年底的 38 957点，但对冲基金频繁交易也对日本股票市场造成巨大冲击，资本大规模流出更是加快了泡沫破裂的速度，随后仅两年时间日经 225 指数骤降至15 000 点的水平，之后陷入长期衰退。

纵观整个 20 世纪 90 年代，西方发达国家过剩资本的流入和外逃往往都是推动各新兴经济体资产泡沫形成和破灭的重要因素，也是爆发金融危机的导火索，特别是短期投机资本快速放大了波动率，对资本市场的发展弊大于利。

三、新兴市场受成熟市场货币政策影响较大

从拉美债务危机、亚洲金融危机再到2018年以来新兴市场出现的货币危机来看，它们均与美联储的货币政策周期密切相关。在20世纪80年代拉美危机期间，为应对石油危机带来的物价上涨，美联储将联邦基金利率由4%调升至20%，国际资本由新兴市场回流至美国，美元指数快速上涨1倍，墨西哥、阿根廷等依赖外债借贷的国家经历了快速资本流出和货币贬值，越来越难以偿还外债，国内货币局势愈发紧张。亚洲金融危机也是在美联储逐步收紧货币政策的过程中引发的，美联储将联邦基金利率由2003年的1%收紧至2006年的5.25%，国际资本流向出现改变，泰国由于维持长期的经常账户逆差、高度依赖外债而出现了资本流出和货币贬值，经济遭遇重创。2018年以来的新兴市场货币遭遇了持续贬值，土耳其里拉兑美元贬值近50%，阿根廷比索贬值近40%，卢布贬值近20%，也和美联储自2015年底以来的渐进加息密不可分。土耳其长期以来维持经常账户逆差状态，国内储蓄难以支撑投资扩张的需求，私营部门大举外债，导致外汇储备不及外债总额的20%，国内通胀率高达15%，抵制加息的做法和与美国的政治摩擦快速引发资本流出和里拉贬值。土耳其采取了为银行业注入流动性、限制银行外汇掉期头寸、实施股票做空提价规则等措施缓解汇市、股市下跌。

20世纪80年代以来的货币金融危机集中反映了新兴经济体为了促进经济发展而过度举借外债，一方面资金并没有得到有效配置，反而导致资产价格膨胀，另一方面经济秩序失调，通货膨胀严重，本土货币政策更加被动。在美联储收紧政策时，资本外流和恐慌加剧，这些经济体陆续爆发债务危机和货币危机。

四、开放进程过快导致优质企业到境外上市

资本市场开放进程中，鼓励本国企业“走出去”的相关开放措施也可能导致本国资本市场发展的滞后。20 世纪 90 年代以来，在资本项目开放和金融对外自由化的大背景下，拉美国家大量企业通过发行美国存托凭证（ADR）或者直接在海外上市进行融资，这些企业的海外融资占企业融资总额的比例由 1990 年的 3.5% 上升至 2000 年的 43.1%，且以大型企业或绩优企业为主，经营状况明显好于在本国市场上市的企业。阿根廷和墨西哥由于开放程度较高，国内证券市场受到的影响较大。1992 年至 2002 年期间，阿根廷上市公司数量由 175 家下降至 83 家，每日交易额从 156.79 亿美元下降至 13.53 亿美元，换手率由 83.9% 降至 1.5%。同期，墨西哥上市公司数量由 209 家下降至 166 家，每日交易额由 317.23 亿美元下降至 277.26 亿美元，换手率从 47.9% 降至 23.9%。由于企业大量进行海外融资，这两个国家的资本市场严重萎缩，流动性出现不足。反观巴西和智利，由于对企业海外融资的限制条件较多，国内资本市场仍能维持健康发展的态势。

五、适当管制外资有利于本土金融市场平稳

从新兴经济体资本市场开放进程来看，对境外资本进行管制是保障本土金融市场平稳运行的重要前提。以台湾地区开放经验为例，1980 年前严格限制外资的进入，80 年代中期逐渐放宽对资本市场的管制，但仍对外资进入本地市场设下许多限制：单一外资机构最多持有本地企业股份的 50%，所有外资机构拥有本地企业股份最多不得超过 50%，这些限制使得台湾市场中外资持股市值不到总市值的 4%，再加之有过在泡沫经济时代崩盘的教训，台湾市场在亚洲金融危机中未受到太大冲击。2000 年后，台湾开始解除对国际资本的管制，降低进入门槛，但因受到科技股泡沫破裂、本土资金外流的影响并

未取得预期成效，台湾经济自2000年后逐渐下滑。

与中国台湾地区的开放经验不同，韩国资本市场在1997年前已全面放开，外国投资者参与债券、股票市场均无限制，然而经济快速膨胀、过度依赖银行体系、积累过多短期外债使韩国受到1997年亚洲金融危机的侵袭。危机过后，韩国政府开始积极管制国际资本，降低外国资金对资本市场的影响，但同时也引进外国银行来加强国内金融机构竞争力。在国际货币基金组织的援助和自身政策改革下，韩国较快脱离了亚洲金融危机的阴影，并于2000年后进入稳定成长期。2008年金融危机后，韩国金管局出台的政策专注于阻止热钱流入，以及抑制短期外债激增。但2015年末以后，在美联储渐进加息的背景下，为缓解资本外流压力，韩国金管局将国内银行外汇远期头寸占资本金的比例上限从30%提高至40%，将在韩国的外资银行的限制比例从150%提高至200%。从韩国资本市场开放及管理可以看出，根据国际形势进行资本管控是保障金融市场平稳运行的重要前提。

六、引入外资为本土金融机构带来动力和压力

一方面，适度引入外资机构，有助于提高本地金融机构的运营效率和盈利能力。20世纪90年代拉美国家资本项目开放后期，外资银行的进入加大了拉美银行业的竞争程度，促进银行业降低运营成本、简化运营程序和优化人力资源，提高信息和科技化水平。从盈利能力来看，阿根廷和墨西哥的本地银行在外资银行进入期间盈利能力显著提升。韩国引入外国银行并购国内银行的机制也增强了国内金融体系的国际竞争力，使得银行不再是政府产业以及偏好性贷款的工具，提升了韩国金融市场的配置效率。

另一方面，本土金融机构也将面临较大的竞争压力。韩国开放证券市场初期，大量外资证券公司进入，而韩国本土证券公司的金融人才却不具备竞争优势，外资持股比例迅速上升，其交易方向与投资偏好开始直接影响韩国

股市，导致2003年前韩国股市基本看外资的脸色行事，这种状况于2004年后才有所改变，可见注意提高本土金融机构经营水平和管理能力以及本土金融从业人员能力素质，确保适应与外资机构的竞争，对于保护本土金融业发展至关重要。

第四节　我国资本市场对外开放的原则和目标

我国资本市场对外开放应坚持的原则

我国资本市场尚处于从新兴市场向成熟市场转轨的阶段，推进资本市场对外开放，需要立足于我国现实，坚定“四个自信”，探索出一条符合中国特色社会主义市场经济特点，有效平衡开放发展和风险防范，确保转轨过程顺利完成的切实可操作的开放路径。我们认为，这需要始终坚持以下几项重要原则。

一、以我为主，重在本土

我国资本市场的开放，工作重心应放在让外资机构进来，按照中国市场的游戏规则投资、交易，投资比例和资本流动受到中国的严格监管，而不是片面强调全面开放和大步“走出去”。中国市场有足够的体量，也有账户可穿透、交易结算集中、监管信息全面等独特优势，完全可以同时满足外资投资和金融安全双重需要。我国资本市场对外开放一定要充分考虑本土特点，处理好当前杠杆率高、影子银行规模大、地方债务风险突出等问题，根据以我为主、符合国家利益的原则推进开放，牢牢掌握本土市场的定价权，维护本国金融的稳定。

二、循序渐进，水到渠成

始终坚持不急于求成，不搞“毕其功于一役”，而要水到渠成。要以我国实体经济发展需要为根本，只要有利于实体经济稳增长、优结构、惠民生，就大胆推动资本市场开放，不受制于外部压力，不盲目大干快上。要在投资比例和资本流动管控方面有序放开，一步一步来，走一步看一步。要预留好政策调整和回旋的空间，随时准备出现重大风险和问题时及时调整外资投资政策等。对于新兴经济体资本市场开放这种关系到经济金融安全和稳定、需要统筹考虑国内国外一整套复杂结构的改革而言，保持循序渐进的开放方式无疑是最优选择。

三、可测可控，监管适应

在我国资本市场开放过程中，应特别重视外资投资资本市场规模、长短期资本流动等问题的监测监控，始终根据监管匹配程度，审慎安排外资投资范围、品种和规模等，保持外资投资力度与我国市场发展阶段、资本市场监管水平相适应。尽可能对外资做到“看得清、摸得准、管得住”。“看得清”，就是对外资账户能够进行穿透式监管，确保外资进出资本市场的活动始终处于监管者“眼皮底下”。“摸得准”，就是要对外资交易进行集中统计并监测监控，始终能够及时准确地掌握最新状况和风险动态。“管得住”，就是要确保国际短期资本流动不对我国资本市场稳定带来的负面影响。

我国资本市场对外开放应实现的目标

为稳步推进中国资本市场的健康发展，发挥外资积极作用，防范化解潜在的金融风险，建立规范、透明、开放、有活力、有韧性的资本市场，应明确资本市场对外开放的目标。

一、资本市场服务实体经济的能力持续增强

资本市场是实现金融资源高效配置的重要场所，对实体经济有着提供直接融资、配置资源、分散风险、促进产业创新和结构调整等作用。从设立第一家证券交易所以来，我国形成了包括沪深主板、中小板、创业板、全国股转系统、柜台市场等在内的多层次资本市场体系，为不同类型的企业提供上市融资和股权转让服务，在促进实体经济增长、改进公司治理、提高转让效率、培育绩优企业、孵化高新科技企业等方面发挥了重要作用。资本市场对外开放应始终以服务我国实体经济为目标，通过引入国际金融机构、长期投资资金参与境内竞争，提升金融机构运作效率，完善资本市场定价机制和丰富风险管理手段，最终提高我国金融市场服务实体经济能力，促进经济结构转型升级，推进供给侧结构改革，增加直接融资比重，降低实体企业融资成本等。

二、资本市场体制机制、法律环境不断完善

目前，我国资本市场市场化和法治化建设与境外成熟市场存在一定差距，市场化改革不到位，股票发行仍带有指导色彩，上市公司信息披露和退市制度还有待完善。对于虚假上市、内幕交易和扰乱市场秩序行为的惩处力度有待提升。此外，缺乏集体诉讼制度与民事赔偿规则，中小投资者维权成本高昂，权益保护机制还有待完善。通过推进资本市场对外开放，特别是本土市场的开放，在服务外资入市投资、监控外资投资活动的过程中，倒逼我们加强资本市场体制机制的完善和投资环境的优化，以适应外资投资需求，同时也要求我们不断加强风险监控体系建设和法律法规制度建设，以增强风险预警能力，以及提高违法违规成本，让外资投资活动始终处于监控之下，让违法活动无处可躲、无利可图，守住不发生系统性风险的底线。

三、资本市场对外资的适应性不断提升

截至2017年底，我国GDP占世界经济的比重达到15%，稳居世界第二位。由于我国GDP增速，高于欧美国家平均2%的增速，所以未来随着新技术的应用、城市化建设的推进、消费潜力的释放，我国经济有望长期享受增长红利，资本市场也将逐步向纵深发展，投资机会多于成熟市场。推进资本市场开放的重要目标之一，就是要运用我国资本市场的发展空间、投资机会来吸引外资进入，扩大资本市场容量，促进境内投资者的理性成熟，推进市场化改革和法治化建设，最终使我国资本市场对外资的吸引力显著提升，对不同类型境外机构和个人投资者的容纳度明显提高，对外资投资模式、手法和资本流动的适应性不断上升。

四、本土金融机构综合竞争力得到增强

我国证券基金期货经营机构尚未摆脱“靠天吃饭”的特点，经营业绩受经纪业务影响较大，顺周期性强，调节能力较弱，习惯于通过传统加杠杆、滚息差的方式获取超额收益，在资产管理、并购重组、风险识别和机构管理方面发展不足，这既与我国经济金融体量不匹配，也难以满足实体经济发展需要。一个重要的原因，是存在行业保护、缺乏竞争，特别是境外管理理念先进的机构难以获取对等参与资格。推进资本市场对外开放，引进外资金融机构、加大市场竞争，倒逼国内证券基金期货经营机构调整业务结构，全面提高综合竞争力，向为客户提供跨境、跨市场、跨期限、跨币种产品的全能投行转型，理应成为它们的重要目标之一。

五、吸引外资入市与风险可控有机平衡

从拉美国家和东南亚国家的经验教训来看，引入外资确实带来了经济腾飞，

但在国际投机资本流入套利的情况下，仍旧实施顺周期的宏观政策，并为保持流入彻底放松资本管制，便会进一步加深这些市场的脆弱性，使货币政策和外汇政策产生背离，导致资本流出并引发金融危机。我国推进资本市场对外开放，在欢迎和吸引长期资本投资的同时，还需要确保外资“为我所用”，不发生系统性金融风险，达到外资交易活跃与风险防控有效的有机平衡目标。

第五节　我国资本市场对外开放的监管措施选择

资本市场是金融开放的前沿阵地，也易成为开放条件下特别是当前全球新冠肺炎疫情扩散蔓延影响下，各类风险因素的“汇集区”和“泄洪口”。一旦发生重大内外部因素变化，都可能使我国面临较大的证券市场下行和资本外流压力。在积极吸引外资进入的同时，需要不断适应新形势、把握新特点，有效加强风险穿透监测和防范预警等监管机制建设，切实做到“放得开、看得清、管得住”。同时，我国《外商投资法》已于2020年起正式实施，其中明确提出了外资在证券市场、外汇市场等金融市场进行投资的管理规定，国家另有规定的，可依照其规定。必要时，可以用好用足这一法律授权，制定完善相应制度与规定，推动资本市场在由“管道型”开放向“制度型”开放转变的过程中始终行稳致远。

一、加强对外资交易的集中监测监控

在国务院金融委统一协调下，建立完善跨部门的外资监管信息共享和风险监测机制，动态掌握外资投资资本市场的总体情况和风险底数，加强预研预判。在投资交易端，可由沪深交易所、中国结算等一线监控机构对境外投资者实施穿透式监测；在资金汇入汇出端，可由外管局对境外投资者进行监测和筛查。

在监测过程中应重点关注以下方面：

一是统计监测外资账户总买总卖交易情况，监测到外资持续抛售造成指数大幅下跌，或者外资持续购买推动指数较快上涨时，及时采取相关措施，平抑市场波动。二是监测外资账户持股总市值及其占A股市场总市值的比例情况，设置高、低预警阀值，一旦指标超过或击穿相关阀值，预示外资掌握本土市场主导权或者大规模撤退时，需要启动相关措施，保障本土市场平稳运行。三是全面监测外资账户的跨市场、跨期限交易行为。从国际短期投机资本的属性来看，追逐绝对收益是其唯一目标，在历次引发金融危机的操作中大多是通过跨市场、跨期限交易组合来获利，比如对冲基金惯用的攻击汇率制度、沽空股指期货手段。四是动态监测资金的来源、性质、汇入汇出规模和频率等指标。五是建立重点监测名单制度。重点监测交易规模较大、持仓市值规模较大的外资账户，追踪这些账户对上市公司股价的影响和资金流动情况等。同时，鼓励托管人、证券公司等中介机构举报境外投资者的违法违规交易行为，揭示账户资金进出异常情形或潜在风险因素等。

二、强化外资交易和流动管理

交易管理方面，一是可以逐步考虑根据持有年限、市值规模因素，对外资在资本市场的出售规模进行管理，鼓励引导外资通过大宗交易平台出售，避免对二级市场带来价格冲击。对境外短期投机资本交易进行征税。二是可以考虑根据持有年限，对境外短期资本在证券市场的交易行为进行征税，如对于持有期限不满半年就卖出的，参照日本市场20%的资本利得税标准进行征收，征收税率在持有期每满半年的标准下即逐次下调5%，鼓励境外资金长期持有。三是优先引进养老基金、保险资金等长期机构投资资金等。审慎放开外资参与投机性质的衍生品交易，避免国际投机资金对正常经济、金融活动造成冲击。

资本流动管理方面，目前陆股通、QFII 和 RQFII 没有资金汇出限制，在中美摩擦从贸易摩擦向金融摩擦延伸和推进的背景下，输入性风险、汇市股市交叉风险较大，要考虑制定并及时启动国际资本出现大幅流出苗头时的应急预案。一是可以考虑专门建立外资投资我国资本市场产生的损益流动管控机制，对损益对外汇出进行适当比例控制，做好与汇率变化的联动协调。二是严格管控本土资金外流。继续严控金融集团的对外投资行为，警惕资金借道外逃行为；加强对实体企业开展对外直接投资业务的审核，打击虚假对外投资行为。三是进一步要求商业银行做好资产负债和流动性管理。东亚经济体资本外流引发危机的案例中，多与本土银行体系激进负债有关，尤其是在外债管理及流动性匹配上出了大问题，最后倒逼改革财税金融体系和汇率机制，错过了发展的时机。截至 2017 年底，我国银行外债余额为 55 249 亿元，占我国外债总规模的 49%。随着我国债券市场进一步向外资开放，外资购买我国金融债的规模还将继续上升。吸取境外经验教训，在我国资本外流初见端倪时，可以考虑逐步提高银行体系的短期流动性要求，降低外债占比。

三、区别动态设置外资投资比例

从境外资本市场看，外资在美国股市的持股占比约为 15%。相比美国，新兴市场的外资持股占比较高，韩国达到了 33%，我国台湾地区达到了 28%（见表 6.4）。世界银行数据显示，2018 年我国的股票市值达到 6.3 万亿美元，体量约等于巴西、阿根廷、中国台湾等 10 个新兴经济体的股票市值总和。外资持股约占 A 股市值的 4%，如果对标美国 15% 的外资持股比重，外资在 A 股的目标持股市值将达到约 10 万亿元。为有效防范外资交易 A 股的总量风险，可以考虑结合 A 股换手率、散户交易占比以及法规制度、监管条件等因素，对外资投资规模占 A 股流通市值的比重进行总量层面的动态控制，直至条件成熟时取消。

表6.4 新兴市场外资持股占比

国家或地区	外资持有市值占总市值比例（%）	证券市场总市值（亿美元）	外资持股市值（亿美元）
中国台湾地区	27.70	8 376.70	2 320.35
韩国	33.00	14 137.17	4 665.26
印度	13.00	20 834.83	2 708.53
巴西	21.00	9 168.24	1 925.33
土耳其	20.10	1 492.64	300.02
合计（亿美元）		54 009.57	11 919.49
平均外资持股比例		22.07%	

同时，还要注意保护好重点行业领域。2018 年陆股通持股比例上限为 30%，没有区分行业领域，部分股票比例已接近该水平。日本在外资取得 10%以上与国家安全有关上市公司例如银行、国防军工等股票时，将其认定为“境外直接投资人”，需事前申报、接受审查。① 韩国限制境外投资者持有航空、电信等特殊行业上市公司的股票，具体比例从 0 到 49.99%不等。必要时可以借鉴这些做法，根据国家经济安全、金融安全的需要，对外资投资股票按行业进行不同比例控制，并实施透明的外资大额投资股票事前申报制度。

四、逐步探索对外资投资A股实行统一账户管理

当前外资进入股市的渠道相对分散，同一家机构可通过 QFII、RQFII、陆股通等多种渠道入市，符合条件的外国自然人还可直接开立 A 股账户，信息缺乏集中整合，难以综合识别实际控制关系和实际出资杠杆水平，无法鉴别投资属性。部分内资甚至绕道香港以较低的利率高杠杆拆入资金，通过陆股通渠道进入 A 股。同时，香港金融市场货币汇兑和资本进出自由，又实行与

① 该比例 2019 年下调至 1%。——编者注

美元挂钩的联系汇率制，外资通过陆股通渠道投资A股可以随时变现撤离香港，不仅冲击A股，对香港仅4400亿美元的外汇储备也会造成压力。目前银行间和交易所债券市场已允许外资银行直接开户交易，从A股市场长远发展考虑，建议条件成熟时，也允许境外投资者直接在境内证券公司统一开户参与A股交易，为同一境外机构或个人配置独一的外资账户标识，使外资交易完全进入“穿透式监管”视野。外资以金融产品形式投资境内证券市场的，需要申报实际出资人信息，使同一出资人的持仓信息能够被掌握。同时，加强事前事中事后监管，防止外资以境内居民身份在境内证券期货市场开立账户，一旦发现外资账户存在扰乱市场交易秩序、洗钱行为的，可以对相关账户采取暂停交易、冻结或罚没等手段。

五、引导外资机构重点服务我国居民部门

在逐步放开外资证券经营机构全牌照的过程中，应以促进我国金融服务实体经济能力、提升金融行业经营效率和风险管理水平为导向。一是鼓励外资机构发挥特长，丰富我国居民部门的财富管理和对冲手段，让财富配置重心由传统的银行存款和理财向资本市场转移，促进直接融资与居民财富的良性增长。二是外资资金进入我国市场，应以在内资券商开户托管为主。从便利监测、风险应对、强化本国金融安全的角度考虑，应鼓励引导外资资金在境内证券公司开户托管。三是现有QFII、RQFII投资风格稳健，偏向于投资高股息的大盘蓝筹股，值得境内金融机构学习借鉴。这些机构为境内证券公司带来稳定的托管和交易佣金收入，日益增长的跨境对冲需求也推动了我国证券行业的跨境业务发展，要引导这些机构作为最优质的客户留在境内。

六、加强对境外投资者的信息披露要求

加强对境外投资者的信息披露要求，对外资账户进行点对点监管。第一，

要求境外机构与个人投资者对身份背景、资金来源、投资目的、拟投资范围等信息进行详细披露，尤其要加强杠杆资金相关信息的披露。以美国为例，境外投资者在开设证券账户时需要向美国财政部、SEC、证券交易所等机构提交身份、就业、财产等方面的信息，并完成报税步骤。虽然境外投资者也可以通过海外券商投资美股和购买基金，但是由于美国本土机构在信息披露和合规管理方面更有优势，所以多数境外投资者为回避海外券商不在美国境内的法律与合规风险而倾向选择美国本土机构。第二，对境外投资者进行点对点管理。以韩国为例，境外投资者投资韩国股市时需要在韩国金融监督院注册，取得注册投资者（IRC）资格，每个 IRC 账户对应一个机构或者个人投资者。境外投资者购买特定行业股票时，需要通过境外投资者管理系统直接报告监管部门。

同时，需要加强证券机构特别是外资证券机构对境外投资者信息核实和披露的要求。如果境外投资者选择本土证券机构投资中国市场，监管风险相对可控；如果境外投资者选择境外证券机构，则可能会加大“看不清”和“管不住”的风险。美国“9·11”恐怖袭击事件后针对打击恐怖主义和跨境洗钱的《爱国者法案》规定，证券中介机构需要了解确切的证券账户信息并跟踪上报境外投资者异常交易情况。许多美国证券公司与基金为回避投资者不在美国境内居住的潜在法律风险，只对美国境内居住者开放，或者对境外投资者有更加严格的信息审核标准。美国的信息披露“强监管”同时针对境外投资者和证券机构，境外投资者和机构为降低相互风险暴露，倾向于真实上报信息，监管部门既可以穿透审查账户直接监管境外投资者，也可以通过证券机构间接监管境外投资者。

七、不断完善法律制度环境和监管机制

一是进一步完善股票的发行、信息披露、停牌和退市制度。在发行方面，

需要完善发行的市场化定价机制，并消除新股上市初期由于可流通股本不足带来的炒新问题；在信息披露方面，需要进一步鼓励上市公司及时披露信息，并加大信息披露违规成本；在停牌方面，需要与国际停牌规则接轨，减少A股上市公司停牌较随意、停牌时间长、降低股票流动性的现象；在退市方面，需要尽快推进集体诉讼制度与民事赔偿规则落地，完善投资者追偿机制，贯彻一退到底的原则，净化市场秩序。在这些基础上，还需要加大违反证券法规行为的刑罚力度，对违法行为形成震慑。二是不断加强监管的适应性。进一步依赖大数据分析来跟踪境外资金的流动情况，及时调整监管政策；加强稽查执法队伍建设，将非法跨境资金转移、洗钱行为纳入监管重点；加强国际金融人才储备，做到监管制度框架设计在前、业务启动在后；加强国际金融政策的跟踪分析，及时对境外监管政策的变动做出应对；在执行跨市场宏观审慎政策时保持及时性和一致性，消除跨市场监管套利行为，避免金融行业脱离实体经济发展等。

“中国道路”丛书

学　术

《解放生命》
《谁是农民》
《香港社会的民主与管治》
《香港社会的政制改革》
《香港人的政治心态》
《币缘论》
《如何认识当代中国》
《俄罗斯之路 30 年》
《大国新路》
《论企业形象》
《能源资本论》
《中国崛起的世界意义》
《美元病——悬崖边缘的美元本位制》
《财政预算治理》
《预见未来——2049 中国综合国力研究》

译　丛

《西方如何“营销”民主》
《走向繁荣的新长征》
《国家发展进程中的国企角色》
《美国社会经济五个基本问题》
《资本与共谋》
《国家发展动力》

智库报告

《新时代：中国道路的延伸与使命》
《新开局：中国制度的变革与巩固》
《新常态：全面深化改革的战略布局》
《新模式：走向共享共治的多元治理》
《新征程：迈向现代化的国家治理》
《新动能：再造国家治理能力》
《全面依法治国新战略》

企 业 史

《与改革开放同行》
《黎明与宝钢之路》
《海信史（2003—2019）》

企业经营

《寻路征途》
《中信创造力》

专　访

《中国道路与中国学派》
《21 世纪的中国与非洲》

人　物

《重读毛泽东，从 1893 到 1949》

政　治

《创新中国集体领导体制》

战　略

《国家创新战略与企业家精神》

金　融

《新时代下的中国金融使命》
《中国系统性金融风险预警与防范》
《新时代中国资本市场：创新发展、治理与开放》

管　理

《中国与西方的管理学比较》